쉽게 배우는
파이썬

김은옥 지음

(주)삼양미디어

쉽게 배우는
파이썬

발 행 일	초판 1쇄 발행 2021년 7월 5일
지 은 이	김은옥
발 행 인	신재석
발 행 처	(주)삼양미디어
주 소	서울시 마포구 양화로 6길 9-28
전 화	02) 335-3030
팩 스	02) 335-2070
등록번호	제10-2285호
	Copyright ⓒ 2021. samyangmedia
홈페이지	www.samyangｍ.com
I S B N	978-89-5897-395-9(13000)
정 가	18,000원

PREFACE

프로그래밍이란 문제를 해결하는 절차로, 어떤 문제를 컴퓨터를 사용해서 자동으로 처리하고자 하는 일련의 과정입니다.

"프로그래밍은 결코 쉽지 않다."

"파이썬은 쉽다고 하더군."이라는 말을 듣고 "나도 해볼까!"라는 마음으로 프로그래밍에 처음 입문한 사용자들은 대부분 좌절하게 됩니다. 이유는 파이썬은 쉬우나 프로그래밍은 어렵기 때문입니다. 파이썬이 쉽다는 것은 다른 프로그래밍 언어에 비해서 배우기 쉽다는 의미입니다. 프로그래밍은 문제를 해결하는 절차이기 때문에, 문제가 주어지면 절차를 나열하고 체계화하는 것은 시간과 노력이 필요한 작업입니다.

전산을 전공해서 프로그래밍 관련 일을 하고 있는 필자는 "어떻게 하면 프로그래밍이라는 것을 비전공자들이 쉽게 할 수 있을까?"라는 물음을 시작으로 이 책을 집필했습니다.

이 책은 파이썬이라는 언어로 프로그래밍 입문자들이 프로그래밍이라는 것을 쉽게 이해하고 작성할 수 있게 도움을 주고자 하는 입문서입니다. 처음 프로그램을 작성하려고 입문할 때는 마음도 조급하고, 쉽게 원하는 프로그램을 작성하지 못하는 자신이 초조할 것입니다. 파이썬은 컴퓨터와 대화하기 위한 프로그래밍 언어로 영어회화와 같습니다. 영어도 문법은 빨리 배우지만 회화는 시간이 걸리듯이 프로그래밍도 시간과 노력이 필요합니다.

"프로그래밍을 할 수 있다."

이런 능력을 가질 수 있도록, 마음을 느긋하게 갖고 차분히 학습해나가면 원하는 것을 얻게 될 것입니다.

마지막으로 이 책이 출간될 수 있도록 도와주신 삼양미디어 여러분들께 감사의 글을 올립니다.

저자 김은옥

책 구성 및 소스 폴더 설명

이 책의 소스는 아나콘다 기반의 개발 환경에서 주피터 노트북과 스파이더를 사용해서 작성되었습니다. 다른 개발 환경을 사용할 경우, 예제의 실행 방법과 일부 결과가 다를 수 있습니다.

1. 책 구성

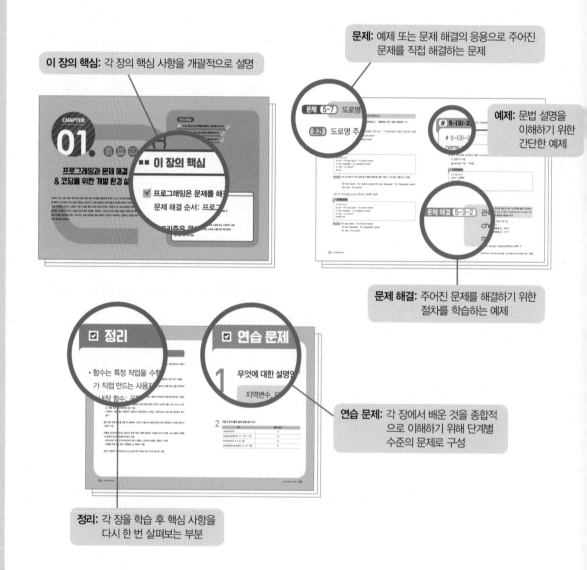

이 장의 핵심: 각 장의 핵심 사항을 개괄적으로 설명

문제: 예제 또는 문제 해결의 응용으로 주어진 문제를 직접 해결하는 문제

예제: 문법 설명을 이해하기 위한 간단한 예제

문제 해결: 주어진 문제를 해결하기 위한 절차를 학습하는 예제

연습 문제: 각 장에서 배운 것을 종합적으로 이해하기 위해 단계별 수준의 문제로 구성

정리: 각 장을 학습 후 핵심 사항을 다시 한 번 살펴보는 부분

2. 소스 폴더 설명

▪ 책 소스 다운로드 위치

다운로드 주소	https://bit.ly/3czykhy
다운로드 주소 QR 코드	

- [Download] 버튼 클릭
- 다운로드 파일명: source_python.zip

▪ 소스 폴더 설명

① source_python.zip 파일의 압축 해제
- [pyworks_python_book], [pyworks_python_book_jn] 폴더가 있음

② 소스 코드는 파이썬 스크립트 소스와 주피터 노트북 소스 둘 다 제공함
- [pyworks_python_book] 폴더: .py 파이썬 스크립트 소스
- [pyworks_python_book_jn] 폴더: .ipynb 주피터 노트북 소스

③ 각 장의 소스는 ch로 시작. 3장 소스의 경우 ch03.py 또는 ch03.ipynb
- ch03.py: [pyworks_python_book] 폴더
- ch03.ipynb: [pyworks_python_book_jn] 폴더

④ 각 장의 문제 정답은 ex.py 또는 ex.ipynb
- ex.py: [pyworks_python_book] 폴더
- ex.ipynb: [pyworks_python_book_jn] 폴더

⑤ 각 장의 연습 문제 정답은 test_ex.py 또는 test_ex.ipynb
- test_ex.py: [pyworks_python_book] 폴더
- test_ex..ipynb: [pyworks_python_book_jn] 폴더

각 장의
개요

1장 프로그래밍과 문제 해결 & 코딩을 위한 개발 환경 설정

데이터 처리, 드론 제어, 현재 위치 확인 등과 같이 문제를 해결해야 할 때가 있다. 이런 문제 해결을 컴퓨터를 통해서 처리하는 것이 프로그래밍과 코딩이다. 프로그래밍은 문제 해결의 절차를 컴퓨터가 처리할 수 있도록 구성하는 것이고, 코딩은 그런 구성을 특정 프로그래밍 언어로 구현한다. 즉, 프로그래밍은 문제 해결 절차를 구성하는 것이고, 코딩은 문제 해결 결과를 구현한다. 코딩으로 문제 해결 결과를 구현하려면 특정 프로그램을 설치해야 한다. 여기서는 프로그래밍과 문제 해결이 무엇인지 학습하고 실질적인 코딩을 위한 개발 환경을 설정한다.

2장 파이썬 개요

어떤 문제를 프로그래밍으로 해결하려면 문제를 해결하기 위한 프로그래밍 코딩 툴을 알아야 한다. 여기서는 문제 해결 툴인 파이썬 언어의 특징 및 활용 분야 그리고 스크립트 작성 방법과 구성 순서에 대해서 학습한다.

3장 변수와 연산자 – 값 저장 및 기본 처리

프로그램을 익히는 데 가장 기본적인 사항은 프로그램으로부터 발생한 값을 메모리에 일시 저장하는 변수와 그 변수가 가진 값을 처리하는 방법을 배우는 것이다. 변수 값을 처리하는 방법 중의 하나가 연산자로, 값의 타입에 따라 처리할 수 있는 연산자가 다르다. 이번 장에서는 변수 생성과 값 할당 및 연산자에 대해서 학습한다.

(4장) 화면 입출력 – 인터렉티브한 값 입력 및 출력

지금까지 작업 처리 대상인 변수에 값을 넣을 때 고정 값을 대입하는 a = 5와 같은 방식을 사용했다. 이 방법은 값을 7로 변경 시 a = 7과 같이 코드를 직접 변경하기 때문에 프로그램의 안정성이 떨어지는 문제가 발생한다. 프로그램을 안정적으로 작성하려면 값이 바뀔 때 코드가 수정되지 않도록 해야 한다. 즉, 값을 유동적으로 받아서 변수에 넣을 수 있어야 한다.

값을 유동적으로 입력받는 방법 중에서 input("값 입력: ") 함수를 사용해서 화면에 값을 입력받는 방법이 있다. 화면을 통한 값 입력 방법은 [값 입력:] 프롬프트 오른쪽에 값을 입력받아 변수에 넣어서 사용한다. input() 함수를 사용하면 좀 더 유연한 프로그램을 작성할 수 있다. 이 장에서는 input() 함수를 사용한 화면에 유동적인 값을 입력하는 방법을 학습하고, 화면에 값을 출력하는 print() 함수를 좀 더 자세히 살펴본다.

(5장) 기본 데이터 타입과 포맷팅 – 값의 타입별 처리 방식과 화면 표시 방법

변수에 저장된 값의 타입에 따라 값을 처리하는 방식이 다르다. 값이 숫자일 때의 처리와 문자열일 때의 처리 방식이 다르다. 처리를 예로 들자면 숫자 값은 통계/수학적인 연산 처리에 주로 사용되고 문자열은 문자열의 문자 수, 부분 문자열 추출 등과 같은 작업을 한다. 이렇게 처리하는 작업이 다르기 때문에 값의 종류, 즉 데이터 타입을 알아야 문제를 효과적으로 해결할 수 있다. 또한 데이터 타입에 따라 변수가 가진 값을 화면에 표시하는 방법도 다르다. 여기서는 기본적인 1개의 숫자, 문자열 값을 저장하고 다루는 것과 값을 화면에 보기 좋게 표시하는 방법을 학습한다.

(6장) 여러 값을 저장하는 타입 – 리스트, 튜플, 세트, 딕셔너리 타입별 처리

1년 동안 매달 1번씩 폐기물 저장량을 측정해서 변수에 저장한다고 하자. 측정된 값 12개를 각각 변수에 저장하면 12개의 변수가 필요하다. 10년간의 측정치라면 120개의 변수가 필요할 것이다.

만일 이것을 1개의 변수에 저장한다면, 관리도 쉽고 시계열 그래프로 표현하기도 쉽기 때문에 저장량 데이터의 흐름을 파악하기도 쉬울 것이다. 이렇게 여러 개의 값을 1개의 변수에 저장하는 것은 여러 이점을 준다. 이번 장에서는 1개의 변수에 여러 개의 값을 저장하는 데이터 타입의 종류와 다루는 방법을 학습한다.

7장 제어문

프로그램을 수행하다보면 상황에 따라 처리하는 코드가 달라지거나 여러 번 반복 또는 반복을 중단해야 한다는 등의 여러 가지 제어 상황이 발생한다. 이런 제어 상황을 처리하는 코드가 제어문이다. 상황에 따라 다른 코드 실행 처리는 if문으로 특정 코드 반복 수행은 for문/while문으로 반복문 탈출은 break문으로 제어한다. 또한 에러 제어는 try~except문으로, 특정 리소스 해제는 with문으로 제어한다. 이번 장에서는 조건에 따라 다른 처리, 여러 번 반복 수행, 반복문 탈출, 에러 제어 등의 제어문을 다루는 방법을 학습한다.

8장 함수와 모듈

문제를 해결하다보면 코드들 중 공통으로 사용되는 기능들이 있는데, 이들은 따로 모아 재사용할 수 있다. 이렇게 재사용하는 기능은 함수로 작성하고 특정 목적을 구현하는 같은 그룹의 함수들은 모듈로 작성한다. 즉, 모듈은 연관된 함수들의 모임으로 파일로 작성된다. 특정 작업을 구현하기 위해서 사용자가 직접 만드는 함수와 모듈도 있지만, 공통적인 문제를 해결하기 위해 시스템이 제공하는 함수와 모듈도 있다. 이번 장에서는 시스템이 제공하는 함수와 모듈과 사용자가 만들어 사용하는 함수와 모듈에 대해서 학습한다.

9장 클래스

클래스는 실무에서 1건의 실무 데이터의 구조를 정의하거나 로봇청소기와 같은 작업 대상 객체를 정의할 때 사용한다. 클래스를 사용하는 이유는 작업 대상을 체계적으로 처리하고 제어하기 위해서이다. 이것을 위해서 하는 일인 동작과 갖는 값인 속성을 정의해서 작업 대상 객체에 접근한다. 간단한 계산 등의 작업을 할 때는 클래스를 사용하지 않아도 되나, DB와 연동하거나 특정 대상을 제어하는 등의 작업을 할 때는 클래스를 사용하는 것이 좋다. 클래스를 처음 배우는 입장에서 클래스의 다양한 기능을 배우고 이해하는 것은 매우 힘든 일이다. 하지만 현재 대부분의 프로그래밍 언어와 DB 설계가 객체 지향이기 때문에 기본적인 사항을 알아두는 것이 좋다. 따라서 이번 장에서는 모든 프로그램에서 공통으로 알고 있어야 하는 기본 지식 수준의 클래스와 객체를 학습한다.

10장 파일 입출력

데이터 건수가 많은 경우 input() 함수를 사용해서 화면으로 입력 받는 것은 매우 힘들고 비효율적이다. 하물며 실무에서는 1줄(1 레코드)이 1건의 데이터이며, 1건은 여러 값으로 이루어져 있다. 이런 것들이 수백만 건 있는 데이터는 보통 파일로 제공되며, 파일을 프로그램으로 읽어 들여서 사용하는 방식이다. 또한 파일은 문자로 구성된 텍스트 파일과 이진 데이터로 구성된 이미지, 동영상 등의 바이너리 파일이 있으며, 이들은 파일 입출력 방법이 다르다. 이번 장에서는 기본적으로 제공되는 텍스트 파일과 바이너리 파일 입출력, 라이브러리를 사용하는 방법을 학습한다.

차례

CHAPTER 03

변수와 연산자 –
값 저장
및 기본 처리

CHAPTER 04

화면 입출력 –
인터렉티브한 값
입력 및 출력

CHAPTER 05

기본 데이터 타입과 포맷팅 –
값의 타입별 처리 방식과
화면 표시 방법

CHAPTER

08

함수와 모듈

01.

프로그래밍과 문제 해결
& 코딩을 위한 개발 환경 설정

데이터 처리, 드론 제어, 현재 위치 확인 등과 같이 문제를 해결해야 할 때가 있다. 이런 문제 해결을 컴퓨터를 통해서 처리하는 것이 프로그래밍과 코딩이다. 프로그래밍은 문제 해결의 절차를 컴퓨터가 처리할 수 있도록 구성하는 것이고, 코딩은 그런 구성을 특정 프로그래밍 언어로 구현한다. 즉, 프로그래밍은 문제 해결 절차를 구성하는 것이고, 코딩은 문제 해결 결과를 구현한다. 코딩으로 문제 해결 결과를 구현하려면 특정 프로그램을 설치해야 한다. 여기서는 프로그래밍과 문제 해결이 무엇인지 학습하고 실질적인 코딩을 위한 개발 환경을 설정한다.

여기서 할 일

1 프로그래밍으로 문제를 해결하는 절차를 알아보자.

2 코딩을 위한 프로그램 설치에 대해 알아보자.

3 체계적으로 코딩하는 규칙에 대해 알아보자.

■■ 이 장의 핵심

☑ 프로그래밍은 문제를 해결하는 절차, 코딩은 이것을 구현

　　문제 해결 순서: 프로그래밍 → 코딩

☑ 알고리즘은 문제를 해결하기 위한 절차나 방법이 구체화된 것

　　문제 해결 순서: 프로그래밍(알고리즘 작성) → 코딩

☑ 코딩하기 위한 파이썬 프로그래밍 환경 설정

　　－ 방법 1 : 아나콘다 설치 → 주피터 노트북 또는 스파이더 사용

　　－ 방법 2 : 클라우드 기반의 주피터 노트북 사용(구글 계정 필요)

☑ 코딩 기본 규약 학습

프로그래밍과 문제 해결 그리고 코딩

✓ 왜 컴퓨터로 문제 해결을 해야 하는 것인가?

대답① 한 번 해결한 문제를 다시 해결해야 할 때가 있음

예를 들어 정찰을 위해서 특정 지역에 도착하면 드론을 두 번 회전 후 전진하는 초기 탐색이라는 작업이 항상 수행됨. 다른 지역에 도착해서도 이런 초기 탐색이라는 작업이 필요한 작업임을 알 수 있음

대답② 사람이 직접 손으로 계산하기에 어려운 작업이 있음

예를 들어 현재 도로명 주소에는 위치 정보가 같이 제공됨. 이 위치 정보는 우리나라 같은 산악 지형에 적합한 GRS80 UTM−K 좌표계를 사용함. 그런데 지도에 위치를 표시하려면 위도/경도 좌표계로 변환이 필요함. 이 작업을 사람이 일일이 직접 하기에는 번거롭고 어려움이 많음

✓ 컴퓨터로 문제 해결을 한다는 것은 편리하고 효율적인 작업

컴퓨터로 문제 해결이 프로그래밍이고, 이것을 구현해서 실행하는 것이 컴퓨터 코딩

1 프로그래밍 개요

(1) 프로그래밍은 문제를 해결하는 절차

문제 해결: 내가 얻고 싶은 결과(물)

(2) 해결해야 하는 문제 정의

문제를 해결하고 싶을 때, 어떤 결과물을 보고 싶을 때 어떻게 해야 하는가?

단계 1 목표 설정

■ 결과물을 먼저 정립 ← 성공 정의: 어디까지 수행하면 성공인지 결정해야 함

  – 어떤 작업이든 프로젝트든지 시각화된 결과가 없는 것은 실패한 것임

단계 2 목표 구현

■ 데이터로부터 결과를 얻어냄

  – 데이터 준비: 어떤 데이터가 필요한가?

– 데이터 처리: 어떻게 처리해야 원하는 결과를 얻나?

→ 맞는 데이터에 맞는 처리를 하면 원하는 결과가 나옴

(3) 이런 문제들을 어떻게 해결할 것인가?

- 출발점에서 도착점으로 이동 후 다시 출발점으로 돌아오는 문제: 여행지, 서울 탐방, 야외 축제에서 주차장으로 복귀
- 기계의 움직임 제어 문제: 드론, 자율 주행차 제어
- 데이터가 갖는 의미 이해 문제: 질병 발생자 수를 기반으로 다음 유행 시기와 규모 예측

(4) 해결하고 싶은 문제의 절차를 나열한 것이 프로그래밍, 이것을 구현하는 도구가 코딩, 완성품이 프로그램

– 일반적으로 '프로그래밍을 한다'라고 하면 위의 3가지를 모두 수행하는 것

2 문제 해결 방법

(1) 알고리즘 개요

- 정의: 문제를 해결하기 위한 절차나 방법
  – 프로그래밍이 구체화된 것

(2) 알고리즘의 조건

알고리즘은 다음의 사항을 만족해야 함

- 입력: 0개 이상의 데이터가 존재 ← 데이터가 없을 수도 있음
- 출력: 최소 1개 이상의 결과를 가짐 ← 결과는 반드시 존재
- 명확성, 유한성, 효과성: 알고리즘의 각 단계는 명확해야 하고, 유한한 횟수로 실행되며, 손으로 작성해도 가능할 만큼 단순해야 함

(3) 알고리즘의 표현 방법

① 이해하기 쉬운 말로 설명된 형태 예 의사 코드(Pseudocode)

- 의사 코드
  - 알고리즘을 개발하는 데 사용하는 일종의 작위적인 언어
  - 의사 코드로 작성한 프로그램은 진짜 프로그래밍 코드가 아님 ← **컴퓨터에서 실행할 수 없음**
  - 다만 자바, C 등의 프로그래밍 언어로 프로그램을 작성하기 전에 프로그래머에게 도움을 주기 위해서 사용하는 언어
  - 의사 코드는 문자들을 사용한 간단한 문장으로 구성되어 있어서 에디터들을 사용해서 쉽게 작성할 수 있음
  - 의사 코드는 실행 구문으로만 이루어짐
    → 즉, 프로그램으로 변환했을 때 실행되는 부분만을 표현
  - 선언문은 의사 코드에서 기술하지 않으나, 해당 변수의 목적 등은 의사 코드 프로그램 앞에 기술하기도 함

  예 의사 코드 예시

    count: 인원 수를 누적하는 변수(인원 수 카운트 변수)

    count의 값이 10보다 작거나 같으면 count의 값이 1 증가 ← **의사 코드**

② 구현 상세 내역

  예 코딩

  파이썬 구현 예시

```
count = 1
if count <=10:
    count += 1
```

③ 플로우 차트나 튜링 머신의 액션 테이블과 같은 그림이나 출력물의 형태로 나타낸 것
  - 플로우 차트(flow chart, 순서도): 작업을 처리하는 과정을 간단한 기호나 화살표로 그린 것
  - 플로우 차트에는 시스템 순서도와 프로그램 순서도가 있음
    - 시스템 순서도: 어떤 작업을 하는지 알려줌(작업 대상 순서)
    - 프로그램 순서도: 어떻게 작업을 하는지 알려줌(작업 처리 순서), 일반적으로 순서도라고 부르는 것
    - 프로그램 순서도의 주요 기호

기능	기호	설명
시작, 끝		순서도의 시작과 끝에 사용

처리		처리할 작업 기술에 사용
판단		조건문과 같은 상황 판단에 사용
입출력		데이터 입력 또는 출력에 사용
준비		변수 선언 및 초기화

예 순서도 사용 예

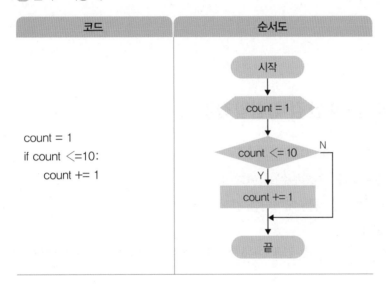

코드	순서도
count = 1 if count <=10: count += 1	

- 튜링 머신(turing machine): 일반적으로 '계산 가능한 수에 대해서 수리/명제의 자동 생성 문제를 응용한 것'을 의미
  - 액션 테이블: 각 작업의 상태와 읽고/출력한 기호, 다음 위치/상태 등을 표현한 표

현 상태	읽은 기호	출력 기호	다음 위치	다음 상태
A	1	1	→	A
A	2	2	→	A
A	·	·	→	B

(4) 프로그래밍에서 사용하는 알고리즘

자료구조, 기계 학습, 암호 알고리즘 등이 있음

- 자료구조 알고리즘: 검색, 정렬 알고리즘 등
  - 자료구조(data structure): 데이터 구조를 표현하는 방식으로 이를 구현하는 데 필요한 알고리즘도 다룸

- 기계 학습 알고리즘: 서포트 벡터 머신, 랜덤 포레스트, 회귀 등
  - 기계: 인공 지능
  - 예측을 위해 인공 지능을 학습

- 암호 알고리즘: 해시 함수, 블록 암호
  - 데이터 보호를 위해 사용

3 검색/정렬 알고리즘 - 이진 검색, 삽입 정렬

(1) 이진 검색(탐색, binary search)

- 검색의 전제 조건: 데이터가 (오름차순) 정렬되어 있어야 함
- 검색 범위를 줄여 나가면서 원하는 데이터를 검색하는 알고리즘

  예 1 ~ 10 사이의 값 탐색

  값 선택은 주어진 범위의 중간에 있는 값을 선택하면서 점점 범위를 줄여 나감. 결국에는 해당 값을 찾는 구조

  정답: 8

  1단계) 범위: 1~10 사이

  　　　값 선택 – 5

  　　　대답 – 5보다 큼

  2단계) 범위: 6~10 사이

  　　　값 선택 – 8

  　　　대답 – 정답

(2) 삽입 정렬(insertion sort)

- 일반적으로 작은 것에서 큰 것 순으로 정렬할 때 무의식적으로 사용하는 알고리즘. 간단하지만 그다지 효율적이지는 않음
  - 작은 값은 왼쪽으로, 큰 값은 오른쪽으로 밀어내는 방식

- k번째 원소를 1부터 k−1번째 원소까지 비교해서 적절한 위치에 끼워 넣고, 그 다음 자료를 한 칸씩 뒤로 밀어내는 방식
  - 개략적으로 다음과 같은 단계로 정렬이 이뤄짐

    8과 4를 비교 후 4가 8의 앞으로 옴 → 9는 4나 8보다 큼, 자리 변동 없음 → 1은 4보다 앞으로 옴 → 2는 4보다 앞으로 옴

8	4	9	1	2

↓

4	8	9	1	2

↓

1	4	8	9	2

↓

1	2	4	8	9

4 암호 알고리즘 - 보안

① 인터넷에서 정보 유출 사고는 자주 발생되며 100% 방지할 수 있다고 보장 못함

② 암호 알고리즘은 정보 자체가 유출되는 것을 막을 수 없다면, 최소한 유출된 정보가 읽히지 못하도록 암호화하자에서 출발함

③ 정보통신망 이용촉진 및 정보보호 등에 관한 법률(이하 정보통신망법), 개인정보보호법 등에서는 인터넷에서 사용되는 정보를 보호하기 위해 암호화 기술을 사용하도록 권고하고 있음

④ 암호화가 필요한 개인 정보: 비밀번호, 바이오 정보, 주민등록번호(2014년 8월 7일부터 수집 금지), 신용카드번호, 계좌번호, 여권번호, 운전면허번호, 외국인등록번호
- 암호화에 필요한 정보는 암호화된 정보를 다시 복호화할 수 없는 정보와 암호화된 정보를 다시 복호화할 수 있는 정보로 나뉨
  - 암호화: 정보를 의미를 알 수 없는 형식의 암호문으로 변환하는 것
  - 복호화: 암호화된 정보를 원래의 정보로 변환하는 것
  - 바이오 정보: 지문, 얼굴, 홍채, 정맥, 음성, 필적 등의 개인을 식별할 수 있는 신체적 또는 행동적 특징 정보에서 가공되거나 생성된 정보

- 암호화된 정보를 다시 복호화할 수 없는 정보
  - 정보를 입력한 당사자를 제외한 누구도(관리자 포함) 암호화된 정보가 원래 무엇인지 알 수 없어야 하는 정보
  - 구현 알고리즘: 해시 함수
  - 해당 정보: 비밀번호

- 암호화된 정보를 다시 복호화할 수 있는 정보
  - 정보를 저장할 때는 암호화되고, 사용 시에는 복호화가 가능해 원래의 정보를 알 수 있는 정보
  - 구현 알고리즘: 블록 암호
  - 해당 정보: 바이오 정보, 주민등록번호, 신용카드번호, 계좌번호, 여권번호, 운전면허번호, 외국인등록번호

5 코딩

① 프로그래밍 개요: "어떤 문제를 해결하고 싶은가?"를 목표로 필요 데이터 및 처리 방법을 나열

② 코딩을 통한 구현: "어떻게 구현하고 싶은가?"에 기반해서 구현 방식 결정 및 구현 툴을 결정하고, 실제로 구현 작업을 함
- 구현 방식 결정: 웹/앱인가? 아니면 기계 제어?
  - GUI 기반의 화면을 설계해야 하는 프로그램인가? GPS와 같은 하드웨어 제어가 필요한가?

③ 코딩 준비: 코딩 툴 선택: 해법 구현을 위한 프로그래밍 언어 선택
- 어떤 문제를 해결하고 싶은가? 어떻게 구현하고 싶은가? 웹/앱, 무엇을 제어하고 싶은가?
  - 웹/앱: ┌ **웹(웹사이트):** html/css/javascript(자바스크립트) 기반으로 작성, DB 연동 필요 시 jsp/asp/php 등 사용
             ├ **앱:** 모바일 기기 앱 – 안드로이드 기반, iOS 기반, 하이브리드 기반
                       http://ai2.appinventor.mit.edu ← 앱 인벤터: 안드로이드 앱 개발, 클라우드 기반, 구글 계정 필요
             └ **PC용 앱:** 자바, 파이썬, C 기반

－ 전자기기 제어: 파이썬, C, javascript(자바스크립트)

－ 데이터 분석: 엑셀, R, 파이썬

④ 프로그래밍 언어의 문법 및 학습 제공 사이트

- https://www.w3schools.com

  html/css/javascript, javascript 라이브러리/프레임워크, xml, asp/php, R, 파이썬

- https://ko.khanacademy.org

  알고리즘, html/css/javascript

- 프로그래밍을 익히는 데 권장하는 언어: 파이썬, 자바스크립트

파이썬 개발 환경 설정

✓ **파이썬을 사용해서 프로그래밍을 하려면 파이썬 프로그래밍 툴이 필요**

- 파이썬 또는 아나콘다(파이썬/주피터 노트북 내장)가 필요

✓ **파이썬 프로그래밍을 제대로 하려면 맞는 툴을 선택**

- 파이썬 자체는 가볍고 기본적인 기능만 있음. 패키지를 설치해서 원하는 개발 툴을 완성하는 구조임
- 전자기기 제어: 파이썬 + 전자기기 제어 패키지
- 딥러닝을 포함한 데이터 분석: 아나콘다는 머신 러닝까지 패키지가 포함됨. 딥러닝을 할 경우 필요 패키지 추가 설치
- 사이트 구축: 사이트 구축용 툴(이클립스 등) + 파이썬 웹 프레임 워크

✓ **처음 학습 시 아나콘다 설치를 권장하는 이유: 통합 개발 환경 스파이더와 주피터 노트북 내장, 주요 패키지가 설치되어 있음**

- 초보자가 처음 학습 시 일일이 필요한 패키지를 설치할 필요가 없음
- 나중에 좀 더 높은 레벨의 프로그래밍을 하더라도 툴을 바꿀 필요가 없음
  → 초급부터 고급 프로그래밍이 모두 가능

1 개발 툴 설치 개요

(1) 선수 체크: 아나콘다 설치가 어려운 경우

- '4) 주피터 노트북'의 '□ 클라우드 기반의 주피터 노트북 – Google Colab'으로 이동
- 아나콘다 설치 사양: 설치 전에 컴퓨터 사양 확인
  - 컴퓨터 사양: CPU 듀얼 코어 이상, 하드디스크 4G 정도 여유 공간 필요
  - 운영체제 사양: 윈도우즈의 경우 Windows 7 이상, Windows 10 권장
- 클라우드 기반의 주피터 노트북 – Google Colab: 아나콘다에 설치된 대부분의 패키지가 미리 설치되어 있음. 책의 예제를 학습하는 데 무리 없이 사용 가능

(2) 아나콘다 기반의 파이썬 프로그래밍 개발 환경 구축

- 프로그램 개발 환경 구축 시 주의 사항: 반드시 영문 계정명에 설치
- 계정명 확인

❶ 탐색기를 연다.

❷ [내 PC]–[문서] 항목에서 마우스 오른쪽 버튼 클릭. 윈도우 7의 경우 [라이브러리]–[문서] 항목

❸ [문서 속성] 창에서 [위치] 값의 '내윈도우계정명'이 한글인지 확인

C:\Users\내윈도우계정명 예 C:\Users\user : user – 계정명

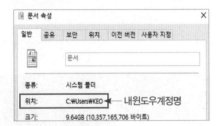

❹ [문서 속성] 창 닫음

- 계정명이 영문인 경우: 파이썬 개발 환경 설정
- 계정명이 한글인 경우: 영문 새 계정 생성 후 새 계정에서 파이썬 개발 환경 설정
  - Windows/Mac에서 영문 새 계정 생성 방법 참조 사이트
    - **Windows 10:** https://answers.Microsoft.com/ko-kr/windows/forum/windows_10-security/windows-10-%EC%97%90%EC%84%9C/ebb6ad55-e69c-45a2-a194-ab38d6fd69c3?tm=1438659181451
    - **Windows 7:** https://support.microsoft.com/ko-kr/help/977951 사이트에서 [방법 2: 관리자 계정 만들기]
    - **Mac PC 사용자는 계정명을 영문으로 수정:** https://support.apple.com/ko-kr/HT201548

- 영문 새 계정 생성하기: 그림과 방법은 윈도우 10 기준
  ① 실행 창(■ + R)에서 netplwiz 입력 후 Enter 누름

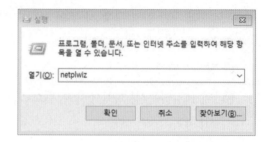

  ② [사용자 계정] 창에서 [추가] 버튼 클릭

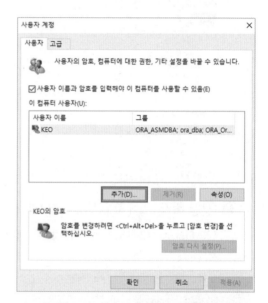

  ③ [Microsoft 계정 없이 로그인(권장하지 않음)] 링크 클릭

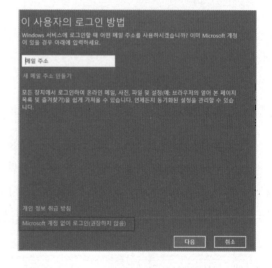

❹ [로컬 계정] 버튼 클릭

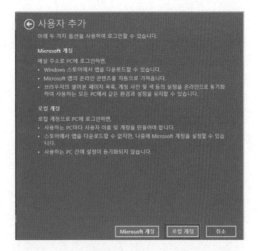

❺ [사용자 추가] 창에서 사용자 이름 입력 후
[다음] 버튼 클릭

- 예 user ← 암호는 입력이 권장이나, 계정 추가 후
  암호 추가나 수정 가능

❻ [마침] 버튼 클릭

❼ 추가된 계정을 클릭해서 선택 후 [속성]
버튼 클릭

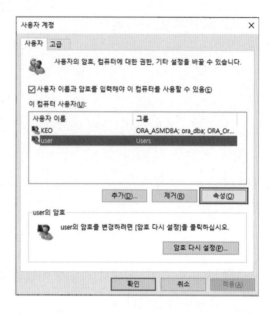

❽ [그룹 등록] 탭-[관리자] 항목 선택 후
[확인] 버튼 클릭

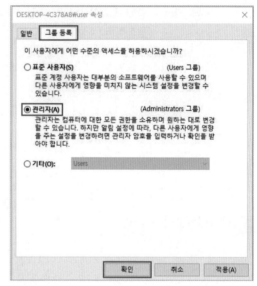

➒ [확인] 버튼 클릭

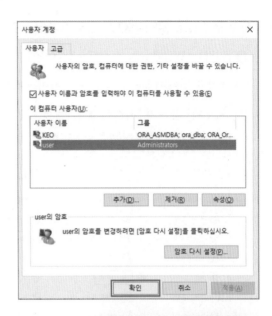

➓ 윈도우 새 계정으로 로그인: 기존 계정 로그아웃
- [시작] 버튼 클릭 후 계정 아이콘 클릭하고 [로그아 웃] 메뉴 클릭

⓫ 윈도우 새 계정으로 로그인: 새 계정으 로 로그인 시
- 화면 왼쪽 하단 클릭 후 왼쪽 하단의 계정 목록에서 새로 추가한 계정을 클릭하고 [로그인] 버튼 클릭, 암호가 있는 경우, 암호 입력 후 [로그인] 버 튼 클릭

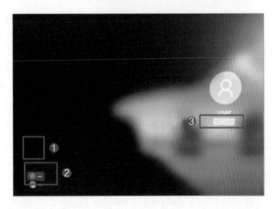

(4) Windows 운영체제의 경우 32비트 또는 64비트 운영체제인지 확인 필요

❶ [시작]-[Windows 시스템]-[제어판] 메뉴

❷ 제어판 창에서 [보기 기준]-큰 아이콘에서 [시스템] 항목 클릭

❸ [시스템] 항목의 [시스템 종류]에서 확인

▲ Windows 64bit인 경우

2 아나콘다 다운로드

(1) 설치 버전

① 아나콘다 설치 파일 다운로드 전에 운영체제 버전별 사용 가능한 버전 확인

- https://docs.anaconda.com/anaconda/install/#old-os

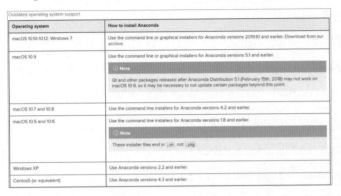

(2) 아나콘다 다운로드 파일 위치

① https://repo.anaconda.com/archive

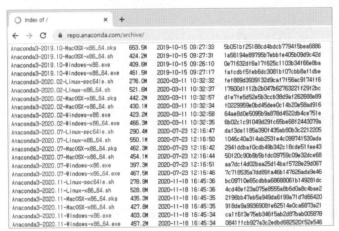

② 'Anaconda3-버전 번호-운영체제' 파일 다운로드: 최신 파일은 Anaconda3-연도-운영 체제로 구성

- Anaconda3: Anaconda3으로 시작하는 파일은 파이썬3 버전
- 버전 번호: 2019년도 출시 버전부터 연도.월로 구성됨. 단, Windows 7의 경우 2019.10 권장, 2020 버전은 Windows 10만 가능
  - **2019.10 버전:** Anaconda3의 2019.10 버전이 Windows 7과 10에서 모두 사용할 수 있는 마지막 버전
  - Windows 10 사용자는 2020년 이후 버전을 설치해도 됨
  - MacOS 사용자는 MacOS 버전에 따라 설치 가능한 파일이 다르므로 주의 요망

• 운영체제: Windows 64bit는 Windows-x86, Windows 32bit는 Windows-x86, MacOS는 MacOSX-x86_64

┌ **Windows 32bit 다운 파일 예:** Anaconda3-2019.10-Windows-x86.exe
├ **Windows 64bit 다운 파일 예:** Anaconda3-2019.10-Windows-x86_64.exe
└ **MacOS 다운 파일 예:** Anaconda3-2019.10-MacOSX-x86_64.pkg

MacOS	Anaconda3-2019.10-MacOSX-x86_64.pkg
	Anaconda3-2019.10-MacOSX-x86_64.sh
Windows 32bit	Anaconda3-2019.10-Windows-x86.exe
Windows 64bit	Anaconda3-2019.10-Windows-x86_64.exe

3 아나콘다 설치

① 설치는 Windows 10 64bit 운영체제를 기준으로 설명
  • 설치 참고: https://docs.anaconda.com/anaconda/install/windows

② 다운로드 받은 Anaconda3-버전 번호-Windows-x86_64.exe 파일 더블클릭
  예 Anaconda3-2019.10-Windows-x86_64.exe

③ [Anaconda3 버전 번호(64-bit) Setup] 창이 표시되면 [Next] 클릭

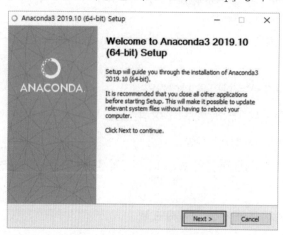

④ [라이선스 동의]를 묻는 화면으로 전환되면 [I Agree] 버튼 클릭

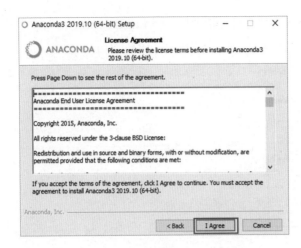

⑤ [Select Installation type] 화면으로 전환되면 [Just Me (recommended)] 선택 기본
값 그대로 사용 후 [Next] 버튼 클릭

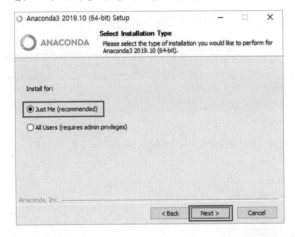

⑥ [Choose Install Location] 화면으로 전환하면 기본 값 그대로 사용 후 [Next] 버튼 클릭

예 C:\Users\user\Anaconda3

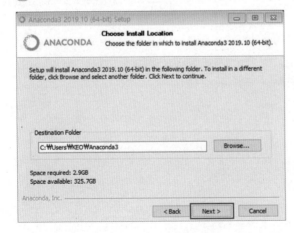

⑦ [Advanced Installation Options] 화면으로 전환하면 [Add Anaconda to my PATH
~], [Register Anaconda as~] 항목 둘 다 체크 후 [Next] 버튼 클릭

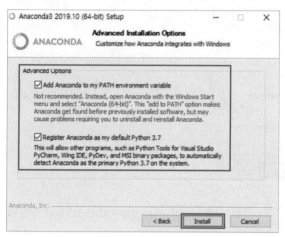

⑧ [Add Anaconda to my PATH~] 옵션을 체크하면 다음의 필수 path가 자동 추가됨

C:\Users\user\Anaconda3;C:\Users\user\Anaconda3\Library\mingw-w64\bin; C:\Users\
user\Anaconda3\Library\usr\bin;C:\Users\user\Anaconda3\Library\bin; C:\Users\user\
Anaconda3\Scripts;

⑨ 설치가 진행됨. 시스템 성능에 따라 설치 완료되는 시간이 다름

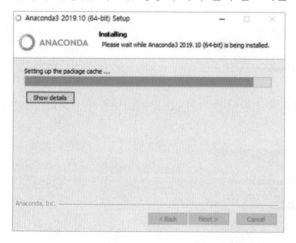

⑩ [Installation Complete] 화면으로 전환되고 설치가 끝나면 [Next] 버튼 클릭

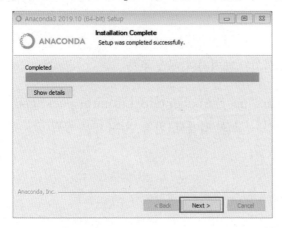

⑪ [Next] 버튼 클릭

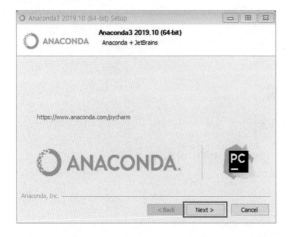

⑫ [Finish] 버튼 클릭. 웹 브라우저가 열리면 웹 브라우저 닫음
  • [Anaconda Cloud], [Anaconda Document] 웹 브라우저 창 닫음

4 환경 변수 추가 및 설치 확인

(1) 환경 변수 추가

① 환경 변수 추가 이유: pip을 사용해서 설치된 패키지의 패스 추가

② PATH 환경 변수에 추가할 값: C:\Users\user\Anaconda3\Lib\site-packages

❶ [제어판]-[시스템]-[고급 시스템 설정]-[고급] 탭에서 [환경 변수] 버튼 클릭

❷ [사용자 변수] 항목에서 [Path] 항목 클릭 후 [편집] 버튼 클릭

❸ [새로 만들기] 버튼 클릭 후 입력란에 추가할 환경 변수 값 입력하고 [확인] 버튼 클릭
   • 추가할 환경 변수 값: C:\Users\user\Anaconda3\Lib\site-packages

❹ 환경 변수 추가 후 화면이 복귀되면 [확인] 버튼 클릭

❺ [시스템 속성] 창으로 복귀되면 [확인] 버튼 클릭

(2) 설치 확인

❶ 윈도우 시작 버튼 클릭. [Anaconda3] 메뉴가 추가된 것 확인 후 메뉴 펼침

❷ [Anaconda Prompt] 창 확인

• [Anaconda3] 메뉴에서 [Anaconda Prompt(Anaconda3)] 클릭. 창 확인 후 닫음

❸ [spyder] 창 확인

• [Anaconda3] 메뉴에서 [spyder(Anaconda3)] 클릭. 창 확인 후 닫음

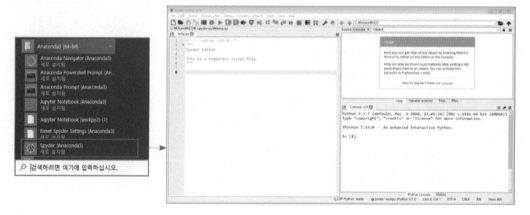

Spyder 통합 개발 환경 사용 시 필요한 설정

1. 작업 폴더 작성 – [pyworks_python_book] 폴더

① 탐색기에서 C 드라이브에 작성

② Spyder에서 작업 폴더로 [pyworks_python_book] 폴더 선택

2. Spyder 통합 개발 환경 설정

(1) Spyder 기동

[시작] – [Anaconda3 (64–bit)] – [Spyder] 메뉴 클릭

(2) Spyder 환경 설정

① [Tools] – [Preferences] 메뉴 클릭

② 글꼴 크기: [General] – [Apperance]의 [Fonts]: 12~14

③ 80자 이내 코딩: [Editor] – [Show vertical lines at 79 characters] 항목 체크

④ PEP8 규약 준수: [Editor] – [Code Introspection/Analysis] 탭에서 [Real–time code style analysis] 항목 체크 또는 [Completion and linting] – [Linting] 탭에서 [Underline errors and warnings] 항목 체크, [Completion and linting] – [Code style] 탭에서 [Enable code style linting] 항목 체크

(3) Spyder에서 작업 폴더 설정

① 작업 디렉토리명 옆의 폴더 아이콘을 선택해서 원하는 폴더로 변경

② 작업 폴더(working directory)를 선택 후 프로그램 작성

예 pyworks_python_book 선택

③ 참고: Spyder 작업 디렉토리 변경

작업 디렉토리명 옆의 폴더 아이콘을 선택해서 원하는 폴더로 변경 또는

import os

os.chdir("c:/pywork_python_book")

5 주피터 노트북 사용 환경

(1) 크롬 브라우저 설치 및 기본 브라우저로 지정

① 크롬 설치 필수: 주피터 노트북은 IE 11 웹 브라우저 지원 안 함

- 크롬 브라우저가 없는 경우 설치
- 크롬 브라우저를 기본 브라우저로 지정

② 크롬 브라우저 설치
- 다운로드 사이트에서 설치 파일 다운로드: https://www.google.com/chrome/

- 다운로드 받은 파일 더블클릭해서 설치: ChromeSetup.exe
- 설치 후 설정에서 기본 브라우저로 지정

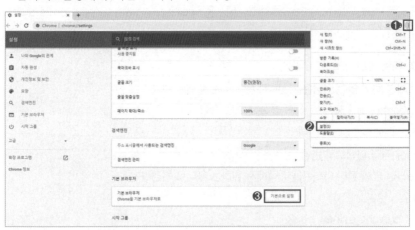

(2) 주피터 노트북 실행

① 아나콘다에 내장됨. 설치 불필요

② 주피터 노트북 홈(C:\Users\계정명)에서 프로젝트 만들기
- 탐색기에서 C:\Users\계정명에서 새 폴더 작성
- 새 폴더 이름 변경: pyworks_python_book_jn
- pyworks_python_book_jn 폴더: 프로젝트 홈

③ 아나콘다에서 주피터 노트북 실행

[시작]-[Anaconda3 (64-bit)]-[Jupyter Notebook] 메뉴 클릭

주의 주피터 노트북이 윈도우 운영체제에서 개별 설치 시 문제가 발생할 수 있음. 아나콘다(주피터 노트북 포함)를 설치해서 사용 권장

참고 주피터 노트북 개별 설치 방법: pip install jupyter

④ [Jupyter Notebook] 서비스 창 표시. [Jupyter Notebook] 홈 디렉터리가 브라우저에 표시

▲ [Jupyter Notebook] 서비스 창   ▲ [Jupyter Notebook] 홈

⑤ 주피터 노트북 홈(C:\Users\계정명)에서 프로젝트 홈(예 pyworks_python_book_jn)으로 이동
   • [pyworks_bas_jn] 폴더 클릭

⑥ 프로젝트 홈(예 pyworks_python_book_jn)에 주피터 노트북 생성
   • 주피터 노트북 생성: [New]-[Python3]
     – 주피터 노트북에서 코딩 시작

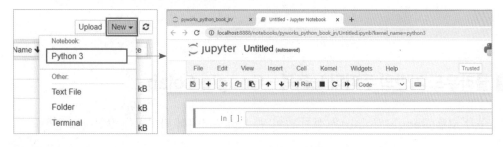

⑦ 주피터 노트북 이름 변경: [Untitled] 클릭 후 work_test 입력 후 [Rename] 버튼 클릭

⑧ 노트북 이름이 변경된 것을 확인
  • 코딩은 노트북의 셀에 함: 노트북의 셀 – In [ ] :

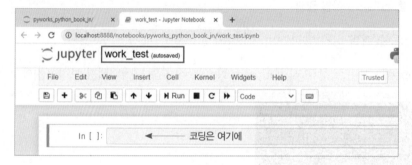

⑨ 노트북의 셀에 코드를 입력 후 Ctrl + Enter 를 누르면 셀의 코드가 실행됨
  • 1 + 1 수식을 입력 후 Ctrl + Enter 를 누름
  • 변경 사항은 Ctrl + S 를 눌러 저장

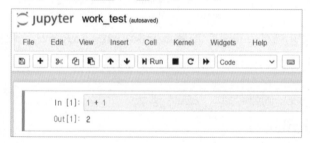

6 클라우드 기반의 주피터 노트북 - Google Colab

① 구글 코랩(Google Colab)은 설치 없이 웹 브라우저에서 파이썬을 작성하고 실행

② 크롬 브라우저에서 https://colab.research.google.com/notebooks/intro.ipynb 주소로 이동

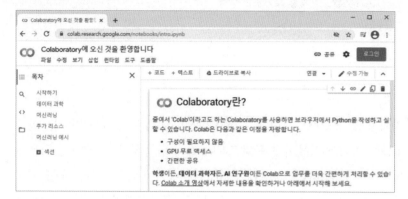

③ 코랩 사이트에서 구글 계정으로 로그인

- 구글 코랩을 사용하려면 구글 계정 필요
- 구글 계정이 없는 경우 계정 생성 후 사용

④ 새 노트 작성: 로그인 후 [파일]-[새 노트] 메뉴

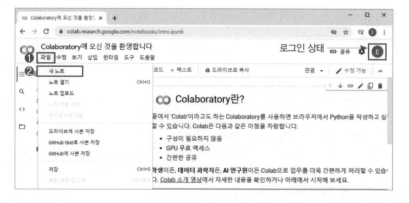

⑤ 새 노트에서 코딩

- Untitled1.ipynb 클릭 후 work_test.ipynb로 이름 변경
- 셀에 수식 입력 후 Ctrl + Enter 를 눌러 코드 실행
- 변경 사항은 Ctrl + S 를 눌러 저장

코딩 기본 규약

코딩 기본 규약은 지키지 않아도 프로그램에 에러가 발생하지 않는다. 하지만 작성한 프로그램의 가독성이나 체계성을 위해서 만들어진 프로그래머 간의 암묵적인 규약이다. 처음에 배울 때 제대로 배워야 체계적으로 프로그램을 작성할 수 있으며, 나중에 협업을 하거나 규모가 큰 개발사에 취업할 때도 중요하다. 실리콘밸리에서는 일반적으로 프로그래머나 데이터 과학자를 채용할 때 코딩 판서 테스트를 한다고 한다. 따라서 처음 배울 때 이런 기본적인 규약을 지켜서 프로그램을 작성하는 것이 좋다. 다음은 모든 프로그램 작성에 공통적으로 사용되는 규약이다.

(1) 프로그램 코드는 기본적으로 소문자로 작성한다.

① c = a + b와 같이 코딩에서 변수 등의 이름은 특별한 경우를 제외하고 소문자로 작성

- c, a, b: 변수명. 변수는 값 저장소
- =, +: 연산자

② 이름이 대문자로 시작하는 경우는 클래스명 예 StudentRecord

③ 상수명의 경우 이름 전체가 대문자 예 PART_NUM

(2) 연산자를 중심으로 양쪽에 한 칸의 공백을 준다.

① c = a + b 에서 =, + 연산자를 중심으로 한 칸의 공백을 줌

- = : 값 할당 연산자
- + : 덧셈 연산자

② test(v=2, h="test") 함수 사용과 같이 키워드 인수(매개변수)에 값을 할당하는 경우, v=2와 같이 공백 없이 코딩함

- test( ): 함수
  - 함수(function): 특정 기능(작업)을 수행하기 위한 코드의 모임

    예 input( ) 함수: 화면으로 값을 입력받는 작업을 함

    예 print(값) 함수: 화면에 값을 출력함

- v, h: 키워드 인수(매개변수). 인수와 매개변수는 엄밀한 차이가 있으나 구분하지 않고 혼용해서 써도 됨
  - 매개변수(parameter): 함수로 넘어오는 값을 저장하는 변수. 가인수라고도 부름
  - 인수(argument): 함수로 값을 넘길 때 사용하는 값 또는 변수. 실인수라고도 부름

(3) ,(쉼표) 다음에는 한 칸의 공백을 준다.

[5, 6, 7]과 같이 값을 나열하거나 my_add(a, b)와 같이 함수의 인수를 나열할 때는 ,(쉼표)를 사용하며, 쉼표 다음에는 한 칸의 공백을 줌

(4) 코딩은 한 줄에 80자 이내로 작성한다.

① 1줄에 코딩하는 글자의 수는 80자를 넘지 않도록 코딩

② 80자가 넘는 경우
- 함수인 경우 인수 사이에서 줄 바꿈 가능
  - 예 df_subway2 = pd.read_csv("20200423_202002_서울지하철승하차인원수.csv", encoding="cp949", engine="python")
- 일반 코드의 경우 파이썬은 \(역슬래시) 기호를 사용해서 코드 줄 바꿈
  - 예 with open("cover_s.png", "rb") as f1, \
    open("cover_s_copy.png", "wb") as f2:

③ Spyder 통합 개발 환경의 경우 옵션의 도움을 받음
- 80자 이내 코딩: Spyder 통합 개발 환경의 [Tools]-[Preference] 메뉴, [Editor]-[Show vertical lines at 79 characters] 항목 체크
  - 79 characters인 이유: 80자를 넘지 않는 코딩. 80은 포함 안 됨

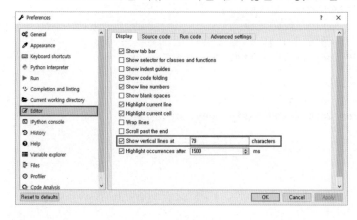

(5) 주석문은 주석 기호 다음에 한 칸의 공백을 주며, 인라인 주석의 경우 코드 다음에 두 칸의 공백을 준 후 작성한다.

① 주석문: 코드 설명문

② 주석 기호: 프로그램 언어마다 다르며, 파이썬의 경우 #(샵) 기호 사용

  예 # 주석문

③ 인라인 주석: 코드와 주석문을 같은 줄에 작성

  예 c = a + b # a, b 변수의 값을 더해서 c 변수에 저장

(6) 성능의 향상을 위해서 처리 속도가 빠른 코딩 방법을 사용한다.

① a = a + 1과 a += 1은 둘 다 a라는 변수의 값에 1을 더한 결과 값을 다시 a 변수에 저장하는 코딩
  • 원래 a 값이 1이었다면 위의 코딩의 결과로 a 값은 2가 됨

② a = a + 1과 a += 1은 똑같은 작업을 수행하는 코드이지만 a += 1이 처리 속도가 더 빠름
  • a = a + 1은 ❶ a + 1 연산을 한 후 ❷ 이 연산의 결과 값을 a 변수에 넣는 a = 연산을 수행함. 즉, ❶ 덧셈과 ❷ 할당 연산을 하기 때문에 2번의 연산이 수행됨
  • a += 1에서 += 연산자는 덧셈과 할당을 한 번에 수행한다. 즉 연산을 1번만 하기 때문에 a = a + 1보다 처리 속도가 빠름

③ 아래 그림에서 a = a + 1의 실행 시간이 평균 46.5ns(나노세크)가 걸렸고, a += 1은 평균 41.5ns가 걸렸다는 것을 알 수 있음
  • 실행 시간: 코드가 실행되는 데 걸리는 시간
  • 시스템의 성능이나 CPU의 상황에 따라 실행 시간은 다를 수 있지만 a += 1이 더 빠르게 수행된다는 것을 알 수 있음

```
In [3]: %timeit a = 1; a = a + 1
46.5 ns ± 4.3 ns per loop (mean ± std. dev. of 7 runs,
10000000 loops each)

In [4]: %timeit a = 1; a += 1
41.5 ns ± 4.59 ns per loop (mean ± std. dev. of 7 runs,
10000000 loops each)
```

☑ 정리

- 한 번 해결한 문제를 다시 해결해야 하거나 사람이 직접 처리하기 어려운 문제는 컴퓨터를 사용해서 해결

- 컴퓨터를 사용한 문제 해결 절차는 프로그래밍으로 구성하고, 구성된 프로그래밍은 코딩으로 구현

- 알고리즘은 문제를 해결하기 위한 절차나 방법을 구체화한 것

- 파이썬 기반으로 코딩하려면 아나콘다를 설치하거나 클라우드 기반의 주피터 노트북 사용

- 프로그램은 소문자 기반의 코딩 규약을 준수하면서 작성

🔍 용어 정리

- **알고리즘**: Algorithm, 문제를 해결하기 위한 절차나 방법

- **실행 시간**: Runtime, 코드가 실행되는 데 걸리는 시간

- **CPU**: Central Processing Unit, 컴퓨터의 중앙 처리 장치. 컴퓨터의 뇌에 해당

- **기계 학습**: Machine Learning, 인공지능 학습. 인공지능을 머신이라 부름

- **딥러닝**: Deep Learning, 인공지능 학습으로 자율 주도 학습을 수행. 학습 결과를 계속 반영해서 최적의 결과를 찾음

- **암호화**: Encryption, 정보를 의미를 알 수 없는 형식의 암호문으로 변환하는 것

- **복호화**: Decryption, 암호화된 정보를 원래의 정보로 변환하는 것

- **클라우드**: 클라우드 컴퓨팅(Cloud Computing)을 의미. 인터넷 기반으로 자신의 컴퓨터가 아닌 다른 컴퓨터(일종의 서버)의 자원을 사용. 여기서 자원은 물리적인 장비, 소프트웨어, 파일 등을 의미. 서버는 서비스해주는 컴퓨터

1 무엇에 대한 설명인지 (   ) 안에 알맞은 것을 찾아 넣으시오.

의사 코드, 자료 구조, 플로우 차트

① (   ): 알고리즘을 개발하는 데 사용하는 일종의 작위적인 언어

② (   ): 작업을 처리하는 과정을 간단한 기호나 화살표로 그린 것

③ (   ): 데이터 구조를 표현하는 방식

2 코딩의 기본 규약의 설명이 맞으면 ○, 틀리면 × 표시하시오.

① 프로그램 코드는 기본적으로 소문자로 작성함 (   )

② 연산자를 중심으로 양쪽에 한 칸의 공백을 줌 (   )

③ 키워드 인수(매개변수)에 값을 할당할 때도 v = 2와 같이 = 연산자를 중심으로
한 칸의 공백을 줌 (   )

CHAPTER 02.

파이썬 개요

어떤 문제를 프로그래밍으로 해결하려면 문제를 해결하기 위한 프로그래밍 코딩 툴을 알아야 한다. 여기서는 문제 해결 툴인 파이썬 언어의 특징 및 활용 분야 그리고 스크립트 작성 방법과 구성 순서에 대해서 학습한다.

1. 파이썬 언어의 특징 및 활용 분야를 알아보자.

2. 파이썬 스크립트를 작성하는 방법과 구성 순서에 대해서 알아보자.

■■ 이 장의 핵심

✔ 파이썬 언어는 간결하고 작성하기 쉬우며 플랫폼에 독립적

✔ 파이썬은 일반적인 프로그램 작성, 웹 사이트 구축, 데이터 분석, 전자기기 제어 등 다양한 분야에서 활용 가능

✔ 파이썬 스크립트 생성
 - 아나콘다 내장 주피터 노트북에서는 [New]-[Python3] 메뉴로 생성하고 .ipynb 파일로 저장
 - 구글 코랩(Google Colab)에서는 [파일]-[새 노트] 메뉴로 생성하고 .ipynb 파일로 저장
 - Spyder 통합 개발 환경에서는 [File]-[New File] 메뉴로 생성하고 .py 파일로 저장

✔ 스크립트는 인코딩, 닥스트링, import문, 함수나 클래스 선언, 실행문의 순서로 구성됨

파이썬의 특징 및 활용 분야

✔ 파이썬은 간결하고 사용하기 쉬운 언어로 다양한 분야에서 활용할 수 있다.

1 파이썬의 특징

- 간결하고 쉬운 언어
- 라이브러리를 사용한 기능 확장이 가능
  - 패키지 추가 설치로 구현
- 플랫폼에 독립적: 크로스 플랫폼 언어
  - 크로스 플랫폼 언어: 운영체제(OS)에 무관하게 실행됨
  - 플랫폼(platform): 운영체제가 설치된 환경
    - 예 윈도우즈 플랫폼: 윈도우즈 운영체제가 설치된 환경

2 파이썬 활용

① 파이썬 활용에는 파이썬 기본 문법 + 확장 기능(라이브러리 추가)이 필요
  - 파이썬 기본 문법: 기본 사용 문법부터 모듈, 파일 입출력까지
  - 확장 기능(라이브러리 추가): 패키지를 추가 설치해서 라이브러리의 기능 사용
  - 라이브러리는 패키지로 제공됨
    - 패키지 추가 설치: pip install 설치할 패키지
    - 설치된 패키지는 라이브러리로 사용되며, 특정 기능을 구현할 때 import해서 사용
  - 라이브러리의 사용법은 '8장 함수와 모듈'에서 학습

② 일반적인 프로그래밍 작성: 파이썬 기본 문법 + DB 제어 + 네트워킹 + 비즈니스 로직에 필요한 프레임워크

- DB 제어: 데이터를 영구 저장할 때 DB(Database, 데이터베이스)가 필요
  - DB 제어 라이브러리는 DB를 제어하는 DBMS와 연동하여 데이터를 저장하거나 얻어냄
  - DBMS: DB 연동 프로그램으로 Oracle(오라클), MySQL(마이에스큐엘), sqlite(에스큐엘라이트) 등
    * Oracle: cx_Oracle 패키지 설치, MySQL: pymysql 패키지 설치, sqlite: 파이썬에 내장된 라이브러리 사용
- 네트워킹: 네트워크를 사용한 프로그램 사용에 필요. urllib 라이브러리 사용

③ 웹 프로그래밍 작성: 파이썬 기본 문법 + 웹 프레임워크 + DB 제어

- 웹 프레임워크: 웹 서비스를 위한 클래스와 라이브러리의 모임
  - 파이썬 웹 프레임워크: Django(장고), Flask(플라스크) 등이 있음

④ 데이터 분석: 파이썬 기본 문법 + 데이터 수집 라이브러리 + 전처리/시각화 라이브러리 + 분석 라이브러리

- 데이터 수집 라이브러리: Beautifulsoup 라이브러리
- 전처리/시각화 라이브러리: Pandas(판다스), Matplotlib(맷플롯립) 라이브러리
- 분석 라이브러리: Sklearn(사이킷런) 라이브러리

⑤ 전자기기 제어: 파이썬 기본 문법 + 전자기기 제어 라이브러리 + 전자기기(하드웨어)

- 전자기기 제어 라이브러리: RPi.GPIO 라이브러리
  - 전자기기 제어: 전자 회로, IoT 기기, 센서, 로봇 제어

파이썬 스크립트 작성과 구성 순서

✔ 파이썬 스크립트는 파이썬 소스 코드로 주피터 노트북과 Spyder에서 작성하고 실행하는 방법과 구성하는 순서를 확인한다.
  • 파이썬 스크립트 파일: 파이썬 소스 코드 파일

1 주피터 노트북에서 파이썬 스크립트 다루기

① [시작]-[Anaconda3 (64bit)]-[Jupyter Nnotebook] 메뉴 클릭 또는 명령 프롬프트에서 jupyter notebook 명령어 입력 후 Enter 누름

② 주피터 노트북 홈(C:\Users\계정명)에서 프로젝트 홈(예 pyworks_python_book_jn)으로 이동

③ 주피터 노트북 생성: [New]-[Python3]
  • 파일명: ch02.ipynb

④ 파일 저장: Ctrl + S

⑤ 셀(cell) 단위로 실행: 실행할 셀에 커서 위치 후 Ctrl + Enter

⑥ 주피터 노트북 단축키
  • Esc : command mode(커맨드 모드)로 변경
  • Shift + Enter : 현재 셀 실행 후 다음 셀로 이동
  • Ctrl + Enter : 현재 셀 실행
  • M : 현재 셀을 markdown(마크다운)으로 변경
  • Y : 현재 셀을 code(코드)로 변경
  • Ctrl + Shift + - : 커서 위치를 중심으로 셀 나눔
  • K : 바로 위의 셀로 이동

- J : 바로 아래의 셀로 이동
- A : 바로 위에 셀 삽입
- B : 바로 아래에 셀 삽입
- C : 셀 복사(copy cell)
- X : 셀 오려두기(cut cell)
- V : 현재 셀 아래에 붙여넣기(paste cell below)
- Shift + V : 현재 셀 위에 붙여넣기(paste cell above)
- D D : 현재 셀 삭제
- I (소문자 엘): 라인 표시(toggle line numbers)
- H : 단축키 보기

2 Spyder(스파이더) 통합 개발 환경에서 파이썬 스크립트 다루기

① [시작]–[Anaconda3 (64bit)]–[Spyder] 메뉴 클릭

② 파이썬 코드를 파일로 작성하고 py 확장자로 저장: 파이썬 스크립트 파일

③ 파이썬 스크립트 생성: [File]–[New File] 메뉴
- 파일명: ch02.py

④ 파이썬 스크립트 저장: [File]–[Save As] 메뉴 또는 Ctrl + S
- 파이썬 스크립트 창에서 [File]–[Save As] 또는 [File]–[Save] 메뉴 클릭
  - [File]–[Save As]: 맨 처음 저장 또는 다른 이름으로 저장
  - [File]–[Save]: 저장된 파일 재저장(변경된 사항 저장)

⑤ 셀 단위로 실행: 실행할 셀에 커서 위치 후 Ctrl + Enter

⑥ 셀 나누기(셀 추가): # %%를 셀의 시작 위치에 입력하면 새로운 셀로 나뉨
- # 다음에 한 칸을 띈 후 %%를 입력

⑦ 파이썬 스크립트 실행 단축키
- F5 또는 [Run]–[Run] 메뉴: 전체 실행
- Ctrl + Enter 또는 [Run]–[Run Cell] 메뉴: 현재 셀 실행

- F9 또는 [Run]–[Run selection or current line] 메뉴: 현재 행 실행
  - 실행 결과는 [IPython console] 창에 표시

⑧ 작성된 파이썬 스크립트(파일) 열기
  - 작업 폴더 지정 후 [Browse working directory] 버튼 클릭 후 작업 폴더 연결
  - [File]–[Open] 메뉴 클릭 후 불러올 파이썬 파일 선택

3 파이썬 스크립트 작성 및 실행

- 작성 코드: 주피터 노트북에서 작성
  - 프로젝트 홈(예 pyworks_python_book_jn)에서 [New]–[Python3] 메뉴로 새 노트북 생성 후 코드 작성
  - 새 노트북 파일명: ch02.ipynb

 # 2-(2)-1)-1

```
# 2-(2)-1)-1
print("Hello World")
```

- Spyder(스파이더)의 경우 맨 윗줄에 # %%를 추가해서 새 셀 추가
  - [File]–[New File] 메뉴로 새 스크립트 파일 추가 후 ch02.py로 파일명 저장 후 코드 작성

 # 2-(2)-1)-1

```
# %%
# 2-(2)-1)-1
print("Hello World")
```

① 작성 방법: 주피터 노트북의 셀 또는 스파이더의 셀에 코드 입력
  - 셀 추가: 주피터 노트북 – [Insert cell below] 또는 알파벳 b
            스파이더 – # %%

② 실행 방법: 주피터 노트북 및 스파이더의 셀 단위 실행 – Ctrl + Enter

결과 주피터 노트북

실행 결과 Hello World

결과 Spyder(스파이더)

실행 결과 In [1] : runcell(1, 'D:/pyworks_python_book/basic_grammar.py')
Hello World

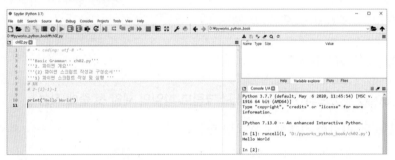

• print( ) 함수는 값을 화면에 출력할 때 사용

※ 이 책에서 코드는 주피터 노트북에서 작성하고 실행하는 방식으로 진행합니다.

참고 파이썬 기본 문법 참조 사이트
https://www.w3schools.com/python/default.asp

4 스크립트 구성 순서 및 코드 작성 규칙 - 파이썬 소스 코드 파일

① 대부분의 프로그래밍 코딩은 소문자를 기반으로 작성하는 것이 원칙

② 파이썬 스크립트 파일은 인코딩, 닥스트링, import문, 함수나 클래스 선언, 메인 실행 코드의 순서로 구성됨

2-(2)-2)-1

```
① # -*- coding: utf-8 -*-
② """
x + y + math.pow(x, y) 계산
"""


③ import math


④ def my_fun(x, y):  # my_fun()함수 정의
       return x + y + math.pow(x, y)


⑤ if __name__ == '__main__':
       x, y = 5.0, 3.0
       print("my_fun(x, y) = %d" % my_fun(x, y))
```

실행 결과 my_fun(x, y) = 133

① 인코딩: utf-8 - 코드의 인코딩 지정. 스크립트 파일의 제일 첫 줄에 작성

❶ 파이썬 버전에 따라서 지정하지 않으면 한글이 깨짐

- 파이썬 3: 인코딩을 지정하지 않아도 기본 값 utf-8 설정
- 파이썬 2: 반드시 인코딩 지정 필요

❷ 옵션 기능으로 생략 가능. 버전에 상관없이 한글이 깨지지 않으려면 인코딩 utf-8을 스크립트 가장 첫 번째 줄에 지정하는 것이 좋음

  예 # -*- coding: utf-8 -*-

② 닥스트링("'설명'"): 현 스크립트에 대한 설명

❶ 현 스크립트에 대한 설명문으로 도움말, 메모 등의 긴 주석을 지정할 때 사용. 옵션 기능

❷ '''설명문''', """설명문"""과 같이 '''(작은따옴표 3개) 또는 """(큰따옴표 3개) 사용

  예 """ x + y + math.pow(x, y) 계산 """

③ import문: 필요 라이브러리 사용

❶ 현 스크립트 작성에 필요한 기능을 가져옴. 필요할 경우 사용하는 옵션 기능

❷ import 키워드 다음에 가져올 라이브러리 이름 지정

  예 import math

④ **사용자 정의 함수 정의, 클래스 정의: 필요할 경우 사용하는 옵션 기능**

❶ 사용자 정의 함수: 내가 만드는 함수

❷ 함수를 만드는 이유: 실무에서 작업 처리에 맞는 기능을 내가 직접 만들어서 사용해야 하기 때문

> 예 급여 계산, 학점 계산
>
> 예 사용자 정의 함수 작성
>
> ```
> def my_fun(x, y):  # my_fun() 함수 정의
>     return x + y + math.pow(x, y)
> ```

❸ 클래스: 실무 데이터 1건 처리 또는 작업 대상을 정의할 때 사용

- 클래스를 만드는 이유: 실무 데이터 1건의 형태가 다르기 때문에 직접 만들어야 함. 또한 작업 대상 객체도 로봇, 자동차도 정의해야 하는 형태가 다르기 때문 예 고객 데이터 1건을 정의하는 클래스 정의, 로봇청소기를 만드는 프로그램에서 로봇청소기 클래스 정의

> 예 클래스 작성
>
> ```
> class Member(object):
>     def __init__(self, id, passd, name):
>         self.id = id
>         self.passd = passd
>         self.name = name
>
>
>     def getMember(self):
>         return self.id + ', ' + self.passd + ', ' + self.name
> ```

❹ 사용자 정의 함수나 클래스 작성 시 코드 스타일: PEP8 코드 스타일 가이드에 따라서 위나 아래로 2줄의 빈 줄을 넣음. 대부분의 프로그래머들이 이 코드 스타일 가이드에 맞춰 코드를 작성하기 때문에 실무에서는 반드시 따르는 것이 좋음

- PEP8 코드 스타일 가이드(PEP8: Style Guide for Python Code): 파이썬 코드 작성 가이드 라인(https://www.python.org/dev/peps/pep-0008) 참조

❺ 함수나 클래스 및 제어문의 코드 블록(영역)은 :(콜론)을 사용하며, 콜론 다음 줄부터 4칸 들여쓰기를 한 문장들이 해당 함수나 클래스에 딸린 문장

```
        ↕ 2줄
def my_fun(x, y):
←→ return x + y + math.pow(x, y)
4칸  ↕ 2줄
```

❻ #: 1줄 주석(comment)

- # 주석은 코드에 설명문을 1줄 정도로 짧게 기술할 때 사용. 긴 주석은 닥스트링(''', """)을 사용

  예 1줄 주석: # my_fun() 함수 정의

  예 닥스트링 주석: ''' x + y + math.pow(x, y) 계산 '''

- 주석 기호인 # 다음에 작성된 문장은 실행되지 않음
- 주석문은 # 기호 다음에 한 칸을 띈 후 사용   예 # my_fun() 함수 정의
- 인라인(inline) 주석의 경우 코드와 주석문 사이에 2칸의 공백을 주는 것이 권장 규칙이며, 코드와 주석문이 같은 줄에 위치

  예 def my_fun(x, y): # my_fun() 함수 정의

⑤ **메인 실행 코드: if __name__ == '__main__': − 블록 안에 실행할 내용이나 함수를 기술**

❶ 이 블록 안에 기술된 코드는 메인 실행 코드로 실행되었을 때만 실행됨

- 메인 실행 코드로 실행: 이 스크립트가 모듈로 참조되는 것이 아니라, 단독으로 실행된다는 의미

  실행 결과   my_fun(x, y) = 133

```
if __name__ == '__main__':

    x, y = 5.0, 3.0
    print("my_fun(x, y) = %d" % my_fun(x, y))
```
← 메인 실행 코드로 실행되었을 경우에만 if문 안의 코드가 실행됨

❷ 모듈로 사용할 경우 파이썬 스크립트 파일(.py)로 저장해서 사용

- 모듈로 사용되는 스크립트 파일: script_config.py

 # script_config.py

```
# −*− coding: utf−8 −*−
"""
x + y + math.pow(x, y) 계산
"""


import math


def my_fun(x, y):  # my_fun()함수 정의
    return x + y + math.pow(x, y)
```

```
if __name__ == '__main__':
    x, y = 5.0, 3.0
    print("my_fun(x, y) = %d" % my_fun(x, y))
```

• 제공되는 script_config.py 스크립트 파일의 my_fun(x, y) 함수 참조

 # 2-(2)-2)-2

```
# 2-(2)-2)-2
# 모듈로 사용
from script_config import my_fun

print("모듈로 사용 : my_fun(x, y) = %d" % my_fun(5.0, 3.0))
```

실행 결과   from script_config import my_fun문은 script_config.py 스크립트(모듈)에서 my_fun( )
함수만 가져와서 사용(import) 한다는 의미
모듈로 사용: my_fun(x, y) = 133

❸ if __name__ == '__main__' : 블록 안에 코드를 기술하면 현 스크립트를 실행 전용이
나 모듈용으로 모두 사용 가능

실무에서는 이와 같은 패턴을 볼 수 있으므로 알아둔다. 다만, 이 책은 파이썬 기본 문법을 쉽
고 간단하게 배우는 것이 목적이기 때문에 코드를 이해하고 간단하게 실행하는 구조로만 학습한
다. 스크립트를 실행 전용이나 모듈 겸용으로 사용하는 메인 실행 코드 if __name__ == '__
main__'문 구조는 이 책에서는 사용하지 않는다.

☑ 정리

- 파이썬은 간결하고 사용하기 쉬운 언어로 일반적인 프로그램 작성, 웹 사이트 구축, 데이터 분석, 전자기기 제어 등 다양한 분야에서 활용 가능

- 파이썬 스크립트 파일은 .py 파일로 저장, 주피터 노트북에서는 .ipynb 파일로 저장

- 파이썬 스크립트 파일은 인코딩, 닥스트링, import문, 함수나 클래스 선언, 메인 실행 코드의 순서로 구성됨

- 인코딩은 코드의 인코딩을 지정하는 것으로 스크립트 파일의 제일 첫 줄에 작성. 기본 값은 utf-8

- 닥스트링('''설명''')은 현 스크립트에 대한 설명문 기술에 사용

- import문은 필요 라이브러리 사용

- 사용자 정의 함수 정의, 클래스 정의는 필요할 경우 사용하는 옵션 기능

- # 주석은 코드에 설명문을 1줄 정도로 짧게 기술할 때 사용하고 긴 주석은 닥스트링(''', """)을 사용

- 메인 실행 코드는 if __name__ == '__main__': – 블록 안에 실행할 내용이나 함수를 기술

⊙ 용어 정리

- **인코딩**: 문자 인코딩(character encoding)으로 입력한 문자나 기호들을 컴퓨터가 사용할 수 있는 신호로 만듦

- **닥스트링**: docstring, 소스 코드 파일의 개요를 설명하거나 함수의 구조를 설명하는 긴 문자열을 의미

- **문자열**: 문자 배열이라는 의미로 1개 이상의 문자 데이터. 보통 String(스트링) 타입으로 부름 예 "a", "ab" 등
  - 컴퓨터 프로그래밍에서는 문자 데이터를 문자열 또는 문자열 데이터라고 부름

- **문자**: 문자 데이터로 컴퓨터 프로그래밍에서는 딱 1개의 문자를 의미할 때가 많음. 보통 Character(캐릭터) 타입으로 부름. 다만 파이썬은 문자열과 문자 데이터를 엄밀히 구분하지 않음
  - 일반적으로 문자열 데이터와 구분하지 않고 뭉뚱그려 부를 때도 쓰지만, 처음 배울 때는 의미를 정확히 알고 있는 것이 좋음

1 무엇에 대한 설명인지 (   ) 안에 알맞은 것을 찾아 넣으시오.

클래스, 사용자 정의 함수, import문, utf-8

① (   ): 내가 만드는 함수

② (   ): 실무 데이터 1건 처리 또는 작업 대상을 정의할 때 사용

③ (   ): 파이썬 스크립트의 기본 인코딩

④ (   ): 필요한 라이브러리 사용

2 다음의 코드에 주석을 정의하시오.

```
(            ①            )
(            ②            )
x = 1
x += 1 (            ③            )
```

① 닥스트링 작성: 작성 내용 – (   )

② 1줄 주석: 작성 내용 – (   )

③ 인라인 주석: 작성 내용 – (   )

CHAPTER

03.

변수와 연산자 – 값 저장 및 기본 처리

프로그램을 익히는 데 가장 기본적인 사항은 프로그램으로부터 발생한 값을 메모리에 일시 저장하는 변수와 그 변수가 가진 값을 처리하는 방법을 배우는 것이다. 변수 값을 처리하는 방법 중의 하나가 연산자로, 값의 타입에 따라 처리할 수 있는 연산자가 다르다. 이번 장에서는 변수 생성과 값 할당 및 연산자에 대해서 학습한다.

여기서 할 일

① 변수를 선언하고 데이터 타입에 따라서 값을 넣는 방법을 알아보자.

② 변수 값을 처리하는 각종 연산자에 대해서 알아보자.

■■ 이 장의 핵심

☑ 변수는 값을 저장하는 저장소

☑ 변수명 = 값(리터럴)으로 변수를 선언, del 제거할변수명 으로 변수 제거
  – 변수명은 문자로 시작하고 스네이크 표기법을 사용
  – 값은 숫자, 문자열, 리스트, 튜플, 딕셔너리, 세트, 함수, 그 밖의 객체 등을 쓸 수 있음

☑ 파이썬은 산술 연산자, 할당(대입) 연산자, 비교(관계) 연산자, 논리 연산자, 비트 연산자,
  in 연산자(멤버십 연산자), is 연산자(아이덴티티 연산자)를 제공

SECTION 01. 변수 – 재사용할 값 저장소

✔ **변수: 프로그램 수행 중 발생한 값을 임시로 저장하는 저장소**

- 임시 저장: 메모리에 저장
- 영구 저장: 파일 또는 DB로 하드디스크에 저장

✔ **변수를 사용하는 이유: 변수에 저장된 값을 재사용**

- 재사용할 값만 변수로 저장
- 변수는 메모리 할당을 받기 때문에, 필요한 변수만 사용해야 프로그램이 가볍고 메모리 낭비를 줄일 수 있음

1 변수 선언 - 변수명과 기본 값(초기 값) 지정

① 파이썬 기본 문법에서 변수 선언: 변수명, =(할당 연산자), 값(리터럴)을 차례로 나열

- 변수 선언 기본 문법: 변수명 = 값(리터럴)

 # 3-(1)-1)-1

```
# 3–(1)–1)–1
# 변수 선언
a = 5
```

실행 결과 정수 값 5를 갖는 변수 a가 생성. 화면에 결과를 표시되지 않음

② 변수명은 첫 글자는 문자나 _(언더바)로 시작. 다음 글자는 문자, 숫자, _(언더바)를 사용할 수 있음

- 문자: 유니코드 체계를 사용하기 때문에 한글도 가능하나, 일반적으로 영문자(A–Z, a–z)를 사용함
- 숫자: 0~9
- _(언더바)로 시작하는 변수는 특수 목적(정보 은닉)으로 사용되므로 일반적인 변수에서는

사용하지 않음

- 정보 은닉 변수 선언은 '9장 클래스 - **03**. 정보 은닉'에서 학습

③ 변수명을 포함한 식별자에 키워드는 사용할 수 없음. 식별자의 길이에는 제한이 없고, 대소 문자를 구별함

- 식별자: 클래스명, 함수명, 변수명
- 파이썬 키워드
  - https://docs.python.org/ko/3/reference/lexical_analysis.html#keywords

> False/await/else/import/pass/None/break/except/in/raise/True/class/
> finally/is/return/and/continue/for/lambda/try/as/def/from/nonlocal/
> while/assert/del/global/not/with/async/elif/if/or/yield

④ 변수를 선언할 때 지정(할당)된 값에 따라 변수의 타입이 결정됨

- 값이 숫자 값이면 숫자 변수 선언

 # 3-(1)-1-2

```
# 3-(1)-1)-2
# 정수 값을 갖는 숫자 변수 선언
age = 20
age
```

실행 결과 20

⊙ 정수 값 20을 갖는 변수 age가 생성. print() 함수를 사용하지 않고 변수명만 쓰면 화면에 변수 값을 표시함. 이때 변수 값의 타입을 유지한 형태로 결과 값을 표시함

- 값이 문자열(1개 이상의 문자) 값이면 문자열 변수 선언. 문자열 변수의 값은 '(작은따옴표), "(큰따옴표)로 둘러싸서 표시

 # 3-(1)-1-3

```
# 3-(1)-1)-3
# 문자열 변수 선언
str2 = 'abc'
str2
```

실행 결과 'abc'

⊙ 문자열 값 'abc'를 갖는 변수 age가 생성. print() 함수를 사용하지 않고 변수명만 썼기 때문에 변수가 가진 값의 타입인 'abc' 형태로 화면에 변수 값 표시

 # 3-(1)-1)-4

```
# 3-(1)-1)-4
# 문자열 변수 선언
str2 = 'abc'
print(str2)
```

실행 결과 abc

➡ 문자열의 경우 print(str2)와 같이 변수를 print 함수에 넣어서 출력하면 따옴표를 제외한 abc 형태로 화면에 변수 값 표시

⑤ 변수명이 여러 단어로 이루어진 경우 단어의 연결은 _(언더바)를 사용한 스네이크 표기법 (snake case)을 사용함

• 실무에서 변수명을 포함한 식별자 표기에 1개의 단어를 지정하기 어려움. 여러 단어를 연결해서 표기함

예 user_age = 0 #숫자 변수 선언
   user_name = '김씨' #문자 변수 선언

⑥ 식별자 표기 규칙에는 스네이크 표기법과 카멜 표기법(camel case)이 있음

• 스네이크 표기법: 단어와 단어의 연결에서 _(언더바)를 사용. 파이썬과 R에서 선호

예 user_age = 0

• 카멜 표기법: 단어와 단어의 연결에서 다음 단어의 첫 글자를 대문자로 표기. 클래스명을 기술할 때는 첫 단어의 시작 글자도 대문자로 표기. 모든 프로그래밍 언어에서 클래스 선언은 카멜 표기법 사용을 권장

예 변수 선언: userAge = 0
   클래스 선언: class MemberRecord():

문제 **3-1** 5 값을 갖는 data_val 변수를 선언해 보자.

문제 **3-2** "test"라는 값을 갖는 data_str 변수를 선언해 보자.

⑦ 변수를 선언할 때 사용되는 값은 숫자, 문자열 1개 값뿐만 아니라 여러 값을 저장하는 리스트, 튜플, 딕셔너리 등이 올 수 있으며 함수도 가능함

• 숫자 변수 선언: 변수명 = 숫자 값

 # 3-(1)-1-5

```
# 3–(1)–1–5
user_age = 0  # 숫자 변수 선언
user_age
```

실행 결과 0

• 문자열 변수 선언: 변수명 = "문자열 값" 또는 '문자열 값'

 # 3-(1)-1-6

```
# 3–(1)–1–6
user_name = '김씨'  # 문자열 변수 선언
user_name
```

실행 결과 '김씨'

• 변수 값 변경: 변수명 = 새 값. 이미 선언한 변수에 다른 값을 넣음

 # 3-(1)-1-7

```
# 3–(1)–1–7
user_age = 22  # 변수 값 변경
user_age
```

실행 결과 22

• 리스트 변수 선언 : 변수명 = [리스트 값]

 # 3-(1)-1-8

```
# 3–(1)–1–8
# 리스트 변수 선언
my_list = [1, 2, 'a']
my_list
```

실행 결과 [1, 2, 'a']

• 튜플 변수 선언 : 변수명 = (튜플 값)

 # 3-(1)-1)-9

```
# 3-(1)-1)-9
# 튜플 변수 선언
my_tuple = (1, 2, 'a')
my_tuple
```

실행 결과 (1, 2, 'a')

• 딕셔너리 변수 선언 : 변수명 = {딕셔너리 값}

 # 3-(1)-1)-10

```
# 3-(1)-1)-10
# 딕셔너리 변수 선언
my_dic = {"id": "abcd", "jum": 80}
my_dic
```

실행 결과 {'id': 'abcd', 'jum': 80}

• 함수 선언 : 변수명 = (람다식)

 # 3-(1)-1)-11

```
# 3-(1)-1)-11
# 함수 선언
fun_a = (lambda x, y: x * x + y)
fun_a(2, 3)
```

실행 결과 7

⑧ 한 줄에 여러 변수를 선언: 변수명, 변수명… = 값1, 값2… 와 같은 형태로 지정

 # 3-(1)-1)-12

```
# 3-(1)-1)-12
# 2개의 변수를 같은 줄에서 선언
user_id, user_passwd = "aaaa", "1234"
print(user_id, user_passwd)
```

실행 결과 aaaa 1234

문제 3-3 5 값을 갖는 data_val 변수와 "test"라는 값을 갖는 data_str 변수를 한 줄에 선언해 보자.

2 변수 제거

① 더 이상 사용하지 않는 변수는 메모리에서 제거

- 프로그램의 전체 메모리 사이즈를 줄여서 프로그램의 성능이 올라감

② 변수 제거 기본 문법: del 제거할변수명

- 한 번에 여러 개의 변수 제거: del 변수명1, 변수명2···

 # 3-(1)-2)-1

```
'''2) 변수 제거 '''
# 3-(1)-2)-1
del age
```

실행 결과 age 변수를 메모리에서 제거. 변수를 제거한 결과가 화면에 표시되지 않음

문제 3-4 data_val 변수와 data_str 변수를 제거해 보자.

연산자(operator) – 연산자를 사용한 값 처리

✓ **파이썬 기본 문법이 제공하는 연산자**

산술 연산자, 할당(대입) 연산자, 비교(관계) 연산자, 논리 연산자, 비트 연산자, in 연산자(멤버십 연산자), is 연산자(아이덴티티 연산자)

참고 http://www.tutorialspoint.com/python/python_basic_operators.htm

1 산술 연산자

① 덧셈, 뺄셈과 같은 산술 연산에 사용하는 연산자

② 연산자 기호로 +, −, *, /, %, **, // 등을 사용

③ 산술 연산 5 + 7에서 5, 7은 연산 대상(operand), +는 연산자(operator)이고, 연산 결과 값은 12임

• 연산 대상 값의 타입: 숫자 값   예 5, 7
• 연산의 결과 값 타입: 숫자 값   예 12

산술 연산자	설명	수식 예
+	덧셈 계산	x, y = 7, 2 x + y 결과 값: 9
−	뺄셈 계산	x − y 결과 값: 5
*	곱셈 계산	x * y 결과 값: 14
/	나눗셈 계산 – 몫 계산	x / y 결과 값: 3.5
%	나머지 계산	x % y 결과 값: 1
**	거듭 제곱 계산	x ** y 결과 값: 49
//	정수 나눗셈 계산 – 정수 몫 계산	x // y 결과 값: 3

```
# 3-(2)-1)-1
x, y = 7, 2
print("x =", x, ", y =", y)
print("x + y = ", x + y)
print("x - y = ", x - y)
print("x * y = ", x * y)
print("x / y = ", x / y)
print("x % y = ", x % y)
print("x ** y = ", x ** y)
print("x // y = ", x // y)
```

실행 결과   x = 7 , y = 2

x + y = 9

x - y = 5

x * y = 14

x / y = 3.5

x % y = 1

x ** y = 49

x // y = 3

2 할당(대입) 연산자

① 대입 연산자(=)를 기준으로 오른쪽 항의 값을 왼쪽의 변수에 넣는 연산자

② 연산자 기호로 =, +=, -=, *=, /=, %=, **=, //= 등을 사용

③ 대입 연산 a = 5 + 7에서 =(대입 연산자)를 중심으로 왼쪽은 변수, 오른쪽은 값/수식/변수 등을 쓸 수 있음. 연산 결과 값은 없음
   • 연산 대상 값의 타입: 왼쪽 – 변수, 오른쪽 – 모든 데이터 타입
   • 연산의 결과 값 타입: 없음. 연산 결과 값이 없음

할당 연산자	설명	수식 예
=	= 연산자 오른쪽 항의 값을 왼쪽 변수에 넣음	x, y = 7, 2
+=	x += y에서 x+y 연산 후 결과 값을 다시 x 변수에 넣음	x += y 결과 값: x = 9

−=	x −= y에서 x−y 연산 후 결과 값을 다시 x 변수에 넣음	x −= y	결과 값: x = 5
*=	x *= y에서 x*y 연산 후 결과 값을 다시 x 변수에 넣음	x *= y	결과 값: x = 14
/=	x /= y에서 x/y 연산 후 결과 값을 다시 x 변수에 넣음	x /= y	결과 값: x = 3.5
%=	x %= y에서 x%y 연산 후 결과 값을 다시 x 변수에 넣음	x %= y	결과 값: x = 1
**=	x **= y에서 x**y 연산 후 결과 값을 다시 x 변수에 넣음	x **= y	결과 값: x = 49
//=	x //= y에서 x//y 연산 후 결과 값을 다시 x 변수에 넣음	x //= y	결과 값: x = 3

 # 3-(2)-2)-1

```
# 3-(2)-2)-1
x, y = 7, 2
print("x =", x, ", y =", y)
x += y
print("x += y : ", x)

x, y = 7, 2
print("x =", x, ", y =", y)
x -= y
print("x -= y : ", x)

x, y = 7, 2
print("x =", x, ", y =", y)
x *= y
print("x *= y : ", x)

x, y = 7, 2
print("x =", x, ", y =", y)
x /= y
print("x /= y : ", x)

x, y = 7, 2
print("x =", x, ", y =", y)
x %= y
print("x %= y : ", x)

x, y = 7, 2
print("x =", x, ", y =", y)
x **= y
print("x **= y : ", x)
```

```
x, y = 7, 2
print("x =", x, ", y =", y)
x //= y
print("x //= y : ", x)
```

실행 결과 x = 7 , y = 2

x += y : 9

x = 7 , y = 2

x -= y : 5

x = 7 , y = 2

x *= y : 14

x = 7 , y = 2

x /= y : 3.5

x = 7 , y = 2

x %= y : 1

x = 7 , y = 2

x **= y : 49

x = 7 , y = 2

x //= y : 3

④ ❶ x += y 연산의 결과와 ❷ x = x + y 연산의 결과는 같으나 ❶ x += y 연산 속도가 빠르기 때문에 이것 사용을 권장

- ❶ x += y 연산과 ❷ x = x + y 연산의 속도 비교: 결과 값은 컴퓨터의 성능과 상황에 따라 다름

  – 테스트 환경 스파이더와 주피터 노트북에서 실행 결과 비교 시 스파이더 통합 개발 환경이 더 빠름

 # 3-(2)-2)-2

```
# 3-(2)-2)-2
# x += y 성능테스트

%timeit x, y = 7, 2; x += y
```

실행 결과 48.3 ns ± 3.9 ns per loop (mean ± std. dev. of 7 runs, 10000000 loops each)

설명 10,000,000(천만)번씩 7번 반복해서 수행 시간을 측정한 결과, 평균 48.3ns(나노세크)가 걸렸고 표준 편차는 3.9 ns이다.

```
# 3-(2)-2)-3
# x = x + y 성능테스트

%timeit x, y = 7, 2; x = x + y
```

실행 결과 49.5 ns ± 5.15 ns per loop (mean ± std. dev. of 7 runs, 10000000 loops each)

설명 10,000,000(천만)번씩 7번 반복해서 수행 시간을 측정한 결과 평균 49.5ns(나노세크)가 걸렸고 표준 편차는 5.15ns이다.

결론 ❶ x += y 연산이 ❷ x = x + y 연산보다 속도가 빠르다.

3 비교(관계) 연산자

① 두 값이 큰지, 작은지, 같은지 등을 비교하는 연산자

② 연산자 기호로 >, <, >=, <=, ==, != 등을 사용

③ 연산의 결과가 True(참) 또는 False(거짓)으로 나오며, 주로 조건식에 사용

④ 두 값을 비교할 때는 둘의 데이터 타입이 같아야 함

- 숫자 비교 연산자 숫자, 문자 비교 연산자 문자

숫자   숫자

5 > 9 ◄── 결과 값: False

⑤ 비교 연산 5 > 7에서 5, 7은 연산 대상(operand), >는 연산자(operator), 연산 결과 값은 False임

- 연산 대상 값의 타입: 모든 데이터 타입, 단 두 연산 대상의 타입이 같아야 함

  예 5, 7: 두 값의 타입이 정수로 같음

- 연산의 결과 값 타입: 불리언 타입으로 True/False 값을 가짐

  예 5 > 7: 5가 7보다 큰가를 비교하는 것으로 5가 7보다 작기 때문에 결과 값은 False

비교 연산자	설명	수식 예
>	x > y에서 x 값이 크면 연산의 결과가 True, 그렇지 않으면 False	x, y = 7, 2 x > y 결과 값: True

<	x < y에서 x 값이 작으면 연산의 결과가 True, 그렇지 않으면 False	x < y 결과 값: False
>=	x >= y에서 x 값이 크거나 같으면 연산의 결과가 True, 그렇지 않으면 False	x >= y 결과 값: True
<=	x <= y에서 x 값이 작거나 같으면 연산의 결과가 True, 그렇지 않으면 False	x <= y 결과 값: False
==	x == y에서 x 값과 y 값이 같으면 연산의 결과가 True, 그렇지 않으면 False	x == y 결과 값: False
!=	x == y에서 x 값과 y 값이 같지 않으면 연산의 결과가 True, 그렇지 않으면 False	x != y 결과 값: True

 # 3-(2)-3)-1

```
# 3-(2)-3)-1
x, y = 7, 2
print("x =", x, ", y =", y, ", x > y : ", x > y)
print("x =", x, ", y =", y, ", x < y : ", x < y)
print("x =", x, ", y =", y, ", x >= y : ", x >= y)
print("x =", x, ", y =", y, ", x <= y : ", x <= y)
print("x =", x, ", y =", y, ", x == y : ", x == y)
print("x =", x, ", y =", y, ", x != y : ", x != y)
```

실행 결과
```
x = 7 , y = 2 , x > y :  True
x = 7 , y = 2 , x < y :  False
x = 7 , y = 2 , x >= y :  True
x = 7 , y = 2 , x <= y :  False
x = 7 , y = 2 , x == y :  False
x = 7 , y = 2 , x != y :  True
```

• 문자열을 비교할 때는 대소문자를 구분하므로 주의가 필요함

 # 3-(2)-3)-2

```
# 3-(2)-3)-2
# 문자열 비교
str1 = "LCK"
print("str1 == 'LCK' : ", str1 == 'LCK')
print("str1 == 'lck' : ", str1 == 'lck')
```

실행 결과
```
str1 == 'LCK' :  True
str1 == 'lck' :  False
```

CHAPTER 03 변수와 연산자 – 값 저장 및 기본 처리 **79**

4 논리 연산자

① 파이썬 기본 문법에서는 AND, OR, NOT 논리 연산의 연산자로 and, or, not을 사용

② 조건식을 연결할 때 쓰며, 연산의 결과가 True(참) 또는 False(거짓)으로 나옴

> 예 조건식 1 and 조건식 2

③ 논리 연산 3 > 1 and 4 == 4에서 and 연산자를 중심으로 연산 대상이 조건식이고, 연산 결과는 True

- 연산 대상 값의 타입: 연산 대상이 조건식으로 불리언 타입 True/False 값을 가짐

  > 예 3 > 1: 결과 True, 4 == 4: 결과 True

- 연산의 결과 값 타입: 불리언 타입으로 True/False 값을 가짐

  > 예 3 > 1 and 4 == 4 : 3 > 1의 결과는 True이고, 4 == 4의 결과도 True. 따라서 True and True의 연산이어서 3 > 1 and 4 == 4의 결과는 True

논리 연산자	설명	수식 예
and	x and y에서 x 값과 y 값이 모두 True이면 결과 값이 True, 그렇지 않으면 False	x, y = True, False x and x 결과 값: True x and y 결과 값: False y and y 결과 값: False y and x 결과 값: False
or	x or y에서 x 값과 y 값 둘 중 하나라도 True이면 결과 값이 True, 그렇지 않으면 False	x or x 결과 값: True x or y 결과 값: True y or y 결과 값: False y or x 결과 값: True
not	not x에서 x 값 True이면 결과 값이 False, 그렇지 않으면 True	not x 결과 값: False

3-(2)-4)-1

```
'''4) 논리 연산자 '''
# 3-(2)-4)-1
var1, var2 = 7, 2
var3, var4 = True, False
print("var1 =", var1, ", var2 =", var2, ", var3 =", var3, ", var4 =", var4)
print("var3 and var4 : ", var3 and var4)
print("var3 or var4 : ", var3 or var4)
print("var1 >= 8 and var2 < 3 : ", var1 >= 8 and var2 < 3)
print("var1 >= 8 or var2 < 3 : ", var1 >= 8 or var2 < 3)
```

```
print("not var3 : ", not var3)
```

var1 = 7 , var2 = 2 , var3 = True , var4 = False
var3 and var4 : False
var3 or var4 : True
var1 >= 8 and var2 < 3 : False
var1 >= 8 or var2 < 3 : True
not var3 : False

5 비트 연산자

① 1bit씩 연산을 수행하며 전자기기 제어에 사용

② 연산자 기호로 &, |, ~(보수), ^(xor), <<, >>(시프트 연산) 등을 사용

③ 비트 연산 8 & 0에서 8, 0은 연산 대상(operand), &는 연산자(operator), 연산 결과 값은 0임
  • 연산 대상 값의 타입: 10진수를 정수 사용 시 데이터 타입은 정수
  • 연산의 결과 값 타입: 10진수를 정수 사용 시 결과 값 타입은 정수

비트 연산자	설명	수식 예
&	x & y에서 x, y의 bit 값이 모두 1이면 1, 그렇지 않으면 0	x, y = 8, 0 8: 1000 & 0: 0000 ────── 0000
|	x & y에서 x, y의 bit 값이 둘 중 하나라도 1이면 1, 그렇지 않으면 0	8: 1000 | 0: 0000 ────── 1000
~	보수. 양수를 음수로 바꾼 후 1을 더함	~x : -9
^	x ^ y에서 x, y의 bit 값이 서로 다르면 1, 그렇지 않으면 0	8: 1000 ^ 0: 0000 ────── 1000

연산자	설명	예시
《	x 《 1에서 왼쪽으로 1bit씩 이동하면 원래 값을 *2한 것과 같음	8: 1000 ———— 《 1: 10000 (16)
》	x 》 1에서 왼쪽으로 1bit씩 이동하면 원래 값을 /2한 것과 같음	8: 1000 ———— 》 1: 0100 (4)

 # 3-(2)-5)-1

```
'''5) 비트 연산자 '''
# 3-(2)-5)-1
var1, var2 = 8, 0
print("var1 =", var1, ", var2 =", var2, ", var1 & var2 : ", var1 & var2)
print("var1 =", var1, ", var2 =", var2, ", var1 | var2 : ", var1 | var2)
print("var1 =", var1, ", ~var1 : ", ~var1)
print("var1 =", var1, ", var2 =", var2, ", var1 ^ var2 : ", var1 ^ var2)
print("var1 =", var1, ", var1 《 1: ", var1 《 1)
print("var1 =", var1, ", var1 》 1: ", var1 》 1)
```

실행 결과
```
var1 = 8 , var2 = 0 , var1 & var2 :  0
var1 = 8 , var2 = 0 , var1 | var2 :  8
var1 = 8 , ~var1 :  -9
var1 = 8 , var2 = 0 , var1 ^ var2 :  8
var1 = 8 , var1 《 1:  16
var1 = 8 , var1 》 1:  4
```

6 in 연산자(membership, 멤버십 연산자)

① 주어진 값이 특정 값의 목록에 포함되는지 여부를 확인하는 연산자

② in 연산자와 not in 연산자가 있음
- in 연산자는 주어진 값이 특정 값의 목록에 포함되면 True를 반환
- not in 연산자는 주어진 값이 특정 값의 목록에 포함되지 않으면 True를 반환

③ 5 in [1, 2, 3, 4, 5]에서 5, [1, 2, 3, 4, 5]는 연산 대상(operand), in는 연산자(operator), 연산 결과 값은 True임

- 연산 대상 값의 타입: in 왼쪽은 모든 데이터 타입, in 오른쪽은 값의 목록

  예 5, [1, 2, 3, 4, 5]: 1개의 값, 값의 목록

- 연산의 결과 값 타입: 불리언 타입으로 True/False 값을 가짐

  예 5 in [1, 2, 3, 4, 5]: 5가 [1, 2, 3, 4, 5] 값 목록에 포함되는지 여부를 묻는 것으로, 포함되기 때문에
  결과 값은 True

in 연산자	설명	수식 예
in	x in a_list에서 x 값이 값 목록 a_list에 포함되면 True 값 반환	var1 = 3 val_list = [1, 2, 3, 'a', 20] var1 in val_list 결과 값: True
not in	x in a_list에서 x 값이 값 목록 a_list에 포함되지 않으면 True 값 반환	var1 = 3 val_list = [1, 2, 3, 'a', 20] True not in val_list 결과 값: True

 # 3-(2)-6)-1

```
'''6) in 연산자 '''
# 3-(2)-6)-1
var1 = 3
val_list = [1, 2, 3, 'a', True]
print("var1 =", var1, ", val_list =", val_list, ", var1 in val_list : ",
      var1 in val_list)
print("val_list =", val_list, ", False in val_list : ", False not in val_list)
```

실행 결과 var1 = 3 , val_list = [1, 2, 3, 'a', True] , var1 in val_list : True
val_list = [1, 2, 3, 'a', True] , False in val_list : True

7 is 연산자(identity, 아이덴티티 연산자)

① 두 변수 값의 id(아이디, 메모리 위치 값)를 비교하는 연산자

② is 연산자와 not is 연산자가 있음

- is 연산자는 비교하는 두 변수 값의 id가 같으면 True를 반환
- not is 연산자는 비교하는 두 변수 값의 id가 다르면 True를 반환
  - id(변수명) 함수를 사용해서 특정 변수 값의 id를 알 수 있음

3-(2)-7)-1

```
# 3-(2)-7)-1
# id()함수
x = 10
print("id(x) : ", id(x))
```

실행 결과 id(x) : 140708427113136

③ a = 10, b = 10인 경우 a is b에서 a, b는 연산 대상(operand), is는 연산자(operator), 연산 결과 값은 True임

• 연산 대상 값의 타입: 모든 데이터 타입. 저장된 데이터의 주소를 비교

　예 a = 10; b = 10 : a, b 두 변수는 10이라는 같은 객체를 가리킴. 즉, 10 값이라는 객체가 1번 만들어지면 10 값이 필요한 곳에서 다시 만들어지는 것이 아니라, 처음에 만들어진 객체의 주소가 넘어감

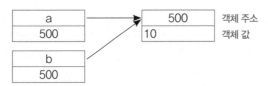

파이썬에서 모든 값은 객체로 다루어짐. 사실 변수에 값을 넣는 것이 아니라 값의 주소가 들어감. 값의 주소를 통해서 값을 얻어내는 구조. 다만, 처음 배울 때는 그냥 변수에 값을 넣는다고 이해하자! 객체는 나중에 이해해도 된다.

• 연산의 결과 값 타입: 불리언 타입으로 True/False 값을 가짐

　예 a is b: a 변수의 값과 b 변수의 값이 같으면 결론적으로 같은 객체의 주소를 갖기 때문에 결과 값은 True

is 연산자	설명	수식 예
is	x is y에서 x 변수 값과 y 변수 값의 id가 같으면 True 값 반환	x = 10 y = 10 x is y　결과 값: True
is not	x is y에서 x 변수 값과 y 변수 값의 id가 다르면 True 값 반환	x = 10 y = 20 x is not y　결과 값: True

 # 3-(2)-7)-2

```
# 3-(2)-7)-2
# is, not is 연산자
x = 10
y = 10
```

```
print("x :", x, ", x :", y, ", id(x) :", id(x), ", id(y) :", id(y))
print("x is y : ", x is y)
z = 20
print("x :", x, ", z :", z, ", id(x) :", id(x), ", id(z) :", id(z))
print("x is not z : ", x is not z)
```

실행 결과 x : 10 , x : 10 , id(x) : 140708427113136 , id(y) : 140708427113136
x is y : True
x : 10 , z : 20 , id(x) : 140708427113136 , id(z) : 140708427113456
x is not z : True

☑ 정리

1. 변수 선언: 변수명 = 값

- user_age = 0 # 숫자 변수 선언

- user_name = '김씨' # 문자 변수 선언

- user_age = 22 # 변수값 변경

- mylist = [1, 2, 'a'] # 리스트 변수 선언

- mytuple = (1, 2, 'a') # 튜플 변수 선언

- mydic = {"id": "abcd", "jum": 80} # 딕셔너리 변수 선언

- afunc = (lambda x, y: x * x + y) # 함수

- my_member = Member('kingdora', '123456', '김대붕') # 객체

2. 변수 제거: del 변수명

3. 파이썬 연산자

- 산술 연산자: +, −, *, /, %, **, //

- 할당(대입) 연산자: =, +=, −=, *=, /=, %=, **=, //=

- 비교(관계) 연산자: >, <, >=, <=, ==, !=

- 논리 연산자: and, or, not

- 비트 연산자: &, |, ~(보수), ^(xor), ⟨⟨, ⟩⟩

- in 연산자: in, not in

- is 연산자: is, is not

1 어떤 연산자의 기호들인지 (   ) 안에 알맞은 것을 찾아 넣으시오.

산술 연산자, 할당(대입) 연산자, 비교(관계) 연산자, 논리 연산자

① (   ): >, <, >=, <=, ==, !=

② (   ): and, or, not

③ (   ): +, −, *, /, %, **, //

④ (   ): =, +=, −=, *=, /=, %=, **=, //=

2 다음 수식의 결과로, True 또는 False를 (   ) 안에 넣으시오.

① 1 in (2, 4, 6): (   )

② 2 > 3: (   )

③ 7 < 8 or 6 < 5: (   )

④ 7 < 8 and 6 < 5: (   )

3 다음 연산의 결과 값을 (   ) 안에 넣으시오.

① 5 / 2: (   )

② 5 % 2: (   )

③ 5 // 2: (   )

④ 5 ** 2: (   )

4 다음의 코드를 보고, 결과 값을 (　　) 안에 넣으시오.

```
a = 1
b = a
c = 1
d = 2
```

① print(a is b): (　　　　　　　　)

② print(a is c): (　　　　　　　　)

③ print(b is c): (　　　　　　　　)

④ print(a is d): (　　　　　　　　)

5 변수 선언 코드를 작성하시오.

① 123.5 값을 갖는 val_float 변수 선언

② 1 값을 갖는 data_a 변수와 2 값을 갖는 data_b 변수 각각 선언

③ 1 값을 갖는 data_a 변수와 2 값을 갖는 data_b 변수를 한 줄에 선언

④ "abcd" 값을 갖는 user_id 변수와 "123456" 값을 갖는 user_pass 변수 각각 선언

MEMO

CHAPTER

04.

화면 입출력 – 인터렉티브한 값 입력 및 출력

지금까지 작업 처리 대상인 변수에 값을 넣을 때 고정 값을 대입하는 a = 5와 같은 방식을 사용했다. 이 방법은 값을 7로 변경 시 a = 7과 같이 코드를 직접 변경하기 때문에 프로그램의 안정성이 떨어지는 문제가 발생한다. 프로그램을 안정적으로 작성하려면 값이 바뀔 때 코드가 수정되지 않도록 해야 한다. 즉, 값을 유동적으로 받아서 변수에 넣을 수 있어야 한다.

값을 유동적으로 입력받는 방법 중에서 input("값 입력: ") 함수를 사용해서 화면에 값을 입력받는 방법이 있다. 화면을 통한 값 입력 방법은 [값 입력:] 프롬프트 오른쪽에 값을 입력받아 변수에 넣어서 사용한다. input() 함수를 사용하면 좀 더 유연한 프로그램을 작성할 수 있다. 이 장에서는 input() 함수를 사용한 화면에 유동적인 값을 입력하는 방법을 학습하고, 화면에 값을 출력하는 print() 함수를 좀 더 자세히 살펴본다.

① 유동적으로 값을 입력받기 위한 input() 함수의 사용법을 알아보자.

② 연산의 결과나 변수의 값 등을 화면에 출력하는 print() 함수의 사용법을 알아

보자.

■■ 이 장의 핵심

☑ 화면에 값을 입력할 때 input() 함수 사용

☑ 입력한 값을 보존하기 위해서는 변수에 저장: 변수 = input(prompt)

☑ input() 함수와 split() 함수를 결합해서 한 번의 입력으로 여러 문자열 값을 입력받음

☑ 숫자 값 여러 개를 입력받으려면 map(숫자형, input().split())과 같이 input() 함수를 map 함수에 넣어서 사용

☑ print() 함수는 print(출력할 값, sep='구분자', end='출력 마지막에 할 것 지정')과 같이 출력할 값과 옵션을 사용해서 화면에 결과 값 출력

화면 입력 – input() 함수

☑ 화면에 값을 입력할 때 input() 함수 사용

(예) input()

4-(1)-1

```
# 4-(1)-1
input()
```

실행 결과 입력 상자에 값을 입력 후 [Enter]를 누르면 입력 값과 출력 값이 표시됨. 여기서는 입력한 값을 변수에 저장하지 않았기 때문에 값은 화면에 표시되고 사라짐

```
In [*]: ''' 4. 화면 입출력 - 인터렉티브한 값 입력 및 출력'''
        ''' (1) 화면 입력 - input()함수 '''
        # 4-(1)-1
        input()

        test
```

```
In [4]: ''' 4. 화면 입출력 - 인터렉티브한 값 입력 및 출력'''
        ''' (1) 화면 입력 - input()함수 '''
        # 4-(1)-1
        input()

        test
Out[4]: 'test'
```

☑ 입력한 값을 보존하기 위해서는 변수에 저장해야 하며, 어떤 값을 입력하는지 도움을 주는 설명문을 사용함

① 입력한 값을 보존: 입력한 값을 연산, 처리, 출력 등에 사용하려면 반드시 변수에 저장해서 입력한 값을 보존함

- 방법: 변수 = input(prompt)
  - prompt: 입력할 내용에 대한 설명문. "값 입력: "과 같이 문자열로 주어짐
    (예) in_val = input("1~6 사이의 값 입력: ")

4-(1)-2

```
# 4-(1)-2
in_val = input("1~6 사이의 값 입력: ")
in_val
```

실행 결과 1~6 사이의 값 입력: 1
'1'

❶ 숫자 값 1개 입력

① input() 함수는 입력받은 값을 문자열로 반환함
- 숫자 값을 입력해도 " " 또는 ' '(따옴표)가 둘러싸인 문자열로 반환됨

  예 입력 값: 12 입력 → 결과 값: '12'

② 입력한 숫자 값을 숫자 값 형태로 사용하려면 int(), float() 등의 타입 변환 함수를 사용해서 숫자로 변환
- 타입 변환 함수: 데이터 타입을 다른 타입으로 변환하는 함수. 형 변환 함수라고도 부름

  예 정수를 문자열로 변환, 부동소수점을 정수로 변환
- int() 함수: (부동소수점 또는 문자열을) 정수로 타입 변환

  예 int("123") → 123: 문자열에서 정수로 변환됨

    int(123.5) → 123: 부동소수점에서 정수로 변환됨
- float() 함수: (정수 또는 문자열을) 부동소수점으로 타입 변환

  예 float(123) → 123.0: 정수에서 부동소수점으로 변환됨

    float("123") → 123.0: 문자열에서 부동소수점으로 변환됨

4-(1)-1)-1

```
'''1) 숫자 값 1개 입력 '''
# 4-(1)-1)-1
# 입력한 값을 정수로 반환
in_val = int(input("1~6 사이의 값 입력: "))
in_val
```

실행 결과 1~6 사이의 값 입력: 1

      1

4-(1)-1)-2

```
# 4-(1)-1)-2
# 입력한 값을 부동소수점으로 반환
in_val2 = float(input("1~6 사이의 값 입력: "))
in_val2
```

실행 결과 1~6 사이의 값 입력: 1

      1.0

② 문자열 값 1개 입력

① input() 함수로 문자열 값을 입력받을 때는 변수 = input("입력: ")과 같은 형태로 사용함
- input() 함수의 리턴 타입이 문자열이기 때문에 타입 변환 함수는 사용할 필요가 없음

 # 4-(1)-2)-1

```
"'2) 문자열 값 1개 입력 "'
# 4-(1)-2)-1
user_id = input("아이디 입력: ")
user_id
```

실행 결과 아이디 입력: abcd
'abcd'

② 정수나 부동소수점도 문자열로 형을 변환할 수 있으며, 이때 str() 함수를 사용
- str() 함수: (정수 또는 부동소수점을) 문자열로 타입 변환

예 str(123) → '123'
str(123.5) → '123.5'

 # 4-(1)-2)-2

```
# 4-(1)-2)-2
# 문자열로 형변환
var1 = 20
str(var1)
```

실행 결과 '20'

문제 4-1 문자열 1개를 입력받아 input_str1에 저장

문제 4-2 정수 1개를 입력받아 input_int1에 저장

문제 4-3 실수(부동소수점) 1개를 입력받아 input_float1에 저장

3 문자열 값 여러 개 입력

① 값을 여러 개 입력하려면 input() 함수도 여러 개 사용

 # 4-(1)-3)-1

```
"'3) 문자열 값 여러 개 입력 "'
# 4-(1)-3)-1
# input()함수 여러 개 사용
user_id = input("아이디 입력: ")
user_pass = input("비밀번호 입력: ")
print("아이디 : ", user_id, ", 비밀번호 : ", user_pass)
```

실행 결과 아이디 입력: kingdora
비밀번호 입력: 1234
아이디: kingdora , 비밀번호: 1234

문제 해결 4-1-1 이름, 점수를 입력받아 변수에 저장 후 입력받은 변수 값 화면에 출력

조건 • 이름 변수명: data_name, 입력받을 값 – 김연탄
• 점수 변수명: score_val, 정수. 입력받을 값 – 100

풀이 문제 해결 순서

작업 순서	순서도
순서1: data_name 변수에 문자열 값 입력 　　　data_name = input("이름 입력: ") 순서2: score_val 변수에 정수 값 입력 　　　score_val = int(input("점수 입력: ")) 순서3: 입력받은 변수 값 화면에 출력 – print() 함수 　　　print(data_name, score_val)	시작 ↓ data_name = input() ↓ data_val = int(input()) ↓ print(data_name ,data_val) ↓ 끝

• 위의 순서도는 프로그램의 흐름을 이해하는 의미로 작성했음. 각 단계의 기호를 엄밀히 구분하지 않음
　– 순서도는 기호에 엄격한 규칙이 있는 것은 아니어서 프로그램 구조를 구분할 수 있을 정도로만
　　작성해도 됨

4-(1)-3)-2

```
# 4-(1)-3)-2
'''문제해결 4-1-1)'''

# 순서1
data_name = input("이름 입력: ")

# 순서2
score_val = int(input("점수 입력: "))

# 순서3
print(data_name, score_val)
```

실행 결과 이름을 입력받아 data_name 변수에 저장하고 점수를 입력받아 score_val 변수에 저장한 후
입력받은 값을 화면에 출력
- 입력 – 이름 입력: 김연탄
　　　　점수 입력: 100
- 결과 – 김연탄 100

문제 4-4 이름, 국어점수, 수학점수, 과학점수를 입력받아 변수에 저장 후 입력받은 변수 값 화면에 출력

조건 • 이름 입력받는 변수명: data_name, 문자열. 입력받을 값 – 홍길동
　　　• 국어점수 입력받는 변수명: data_kor, 정수. 입력받을 값 – 100
　　　• 수학점수 입력받는 변수명: data_math, 정수. 입력받을 값 – 95
　　　• 과학점수 입력받는 변수명: data_sci, 정수. 입력받을 값 – 90

문제 4-5 **문제 4-4** 의 입력받은 국어점수, 수학점수, 과학점수의 합계와 평균을 계산해서 화면에 출력

② input() 함수와 split() 메소드를 결합해서 한 번의 입력으로 여러 문자열 값을 입력받을 수
있음
  • input() 함수가 입력받은 값을 문자열로 반환하기 때문에, 이 입력받은 문자열을 split()
  함수를 사용해서 분할
  • split() 메소드: 문자열 분할 처리. 문자열.split()의 형태로 사용하며, 기본적으로 공백을
  중심으로 문자열을 분할. 분할된 문자열은 여러 값을 저장하는 리스트 타입으로 반환됨
  • 함수(function)와 메소드(method)의 공통점: 둘 다 특정 작업을 수행하는 코드 모임

예 input() 함수: 화면에 값을 입력받는 작업

예 split() 메소드: 문자열을 분할하는 작업

• 함수와 메소드의 차이점: 함수는 독립 사용이 가능하고, 메소드는 객체에 종속되어 사용됨

  – 함수() 형태로 사용: a = input("값 입력:")과 같이 input() 함수가 필요한 곳 어디서나 사용 가능

  – 객체.메소드() 형태로 사용: "aaa bbb".split()와 같이 split() 메소드는 문자열(객체)에만 사용 가능(종속되어 사용)

    "aaa bbb".split()은 공백을 중심으로 문자열을 두 개로 분할

4-(1)-3-3

```
# 4-(1)-3-3
# input()함수와 split()함수 결합
user_info = input("아이디와 비밀번호 입력- 예)aaaa 1111: ").split()
user_info
```

실행 결과 아이디와 비밀번호 입력- 예)aaaa 1111: kingdora 1234
        ['kingdora', '1234']

문제 해결 4-1-2 5개의 문자열의 값을 입력받아 변수에 저장 후 입력받은 변수 값 화면에 출력

조건 5개의 문자열의 값을 입력받는 변수명: data_strs, 입력받을 값 – black navy blue grey purple

풀이 문제 해결 순서

  • 순서1: data_strs 변수에 5개의 문자열 값 입력

        data_strs = input("입력 예)black navy blue grey purple: ").split()

  • 순서2: 입력받은 변수 값 화면에 출력 – print() 함수

        print(data_strs)

4-(1)-3-4

```
# 4-(1)-3-4
'''문제해결 4-1-2)'''

# 순서1
data_strs = input("입력 예)black navy blue grey purple: ").split()
```

```
# 순서2
print(data_strs)
```

5개의 문자열을 입력받아 data_strs 변수에 저장하고, data_strs 변수를 화면에 출력
- 입력 – 입력 예)black navy blue grey purple: black navy blue grey purple
- 결과 – ['black', 'navy', 'blue', 'grey', 'purple']

문제 4-6 3개의 문자열을 입력받아 변수에 저장 후 화면에 출력

조건 3개의 문자열의 값을 입력받는 변수명: data_strs, 입력받을 값 – 서울 경기 강원

4 숫자 값 여러 개 입력

① input() 함수와 split() 함수의 결합만으로는 문자열 값 여러 개를 입력받을 수는 있으나, 숫자 값 여러 개를 입력받을 수 없음

② 숫자 값 여러 개를 입력받으려면 map(숫자 타입, input().split())과 같이 input() 함수와 split() 함수의 결합의 결과를 map() 함수를 사용해서 원하는 타입으로 변환
- map(타입, 값 목록) 함수: 여러 개의 입력 값(값 목록)을 일일이 원하는 타입으로 자동으로 매핑시킴
- 여러 개의 정수 값 입력: 입력한 값을 정수로 변환함
  - 예 map(int, input("정수 값 입력").split()): 입력받은 문자열을 split() 메소드로 분할해서 문자열 값을 가진 값 목록으로 만든 후 map() 함수를 map(int, 값 목록) 형태로 사용해서 정수 타입으로 변환

③ map 안에 저장된 데이터를 보려면 list() 함수를 사용
  - 예 a_map = map(int, input("정수 값 입력: ").split())
    list(a_map)
    - ○ 정수 값 1 2 3을 입력 후 a_map 변수 값을 출력해보면 〈map at 0x252cb1865c8〉과 같은 형태로 표시됨. 이때 list(a_map)을 사용해서 리스트로 변환하면 [1, 2, 3]과 같은 결과가 나옴

 # 4-(1)-4)-1

```
'''4) 숫자 값 여러 개 입력 '''
# 4-(1)-4)-1
```

```
# 여러 개의 정수 값 입력
int_values = map(int, input("정수 값 3개 입력 – 예)1 2 3: ").split())
print(int_values)
print(list(int_values))
```

실행 결과 map 타입의 경우 출력을 하면 메모리 주소로 표현된다. map 안에 저장된 데이터를 보려
면 list(int_values)과 같이 리스트 타입 등으로 타입 변환 필요

정수 값 3개 입력 – 예)1 2 3: 10 14 17

⟨map object at 0x0000023239588088⟩

[10, 14, 17]

• 여러 개의 부동소수점 값 입력: 입력한 값을 부동소수점으로 변환함

예 map(float, input("정수 값 입력").split()): 입력받은 문자열을 split() 메소드로 분할해서 문자열 값을 가
진 값 목록으로 만든 후 map() 함수를 map(float, 값 목록) 형태로 사용해서 부동소수점 타입으로
변환

 # 4-(1)-4-2

```
# 4–(1)–4–2
# 여러 개의 부동소수점 값 입력
float_values = map(float, input("부동소수점 값 3개 입력– 예)1.5 2.3 3.1: ").split())
print(float_values)
print(list(float_values))
```

실행 결과 부동소수점 값 3개 입력– 예)1.5 2.3 3.1: 2.7 1.9 8.3

⟨map object at 0x000002323962D648⟩

[2.7, 1.9, 8.3]

문제 해결 4-1-3 2개의 정수 값을 입력받아 변수에 저장 후 입력받은 변수 값 화면에 출력

조건 2개의 정수 값을 입력받는 변수명: data_ints, 입력받을 값 – 12 30

풀이 문제 해결 순서
   • 순서1: data_ints 변수에 2개의 정수 값 입력
      data_ints = map(int, input("정수 값 2개 입력 예)12 30: ").split())
   • 순서2: 입력받은 변수 값 화면에 출력 – print() 함수와 list() 함수 사용
      print(list(data_ints))

```
# 4-(1)-4)-3

'''문제해결 4-1-3)'''
# 4-(1)-4)-3

# 순서1
data_ints = map(int, input("정수 값 2개 입력 예)12 30: ").split())

# 순서2
print(list(data_ints))
```

실행 결과 2개의 정수 값을 입력받아 data_ints 변수에 저장하고 data_ints 변수를 화면에 출력. data_ints 변수의 값을 보려면 list(data_ints)와 같이 list( ) 함수 사용
- 입력 – 정수 값 2개 입력 예)12 30: 12 30
- 결과 – [12, 30]

문제 4-7 5개의 정수 값을 입력받아 변수에 저장 후 입력받은 변수 값 화면에 출력

조건 5개의 정수 값을 입력받는 변수명: data_ints, 입력받을 값 – 9 20 15 7 10

문제 4-8 2개의 실수 값을 입력받아 변수에 저장 후 입력받은 변수 값 화면에 출력

조건 2개의 실수 값을 입력받는 변수명: data_floats, 입력받을 값 – 19.95 12.3

화면 출력 – print() 함수

1 print() 함수는 화면에 값을 출력할 때 사용

예 print("abc")
    print(user_id)

2 기본 문법

> print(출력할 값, sep="구분자", end="출력 마지막에 할 것 지정")

① 출력할 값: 화면에 출력할 변수나 값. 여러 개일 경우 ,(쉼표)를 사용해서 나열

② sep="구분자": 여러 개 값을 출력할 경우, 출력되는 값과 값 사이의 구분을 표시할 문자를 지정하는 것으로 옵션. 생략 시 기본 값은 " "(공백)

③ end="출력 마지막에 할 것 지정": 화면에 출력한 후 마지막에 할 것을 지정하는 것으로 기본 값은 "\n"으로 줄 바꿈. 여러 개의 print()문의 출력 결과를 같은 줄에 표시하고자 할 때는 end = " "로 지정

❸ 여러 개의 값 출력

> **# 4-(2)-1**
>
> ```
> # 4-(2)-1
> user_id = "abcd"
> user_pass = "1234"
> print(user_id, user_pass)
> ```

실행 결과 abcd 1234

❹ sep 옵션

출력 값의 구분자 지정. 출력 값과 값 사이에 넣는 구분자를 지정. 기본 값은 공백

예 print("a", "b", sep="-") → 결과: a-b

> **# 4-(2)-2**
>
> ```
> # 4-(2)-2
> # sep='_' 옵션을 사용해서 출력 값과 값 사이를 _구분자 표시
> user_id = "abcd"
> user_pass = "1234"
> print(user_id, user_pass, sep="_")
> ```

실행 결과 abcd_1234

❺ end 옵션

출력 마지막에 할 것을 지정해서 출력. 기본 값은 줄 바꿈
- 기본 값 줄 바꿈: 출력 작업 후 줄 바꿈 작업을 함

예 print("a", end=" ") : end=" "은 출력 후 1개의 공백을 주는 의미로, "a" 값을 출력 후 1개의 공백을 주는 작업을 함

4-(2)-3

```
# 4-(2)-3
# end=', ' 옵션을 사용한 출력 결과를 한 줄로 표시
user_id = "abcd"
user_pass = "1234"
print("아이디 :", user_id, end=", ")
print("비밀번호 :", user_pass)
```

실행 결과 print("아이디 :", user_id, end=", ")은 "아이디 : abcd" 출력 후에 ", "을 줌. 즉 이 줄을 수행하
고 나면 "아이디 : abcd, " 값이 출력됨. " "로 둘러싸서 결과 값을 표시한 것은 이해를 돕기 위
한 것으로 실제 출력 결과에는 표시 안 됨
아이디 : abcd, 비밀번호 : 1234

6 파이썬 이스케이프 문자(escape character)

① 문자열에 사용할 수 없는 특수 문자(이스케이프 문자)를 삽입할 때 사용. 이스케이프 문자는
\(백 슬래시) 다음에 넣어서 사용

② 예를 들어 ""En taro Adun" is mean "For Adun's name!""과 같이 큰따옴표 문자열 안
에 큰따옴표 넣기는 할 수 없으나 "\"En taro Adun\" is mean \"For Adun's name!\""
와 같이 \"(역슬래시 큰따옴표) 형태로 사용할 수 있음

4-(2)-4

```
# 4-(2)-4
# 이스케이프 문자(escape character) 사용 예 – 큰따옴표 겹쳐서 사용
print("\"En taro Adun\" is mean \"For Adun's name!\"")
```

실행 결과 "En taro Adun" is mean "For Adun's name!"

③ 파이썬 이스케이프 문자 목록

이스케이프 문자	의미
\"	큰따옴표(Double Quotes)
\'	작은따옴표(Single Quote)

\\	백슬래시(Backslash)
\n	줄 바꿈(New Line)
\r	캐리지 리턴(Carriage Return): 현재의 맨 앞으로 커서 이동
\t	탭(Tab)
\b	백스페이스(Backspace)
\f	폼 피드(Form Feed): 새 페이지로 화면 이동
\8진수 값	8진수 값(Octal Value) 예 8진수 값 \110은 알파벳 H
\x16진수 값	16진수 값(Hex Value) 예 16진수 값 \x48은 알파벳 H

4-(2)-5

```
# 4-(2)-5
# 이스케이프 문자(escape character) 사용 예
print('She\'s gone')
print("파일은 \"여기\"를 눌러 다운로드")
print("Winter Bear\\Scenery")
print("En taro Adun.\nVar en nas.")
print("\nEn taro Adun.\r")
print("En taro Adun.\tVar en nas.")
print("En taro Adun. \bVar en nas.")
print("8진수: \110\145\154\154\157")
print("16진수: \x48\x65\x6c\x6c\x6f")
```

실행 결과 She's gone
파일은 "여기"를 눌러 다운로드
Winter Bear\Scenery
En taro Adun.
Var en nas.

En taro Adun.
En taro Adun.   Var en nas.
En taro Adun.Var en nas.
8진수: Hello
16진수: Hello

4-(2)-6

```
# 4-(2)-6
# 이스케이프 문자(escape character) 사용 예 - 폼 피드 사용
print("\f")
print("En taro Adun.")
```

실행 결과 주피터 노트북에서는 1개의 빈 줄 다음에 결과가 출력. 스파이더에서는 콘솔 창이 새 페이지로 넘어간 후 결과 출력

En taro Adun.

• 큰따옴표 안에 작은따옴표, 작은따옴표 안에 큰따옴표와 같은 형태로는 사용 가능
  – "a 'bb'aa"와 같이 따옴표를 섞어서 쓰는 것이 더 간단하게 표현됨
    예 "She's gone", 'Billy "The good boy"'

4-(2)-7

```
# 4-(2)-7
print("She's gone")
print('Billy "The good boy"')
```

실행 결과 She's gone
        Billy "The good boy"

☑ 정리

- 화면에 값을 입력할 때 input() 함수 사용

- 정수 값을 입력받을 때는 int(input()) 함수 사용

- 실수 값을 입력받을 때는 float(input()) 함수 사용

- 입력한 값을 보존하기 위해서는 변수에 저장: 변수 = input(prompt)

- input() 함수와 split() 함수를 결합해서 한 번의 입력으로 여러 문자열 값을 입력받음

- 숫자 값 여러 개를 입력받으려면 map(숫자형, input().split())과 같이 input() 함수와 split() 함수를 결합해서 사용

- print() 함수는 print(출력할 값, sep='구분자', end='출력 마지막에 할 것 지정')과 같이 출력할 값과 옵션을 사용해서 화면에 결과 값 출력

- 파이썬 이스케이프 문자는 문자열에 사용할 수 없는 특수 문자(이스케이프 문자)를 삽입할 때 사용. 파이썬 이스케이프 문자에는 \", \', \\, \n, \r, \t, \b, \f, \8진수 값, \x16진수 값이 있음

1 값을 1개 입력받아 변수에 저장 후 출력하는 프로그램을 작성하시오.

① 문자열 1개를 입력받아 str_val에 저장 후 화면 출력

② 실수 1개를 입력받아 float_val에 저장 후 화면 출력

③ 정수 1개를 입력받아 int_val에 저장 후 화면 출력

2 번호, 이름, 나이를 입력받아 변수에 저장 후 입력받은 변수 값 화면에 출력

조건 • 번호 입력받는 변수명: data_num, 문자열. 입력받을 값 – 101
　　 • 이름 입력받는 변수명: data_name, 문자열. 입력받을 값 – 김대붕
　　 • 나이 입력받는 변수명: data_age, 정수. 입력받을 값 – 99

3 5개의 점수를 입력받아 변수에 저장 후 입력받은 변수 값 화면에 출력

조건 5개의 점수를 입력받는 변수명: data_score, 입력받을 값 – 4.1 3.3 3.8 4.0 2.7

4 4개의 도시명을 입력받아 변수에 저장 후 입력받은 변수 값 화면에 출력

조건 4개의 도시명을 입력받는 변수명: data_city, 입력받을 값 – 세종 과천 대구 전주

5 3개월 동안 매달 용돈을 입력받아 변수에 저장 후 입력받은 변수 값 화면에 출력

조건 3개월 동안 받은 용돈을 입력받는 변수명: data_money, 입력받을 값 – 12000 20000 15000

6 5개 부서의 인원 수를 입력받아 변수에 저장 후 입력받은 변수 값 화면에 출력

조건 5개 부서의 인원 수를 입력받는 변수명: data_count, 입력받을 값 – 32 12 23 19 26

CHAPTER

05.

기본 데이터 타입과 포맷팅 – 값의 타입별 처리 방식과 화면 표시 방법

변수에 저장된 값의 타입에 따라 값을 처리하는 방식이 다르다. 값이 숫자일 때의 처리와 문자열일 때의 처리 방식이 다르다. 처리를 예로 들자면 숫자 값은 통계/수학적인 연산 처리에 주로 사용되고 문자열은 문자열의 문자 수, 부분 문자열 추출 등과 같은 작업을 한다. 이렇게 처리하는 작업이 다르기 때문에 값의 종류, 즉 데이터 타입을 알아야 문제를 효과적으로 해결할 수 있다. 또한 데이터 타입에 따라 변수가 가진 값을 화면에 표시하는 방법도 다르다. 여기서는 기본적인 1개의 숫자, 문자열 값을 저장하고 다루는 것과 값을 화면에 보기 좋게 표시하는 방법을 학습한다.

① 파이썬이 기본 제공하는 데이터 타입에 대해서 알아보자.

② 데이터 타입에 따라 변수 값을 화면에 표시하는 포맷팅을 알아보자.

■■ 이 장의 핵심

☑ 파이썬이 기본 제공하는 데이터 타입에는 숫자, 문자열, 부울 타입이 있음

☑ 숫자 타입에는 정수, 부동소수점, 복소수 타입이 있으며 숫자를 다루는 함수
　 – 정수 – int, 부동소수점 – float, 복소수 – complex

☑ 문자열 타입은 str이며, 문자열 결합 연산, 문자열 반복 연산, 슬라이싱, 문자열 다루는
　 함수

☑ 불리언 타입은 bool로 True/False 값을 가짐

☑ 포맷팅(formatting)은 문자열이나 숫자의 자릿수를 맞춰 화면에 보기 좋게 표현할 때 사용
　 – 포맷팅 방법은 % 연산자 또는 format() 메소드를 사용

파이썬 데이터 타입

1 파이썬이 제공하는 데이터 타입

① 텍스트 타입, 숫자 타입, 불리언 타입, 바이너리 타입 및 여러 개의 값을 저장하는 시퀀스 타입, 매핑 타입, 세트 타입이 있음

데이터 타입 분류	데이터 타입
텍스트 타입(Text Type)	• 문자열: str
숫자 타입(Numeric Types)	• 정수: int • 부동소수점: float • 복소수: complex
불리언 타입(Boolean Type)	• 부울: bool
바이너리 타입(Binary Types)	• 바이트: bytes • 바이트 배열: bytearray • 메모리 뷰: memoryview
시퀀스 타입(Sequence Types)	• 리스트: list • 튜플: tuple • 레인지: range
매핑 타입(Mapping Type)	• 딕셔너리: dict
세트 타입(Set Types)	• 세트: set • 프로즌 세트: frozenset

② 위의 데이터 타입은 다루는 데이터 값의 개수와 종류에 따라 다음과 같이 분류됨
- 1개의 값을 갖는(다루는) 가장 기본적인 타입: 텍스트 타입, 숫자 타입, 부울 타입
- 여러 값을 갖는(다루는) 타입: 시퀀스 타입, 매핑 타입, 세트 타입
- 이진 데이터를 다루는 타입: 바이너리 타입

③ 텍스트 타입, 숫자 타입, 부울 타입은 이번 장에서 학습함. 시퀀스 타입, 매핑 타입, 세트 타입은 6장에서 학습하고, 바이너리 타입은 이 책에서 다루지 않음

숫자 타입 – 정수, 부동소수점, 복소수

✔ 파이썬의 숫자 타입에는 정수, 부동소수점, 복소수 타입이 있음

1 정수(고정소수점): int

① 정수(integer) 타입은 고정소수점(fixed–point) 타입으로 부르기도 함

• 갖는 값은 –5, 0, 7와 같이 음수, 영, 양수를 포함한 소수점이 포함되지 않는 숫자 값

② 정수 변수 선언 방법: 변수명 = 정수 값

예 user_age = 30

5-(2)-1)-1

```
# 5–(2)–1)–1
user_age = 30
user_age
```

실행 결과 print(user_age)를 사용하지 않고 user_age 변수만을 사용해서 출력한 이유는 출력 값의 데이터 타입 확인이 더 쉽기 때문

30

문제 해결 5-2-1 int_var1 변수에 정수 값 10을 int_var2 변수에 정수 값 0을 지정하고 화면에 int_var1, int_var2 변수 출력

풀이 문제 해결 순서
- 순서1: int_var1 변수에 정수 값 10을 int_var2 변수에 정수 값 0을 지정
    int_var1 = 10
    int_var2 = 0
- 순서2: 화면에 int_var1, int_var2 변수 출력
    print(int_var1, int_var2)

 # 5-(2)-1)-2

```
'''문제 해결 5-2-1)'''
# 5-(2)-1)-2

# 순서1
int_var1 = 10
int_var2 = 0

# 순서2
print(int_var1, int_var2)
```

실행 결과 10 0

문제 해결 5-2-2 사각형 가로 값 7, 사각형 세로 값 8을 변수에 저장 후 사각형의 둘레와 넓이를 화면에 출력

조건
- 사각형 가로 변수명: rec_width
- 사각형 세로 변수명: rec_height

풀이 ① 선수 지식
- 사각형 둘레: 2 * (rec_width + rec_height)
- 사각형 넓이: rec_width * rec_height
② 문제 해결 순서
- 순서1: 사각형 가로 값 7, 사각형 세로 값 8을 변수에 저장
    rec_width = 7
    rec_height = 8
- 순서2: 사각형의 둘레와 넓이를 화면에 출력
    print("사각형 둘레 :", 2 * (rec_width + rec_height))
    print("사각형 넓이 :", rec_width * rec_height)

```
'''문제 해결 5-2-2)'''
# 5-(2)-1)-3

# 순서1
rec_width = 7
rec_height = 8

# 순서2
print("사각형의 둘레 :", 2 * (rec_width + rec_height))
print("사각형의 넓이 :", rec_width * rec_height)
```

실행 결과   사각형의 둘레 : 30
　　　　　　　사각형의 넓이 : 56

2 실수(부동소수점): float

① 부동소수점(floating-point) 타입으로 부르기도 함

　• 갖는 값은 -3.1, 2.7과 같이 음수, 양수의 소수점이 포함된 숫자 값

② 실수 변수 선언 방법 : 변수명 = 실수 값

　예 pi = 3.14

5-(2)-2)-1

```
# 5-(2)-2)-1
pi = 3.14
pi
```

실행 결과   3.14

문제 해결 5-2-3 반지름 5인 원의 둘레와 넓이를 화면에 출력. pi = 3.14를 사용

조건 반지름 변수명: r

풀이 ① 선수 지식
- 원의 둘레: 2 * pi * r
- 원의 넓이: r * r * pi

② 문제 해결 순서
- 순서1: 반지름 5를 변수에 저장, 3.14를 pi 변수에 저장

    r = 5

    pi = 3.14
- 순서2: 원의 둘레와 넓이를 화면에 출력

    print("원의 둘레 : ", 2 * pi * r)

    print("원의 넓이 : ", r * r * pi)

5-(2)-2)-2

```
'''문제 해결 5-2-3)'''
# 5-(2)-2)-2

# 순서1
r = 5
pi = 3.14

# 순서2
print("원의 둘레 : ", 2 * pi * r)
print("원의 넓이 : ", r * r * pi)
```

실행 결과   원의 둘레 : 31.400000000000002

            원의 넓이 : 78.5

3 복소수 타입: complex

① 복소수(complex) 타입은 a + bj와 같이 실수부+허수부로 이뤄짐. a: 실수부, bj: 허수부
- 갖는 값은 3 + 2j, 2j, -5j과 같이 실수부+허수부, 허수부로만 이뤄진 숫자 값

② 복소수 변수 선언 방법: 변수명 = 복소수 값

    예 cmp_var = 3 + 2j

116 쉽게 배우는 파이썬

 # 5-(2)-3)-1

```
# 5-(2)-3)-1
cmp_var = 3 + 2j
cmp_var
```

실행 결과 (3+2j)

4 숫자 타입 처리 함수

① 숫자 타입을 처리하는 함수는 수학, 통계 계열의 함수로 파이썬에서는 기본 제공 함수 및 math 라이브러리가 제공

② math 라이브러리가 제공하는 함수 사용 방법: math 라이브러리를 로드 후 함수 사용
- math 라이브러리 로드: import math
- 함수 사용: math.제공 함수()

  예 import math

  math.pi

 # 5-(2)-4)-1

```
# 5-(2)-4)-1
import math
print(math.pi)
```

실행 결과 3.141592653589793

문제 5-1 반지름 5인 원의 둘레와 넓이를 화면에 출력. pi는 math.pi를 사용

조건 반지름 변수명: r

③ 최대/최소값: max(), min()
- max(값1, 값2, …) 함수: 나열된 값들 중 가장 큰 값
- min(값1, 값2, …) 함수: 나열된 값들 중 가장 작은 값

예 max(10, 90, 55) → 90

　min(10, 90, 55) → 10

 # 5-(2)-4)-2

```
# 5-(2)-4-2
print(max(10, 90, 55))
print(min(10, 90, 55))
```

실행 결과　90

　10

문제 **5-2**　나열된 값들 7, 5, 10, 11, 8에서 최댓값, 최솟값을 구해서 화면에 표시

④ 거듭제곱: pow()

　• pow(값, 횟수) 함수: 주어진 값을 횟수만큼 반복해서 곱함

　　예 pow(2, 4) → 2 * 2 * 2 * 2 → 16

 # 5-(2)-4)-3

```
# 5-(2)-4-3
print(pow(2, 4))
```

실행 결과　16

문제 **5-3**　pow() 함수를 사용해서 4 * 4 * 4를 계산 후 화면에 표시

⑤ 절대값: abs()

　• abs(값) 함수: 주어진 값을 부호를 제외한 값으로 반환

　　예 abs(-1230) → 1230

 # 5-(2)-4)-4

```
# 5-(2)-4-4
print(abs(-1230))
```

실행 결과　1230

⑥ 올림/내림: ceil(), floor()
- ceil(부동소수점 값) 함수: 주어진 부동소수점 값을 올림. 주어진 값보다 큰 정수 값을 반환
- floor(부동소수점 값) 함수: 주어진 부동소수점 값을 내림. 주어진 값보다 작은 정수 값을 반환

  예 math.ceil(44.1) → 45
     math.floor(44.9) → 44

 # 5-(2)-4)-5

```
# 5-(2)-4)-5
import math
print(math.ceil(44.1))
print(math.floor(44.9))
```

실행 결과 45
          44

문제 **5-5** 19.95를 올림한 값과 내림한 값을 화면에 표시

⑦ 제곱근: sqrt()
- sqrt(값) 함수: 주어진 값의 제곱근을 구함

  예 math.sqrt(16) → 4.0

 # 5-(2)-4)-6

```
# 5-(2)-4)-6
import math
print(math.sqrt(16))
```

실행 결과 4.0

문제 **5-6** 4와 9의 제곱근을 구해서 화면에 표시

SECTION 03. 문자열 타입

① 문자열 타입: str

① 텍스트 타입은 문자열(String) 타입으로 부르며 문자열 데이터를 다룸. 값을 " "(큰따옴표) 또는 ' '(작은따옴표)로 둘러싸서 표현
- 갖는 값은 '연습', 'test', "A", "a9#"와 같이 1개 이상의 문자, 숫자, 특수 문자의 조합으로 이뤄짐
- 파이썬에서는 " ", ' ' 모두를 문자열 데이터 표현에 씀. 다만 "aaa", '12#'과 같이 항상 시작과 끝이 같은 기호로 이뤄져야 함. "aaa' 또는 '12#"과 같이 기호를 혼용해서 쓸 수 없음. 실행 시 에러 발생

② 문자열 변수 선언 방법: 변수명 = '문자열 값' 또는 변수명 = "문자열 값"

> 예 user_id = "abcd" 또는 user_id = 'abcd'

5-(3)-1)-1

```
# 5-(3)-1)-1
user_id = "abcd"
user_id
```

> **실행 결과** user_id 변수에 저장된 값이 문자열 'abcd'인 것을 확인하기 위해서 print() 함수 없이 변수 내용 출력
>
> 'abcd'
>
> 예 user_pass = "A12#"
>
> user_name = '킹도라'

5-(3)-1)-2

```
# 5-(3)-1)-2
user_id = "abcd"
user_pass = "A12#"
user_name = '킹도라'
```

```
print(user_id, user_pass, user_name)
```

실행 결과 abcd A12# 킹도라

문제 해결 5-3-1 시도, 구, 동명을 입력받아 변수에 저장 후 변수 값 화면에 출력

조건 • 시도명 변수명: addr_sido, 문자열. 입력받을 값 − 서울특별시
  • 구명 변수명: addr_gu, 문자열. 입력받을 값 − 중구
  • 동명 변수명: addr_dong, 문자열. 입력받을 값 − 명동

풀이 ① 선수 지식
  • 문자열 값 입력받아 변수에 저장: addr_sido = input("시도명 입력: ")
  ② 문제 해결 순서
  • 순서1: 시도, 구, 동명을 입력받아 각각 변수에 저장 − 변수명 = input("값 입력: ")
        addr_sido = input("시도명 입력: ")
        addr_gu = input("구명 입력: ")
        addr_dong = input("동명 입력: ")
  • 순서2: 입력받은 변수 값 화면에 출력 − print(변수명)
        print("시도명 : " + addr_sido, "구명 : " + addr_gu, "동명 : " + addr_dong)

5-(3)-1)-3

```
'''문제 해결 5-3-1)'''
# 5-(3)-1)-3

# 순서1
addr_sido = input("시도명 입력: ")
addr_gu = input("구명 입력: ")
addr_dong = input("동명 입력: ")

# 순서2
print("시도명 : " + addr_sido, ", 구명 : " + addr_gu, ", 동명 : " + addr_dong)
```

실행 결과 시도, 구, 동명을 입력받아, addr_sido, addr_gu, addr_dong 변수에 저장 후 입력받은 변수
  의 값을 화면에 출력
  • 입력 − 시도명 입력: 서울특별시
        구명 입력: 중구
        동명 입력: 명동
  • 출력 − 시도명 : 서울특별시 , 구명 : 중구 , 동명 : 명동

CHAPTER 05 기본 데이터 타입과 포맷팅 − 값의 타입별 처리 방식과 화면 표시 방법 **121**

조건 도로명 주소 변수명: addr, 문자열. 입력받을 값 – 서울특별시 중구 명동 세종대로 110

③ 여러 줄을 갖는 문자열 값은 """ """(큰따옴표 3개) 또는 ''' '''(작은따옴표 3개)로 둘러싸서 표현

예 kh_str = """En taro Adun! : For Adun's name!

En taro Tassadar! : For Tassadar's name!

En var! : For honor! """

• 변수가 가진 값을 확인

5-(3)-1)-4

```
# 5-(3)-1)-4
kh_str = """En taro Adun! : For Adun's name!
En taro Tassadar! : For Tassadar's name!
En var! : For honor!"""
kh_str
```

실행 결과 kh_str 변수가 가진 값에 줄 구분을 위해 줄 바꿈 기호인 \n이 있는 것을 알 수 있음

"En taro Adun! : For Adun's name!\nEn taro Tassadar! : For Tassadar's name!\nEn var! : For honor!"

• 변수가 가진 값을 print() 함수를 사용해서 출력

5-(3)-1)-5

```
# 5-(3)-1)-5
kh_str = """En taro Adun! : For Adun's name!
En taro Tassadar! : For Tassadar's name!
En var! : For honor!"""
print(kh_str)
```

실행 결과 En taro Adun! : For Adun's name!
En taro Tassadar! : For Tassadar's name!
En var! : For honor!

❷ 문자열 결합: +

① 문자열과 문자열을 + 연산자로 결합해서 새로운 문자열을 생성

　예 "김" + "왕쌍" → "김왕쌍"

 # 5-(3)-2)-1

```
# 5-(3)-2)-1
"김" + "왕쌍"
```

실행 결과 '김왕쌍'

② 숫자 데이터와 문자열의 결합 시 str(숫자 데이터) 함수를 사용해서 숫자 데이터를 문자열로 변환 후 사용

　예 str(100) + "점" → "100점"

 # 5-(3)-2)-2

```
# 5-(3)-2)-2
name = "김왕쌍"
jum = 100
print("이름 : " + name)
print("점수 : " + str(jum) + "점")
```

실행 결과 이름 : 김왕쌍
　　　　　점수 : 100점

문제 해결 5-3-2 관측일, 지점, BOD, COD 값을 입력받아 변수에 저장 후 변수 값 화면에 출력. BOD(Biochemical Oxygen Demand)는 생화학적 산소 요구량, COD(Chemical Oxygen Demand)는 화학적 산소 요구량으로 수질 오염 측정에 사용되는 요소

조건　• 관측일 변수명: wp_date, 문자열. 입력받을 값 − 2021−01−01
　　　• 지점 변수명: wp_place, 문자열. 입력받을 값 − A
　　　• BOD 변수명: wp_bod, 숫자 − 부동소수점. 입력받을 값 − 393.2
　　　• COD 변수명: wp_cod, 숫자 − 부동소수점. 입력받을 값 − 121.7
　　　• 결과 값 형태: 2021−01−01,A,393.2,121.7

풀이　① 선수 지식
　　　• 부동소수점 값 입력받아 변수에 저장: wp_bod = float(input("BOD 값 입력 :"))

• 문자열과 숫자 값 결합: wp_place + "," + str(wp_bod)

② 문제 해결 순서
• 순서1: 관측일, 지점, BOD, COD 값을 입력받아 변수에 저장 – input(), float()

```
wp_date = input("관측일 입력: ")
wp_place = input("관측지점 입력: ")
wp_bod = float(input("BOD 값 입력: "))
wp_cod = float(input("COD 값 입력: "))
```

• 순서2: 입력받은 변수 값 화면에 출력 – print()

```
print(wp_date + "," + wp_place + "," + str(wp_bod) + "," + str(wp_cod))
```

 # 5-(3)-2)-3

```
'''문제 해결 5-3-2)'''
# 5-(3)-2)-3

# 순서1
wp_date = input("관측일 입력: ")
wp_place = input("관측지점 입력: ")
wp_bod = float(input("BOD 값 입력: "))
wp_cod = float(input("COD 값 입력: "))

# 순서2
print(wp_date + "," + wp_place + "," + str(wp_bod) + "," + str(wp_cod))
```

실행 결과 관측일, 지점, BOD, COD 값을 입력받아, wp_date, wp_place, wp_bod, wp_cod 변수에 저장 후 입력받은 변수의 값을 2021-01-01,A,393.2,121.7와 같은 1건의 데이터 형태로 화면에 출력

• 입력 – 관측일 입력: 2021-01-01
  관측지점 입력: A
  BOD 값 입력: 393.2
  COD 값 입력: 121.7
• 출력 – 2021-01-01,A,393.2,121.7

문제 5-8 관측일, 지역, 발생수 값을 입력받아서 변수에 저장 후 화면에 출력

조건 • 관측일 변수명: ac_date, 문자열. 입력받을 값 – 2021-01-11
• 지역 변수명: ac_place, 문자열. 입력받을 값 – 서울
• 발생수 변수명: ac_count, 숫자 – 정수. 입력받을 값 – 167
• 결과 값 형태: 2021-01-11,서울,167

정수 값 입력받아 변수에 저장: ac_count = int(input("발생수 값 입력 :"))

문제 5-9 번호, 지점, 저장 용량, 저장량 값을 입력받아서 변수에 저장 후 화면에 출력

조건 • 번호 변수명: nu_num, 문자열. 입력받을 값 – 1
- 지점 변수명: nu_place, 문자열. 입력받을 값 – A
- 저장용량 변수명: nu_tac, 숫자 – 정수. 입력받을 값 – 9000
- 저장량 변수명: nu_ac, 숫자 – 정수. 입력받을 값 – 7320
- 결과 값 형태: 1,A,9000,7320

선수 지식 정수 값 입력받아 변수에 저장

3 문자열 반복: *

① 문자열에 * 연산자를 사용해서 특정 문자열을 반복하는 새로운 문자열을 생성
- 문법: 문자열 * 횟수

예 "apple" * 3 → apple을 3번 반복 : "appleappleapple"

 # 5-(3)-3-1

```
# 5-(3)-3-1
"apple" * 3
```

실행 결과 'appleappleapple'

 # 5-(3)-3-2

```
# 5-(3)-3-2
print("*" * 15)
print("apple" * 3)
```

실행 결과 ***************
appleappleapple

조건 • 반복할 문자열 변수명: input_str, 문자열. 입력받을 값 – =
  • 횟수 변수명: re_cnt, 숫자 – 정수. 입력받을 값 – 10
  • 결과 값 형태 : ==========

풀이 문제 해결 순서
  • 순서1 : 문자열과 횟수를 입력받아 변수에 저장 – input(), int()
    input_str = input("반복할 문자열 입력: ")
    re_cnt = int(input("횟수 입력: "))
  • 순서2 : 횟수만큼 문자열 반복 결과를 화면에 출력 – print()
    print(input_str * re_cnt)

5-(3)-3-3

```
'''문제 해결 5-3-3)'''
# 5-(3)-3)-3

# 순서1
input_str = input("반복할 문자열 입력: ")
re_cnt = int(input("횟수 입력: "))

# 순서2
print(input_str * re_cnt)
```

실행 결과 반복할 문자열 입력과 횟수를 입력받아 input_str, re_cnt 변수에 저장. print(input_str * re_cnt)을 사용해서 주어진 횟수만큼 문자열을 반복해서 화면에 출력
  • 입력 – 반복할 문자열 입력: =
      횟수 입력: 10
  • 출력 – ==========

문제 5-10 문자열과 횟수를 입력받아 변수에 저장 후 횟수만큼 문자열 반복 결과를 화면에 출력

조건 • 반복할 문자열 변수명: input_str, 문자열. 입력받을 값 – *
  • 횟수 변수명: re_cnt, 숫자 – 정수. 입력받을 값 – 10
  • 결과 값 형태 : *********
        app1
        ****

4 문자열 포함 여부: in, not in

① 문자열이 특정 문자열을 포함하고 있는지 여부는 in, not in 연산자를 사용

- in 연산자: 문자열이 포함되면 True 리턴, 포함되지 않으면 False 리턴

  예 "korea" in "republic of korea" → True

5-(3)-4-1

```
# 5-(3)-4-1
print("korea" in "republic korea")
print("of" in "republic korea")
```

실행 결과   True
            False

- not in 연산자: 문자열이 포함되지 않으면 True 리턴, 포함되면 False 리턴

5-(3)-4-2

```
# 5-(3)-4-2
print("korea" not in "republic korea")
print("of" not in "republic korea")
```

실행 결과   False
            True

문제 5-11 in 연산자 또는 not in 연산자를 사용해서 "Spring Summer Fall Winter" 문자열에 "Winter" 포함 여부 결과를 화면에 출력

5 문자열 슬라이싱

① 문자열의 일부를 인덱스(index, 첨자 번호)를 사용해서 추출. 인덱스는 0부터 시작

- 슬라이싱 기호는 :(콜론), 사용 시 :을 중심으로 공백 안 줌 예 2:8

  예 str1 = "blue & grey"

인덱스	0	1	2	3	4	5	6	7	8	9	10
	b	l	u	e		&		g	r	e	y

② 문자열 슬라이싱 방법: 문자열[시작 인덱스:끝 인덱스]

- 시작 인덱스:끝 인덱스 – 시작 인덱스 문자부터 끝 인덱스−1 문자까지 추출

  예 str1[2:8] → "ue & g"

- 시작 인덱스 – 생략 가능, 생략 시 0

  예 str1[:4] → "blue"

- 끝 인덱스 – 생략 가능, 생략 시 마지막 인덱스의 문자까지 추출 대상

  예 str1[7:] → "grey"

 # 5-(3)-5)-1

```
# 5-(3)-5)-1
str1 = "blue & grey"

print(str1[2:8])
print(str1[:4])
print(str1[7:])
```

실행 결과 ue & g
blue
grey

문제 해결 5-3-4 슬라이싱할 시작 인덱스와 끝 인덱스를 입력받아서 변수에 저장 후 data_str 변수의 문자열을 슬라이싱한 결과를 화면에 출력

조건 • data_str = "Spring Summer Fall Winter"
- 시작 인덱스 번호 변수명: index_sta, 숫자 – 정수. 입력받을 값 – 0 ~ 24
- 끝 인덱스 번호: index_end, 숫자 – 정수. 입력받을 값 – 1 ~ 25

풀이 문제 해결 순서
- 순서1: data_str 문자열 변수 선언 – 변수 = 값

  data_str = "Spring Summer Fall Winter"
- 순서2: 슬라이싱할 시작 인덱스와 끝 인덱스를 입력받아서 변수에 저장 – input(), int()

  index_sta = int(input("시작 인덱스 번호(0 ~ 24) 입력: "))

  index_end = int(input("마지막 인덱스 번호(1 ~ 25) 입력: "))
- 순서3: data_str 변수의 문자열을 슬라이싱한 결과를 화면에 출력 – print()

  print(data_str[index_sta:index_end])

 # 5-(3)-5)-2

```
'''문제 해결 5-3-4'''
# 5-(3)-5)-2

# 순서1
data_str = "Spring Summer Fall Winter"

# 순서2
index_sta = int(input("시작 인덱스(0 ~ 24) 입력: "))
index_end = int(input("끝 인덱스(1 ~ 25) 입력: "))

# 순서3
print(data_str[index_sta:index_end])
```

실행 결과 슬라이싱할 시작 인덱스와 끝 인덱스를 입력받아서 index_sta, index_end 변수에 저장.
index_sta에 입력할 값은 0부터 data_str 문자열의 마지막 인덱스 번호이고 index_end 변
수에 입력할 0부터 data_str 문자열의 마지막 인덱스 번호+1이다. 마지막 문자를 추출하기 위
해서 마지막 인덱스 번호+1을 사용할 수 있다. data_str[index_sta:index_end]과 같이 문자
열 변수의 내용을 슬라이싱한 결과를 화면에 출력
- 입력 – 시작 인덱스(0 ~ 24) 입력: 19
        끝 인덱스(1 ~ 25) 입력: 25
- 출력 – Winter

6 문자열 처리 함수 및 메소드

① 문자열 길이 함수: len()
- len(문자열): 주어진 문자열의 문자 수를 얻어냄
  예 len("singularity") → 11

 # 5-(3)-6)-1

```
# 5-(3)-6)-1
print(len("singularity"))
```

실행 결과 11

문제 5-12 문자열을 입력받아 변수에 저장 후 입력받은 문자열의 개수를 화면에 출력

조건 입력받은 문자열 변수명: input_str, 문자열. 입력받을 값 – tiger

② 문자열 결합 메소드: join()

- 문자열1.join(문자열2): 문자열1을 문자열2의 각 문자와 결합해서 새로운 문자열을 생성

  예 "-".join("ABC") → "A-B-C"

 # 5-(3)-6)-2

```
# 5-(3)-6)-2
print("-".join("ABC"))
```

실행 결과 A-B-C

– 리스트의 원소도 결합 가능. 리스트는 여러 값을 저장하는 저장소로 6장에서 학습

 # 5-(3)-6)-3

```
# 5-(3)-6)-3
bear_list = ["Singularity", "Secnery", "Winter Bear", "4 o'clock"]
print(", ".join(bear_list))
```

실행 결과 Singularity, Secnery, Winter Bear, 4 o'clock

문제 5-13 문자열1과 문자열2를 입력받아 변수에 저장 후 join() 메소드를 사용해서 문자열 결합 결과 화면에 출력

조건 • 문자열1 변수명: input_str1, 문자열. 입력받을 값 – bear
　　　• 문자열2 변수명: input_str2, 문자열. 입력받을 값 – *
　　　• 결과 값 형태 : b*e*a*r

③ 문자열 분리 메소드: split()

- 문자열1.split(나눌 문자): 문자열1을 나눌 문자를 기준으로 여러 개의 문자열로 나눔. 즉, 여러 개의 문자열이 생성됨

  예 "a.jpg".split(".") → ["a", "jpg"]

5-(3)-6)-4

```
# 5-(3)-6)-4
print("a.jpg".split("."))
```

실행 결과 ['a', 'jpg']

• 나눌 문자는 생략 가능하며 생략 시 공백 문자를 기준으로 나눔

예 "Singularity Secnery Winter Bear".split() → ['Singularity', 'Secnery', 'Winter', 'Bear']

5-(3)-6)-5

```
# 5-(3)-6)-5
print("Singularity Secnery Winter Bear".split())
```

실행 결과 ['Singularity', 'Secnery', 'Winter', 'Bear']

문제 5-14 addr 변수의 값 "서울특별시 중구 명동 세종대로 110"을 공백 문자를 기준으로 나눔

④ 문자열 제거 메소드: strip()
• 문자열1.strip(제거할 문자열): 문자열1에서 제거할 문자열을 제거

예 "https://www.python.org/".strip("https://") → "www.python.org"

5-(3)-6)-6

```
# 5-(3)-6)-6
print("https://www.python.org/".strip("https://"))
```

실행 결과 www.python.org

• 제거할 문자열은 생략 가능하며 생략 시 공백 문자를 제거. 왼쪽 및 오른쪽 공백 문자를 모두 제거, 중간의 공백 문자는 제거 안 함

예 " Winter Bear ".strip() → 'Winter Bear'

5-(3)-6)-7

```
# 5-(3)-6)-7
print(" Winter Bear ".strip())
```

⑤ 문자열 대치 메소드: replace()

- 문자열1.replace(대체될 문자열, 새로운 문자열): 문자열1에 포함된 대체될 문자열을 새로운 문자열로 바꿈

  예 "https://www.python.org/".replace("python.org", "anaconda.com")
  → "https://www.anaconda.com/"

 # 5-(3)-6)-8

```
# 5-(3)-6)-8
print("https://www.python.org/".replace("python.org", "anaconda.com"))
```

실행 결과 https://www.anaconda.com/

문제 5-15 replace() 메소드를 사용해서 data_str 변수의 값 "서울시 종로구" 값을 "서울특별시 종로구"로 바꾼 후 data_str 변수 출력

⑥ 문자열 검색 메소드: find()

- 문자열1.find(찾는 문자열): 문자열1에 찾는 문자열이 있는 경우 문자열1에서 찾는 문자열의 시작 문자의 인덱스 번호 반환, 찾는 문자열이 없는 경우 −1 값을 반환

  예 "https://www.anaconda.com/".find("anaconda") → 12: 찾는 문자열 "anaconda"의 시작 문자 a의 인덱스가 12

 # 5-(3)-6)-9

```
# 5-(3)-6)-9
print("https://www.anaconda.com/".find("anaconda"))
print("test.png".find("jpg"))
```

실행 결과 12
−1

불리언 타입 – bool

1 True 또는 False 값을 가짐

예 bool_val = True

 # 5-(4)-1

```
# 5-(4)-1
bool_val = True
bool_val
```

실행 결과 True

2 bool(값) 함수는 주어진 값을 True 또는 False로 반환

① False 값: 숫자 0, 빈 문자열 "", None, 빈 튜플 (), 빈 리스트 [], 빈 딕셔너리 {}

② True 값: False 이외의 모든 값

예 bool(1) → True
bool(0) → False

 # 5-(4)-2

```
# 5-(4)-2
print(bool(1))
print(bool(0))
print(bool("test"))
print(bool(""))
```

실행 결과 True
False
True
False

타입 확인 및 타입 변환 함수

1 타입 확인: type()

① type(변수|값): 주어진 변수 또는 값의 데이터 타입 반환

예 type(100) → 〈class 'int'〉는 int 타입을 의미함

 # 5-(5)-1

```
# 5-(5)-1
int_val = 100
str_val = "test"
print(type(int_val))
print(type(str_val))
```

실행 결과 〈class 'int'〉는 int 타입, 〈class 'str'〉는 str 타입을 의미함

〈class 'int'〉

〈class 'str'〉

2 문자열로 타입 변환: str()

① str(숫자): 주어진 숫자 값을 문자열로 변환

예 str(100) → "100"

 # 5-(5)-2

```
# 5-(5)-2
temp_val = −12.1
print(str(temp_val) + "도")
```

실행 결과 −12.1도

3 정수로 타입 변환: int()

① int(부동소수점 | 문자열): 주어진 부동소수점 값 또는 문자형 숫자 값을 정수로 변환

　예 int("100") → 100

 # 5-(5)-3

```
# 5-(5)-3
t1 = 23.7
print(int(t1))
print(int("127"))
```

실행 결과　23
　　　　　127

4 부동소수점으로 타입 변환: float()

① float(정수 | 문자열): 주어진 정수 값 또는 문자형 숫자 값을 부동소수점으로 변환

　예 float(100) → 100.0

 # 5-(5)-4

```
# 5-(5)-4
t2 = 100
print(float(t2))
print(float("1995.123"))
```

실행 결과　100.0
　　　　　1995.123

SECTION 06. 포맷팅: % 연산자, format() 메소드

1 포맷팅

① 포맷팅(formatting)은 문자열이나 숫자의 자릿수를 맞춰 화면에 보기 좋게 표현할 때 사용

② 포맷팅의 결과는 문자열로 반환되기 때문에 연산이 모두 끝난 후 마지막에 결과를 출력할 때 사용

　예 "%d" % (123) → '123'

 # 5-(6)-1

```
# 5-(6)-1
"%d" % (123)
```

실행 결과 print() 함수 없이 사용해서 결과 값이 문자열로 표시되는 것을 확인
　　　　　'123'

③ 포맷팅 방법은 % 연산자 또는 format() 메소드를 사용
- 방법1: '포맷팅할 문자열' %(문자열에 삽입할 값)
- 방법2: '포맷팅할 문자열'.format(문자열에 삽입할 값)
- 결과 값: 문자열
- 특징: 포맷팅 자릿수는 생략 가능. 자릿수가 남으면 공백으로 표시. 표시 자릿수가 부족해도 원래 표시할 유효 글자가 모두 표시됨. 즉, 자릿수가 모자라도 내용이 잘리지 않음

　예 "%7d" % (1234) → '   1234'

　　◑ 포맷팅 문자열을 원래의 글자 수보다 큰 7자릿수로 지정하면 남은 자릿수는 공백으로 표시됨

 # 5-(6)-2

```
# 5-(6)-2
"%7d" % (1234)
```

실행 결과 '   1234'

예 "%7s" % ("Var en nas : Honor for you.") → 'Var en nas : Honor for you.'

　　◑ 포맷팅 문자열을 원래의 글자 수보다 적은 7자릿수로 지정했으나, 글자가 잘리지 않고 모두 표시됨

 # 5-(6)-3

```
# 5-(6)-3
"%7s" % ("Var en nas : Honor for you.")
```

실행 결과   'Var en nas : Honor for you.'

2 포맷팅할 문자열: 포맷지정자를 포함

(1) 방법1: 포맷지정자와 % 연산자 사용

• 포맷지정자: 출력할 값의 타입과 자릿수 지정

① %d: 정수

　• %자릿수d: 정수의 포맷 기호는 d, % 기호와 d 사이에 표현할 자릿수를 지정. 자릿수 생략 시 유효 값이 모두 표시되는 크기로 자동 지정됨

　　예 "%d" % (123)
　　　"%5d" % (123)

 # 5-(6)-1-1

```
# 5-(6)-1-1
print("%d" % (123))
print("%5d" % (123))
```

실행 결과   123
　　　　　123

② %f: 실수

　• %전체자릿수.소수점자릿수f: 실수의 포맷 기호는 f, % 기호와 f 사이에 표현할 자릿수를 지정

　　– 전체자릿수.소수점자릿수: 전체자릿수 생략 시 유효 값이 모두 표시되는 크기로 자동

지정. 소수점자릿수 생략 시 소수점 이하 자릿수는 기본 제공되는 자릿수로 표시됨

> 예 "%f" % (1234.123)
>
> "%.2f" % (1234.123)

 # 5-(6)-1)-2

```
# 5-(6)-1)-2
print("%f" % (12345.175))
print("%.2f" % (12345.175))
```

실행 결과 12345.175000
12345.17

③ %s: 문자열

– %자릿수s: 문자열의 포맷 기호는 s, % 기호와 s 사이에 표현할 자릿수를 지정

> 예 "%s" % ('aaa하하하하')
>
> "%5s" % ('aaa하하하하')

 # 5-(6)-1)-3

```
# 5-(6)-1)-3
print("%s" % ("Secnery"))
print("%5s" % ("Winter Bear"))
```

실행 결과 Secnery
Winter Bear

(2) 방법2: 포맷지정자와 format( ) 메소드 사용

① "{위치표시자:% 제외한포맷지정자}".format(…)

• 위치표시자: 0부터 시작, 생략 가능

> 예 '{0}'.format(123) → '123'
>
> '{}'.format(123) → '123'

 # 5-(6)-1)-4

```
# 5-(6)-1)-4
print("{0}".format(123))
print("{}".format(123))
```

실행 결과 123

123

② % 제외한 포맷지정자: 여기를 % 기호를 제외한 포맷지정자 사용. 생략 가능

예 '{0:d}'.format(123) → '123'

'{0:}'.format(123) → '123'

'{0:d},{1:.1f}'.format(123,123.45) → '123, 123.5'

 # 5-(6)-1)-5

```
# 5-(6)-1)-5
print("{0:d}".format(123))
print("{0:}".format(123))
print("{0:d}, {1:.1f}".format(123, 123.45))
```

실행 결과 123

123

123, 123.5

3 문자열에 삽입할 값: 변수나 값을 쉼표를 사용해서 나열

① % (문자열에 삽입할 값) 또는 .format(문자열에 삽입할 값)

• 문자열에 삽입할 값: 포맷지정자를 기술한 순서에 맞게 변수나 값을 나열

예 '이 %s 노트북 가격은 %d 만원' % ("ultra", 200) → '이 ultra 노트북 가격은 200 만원'

 # 5-(6)-2)-1

```
# 5-(6)-2)-1
print("이 %s 노트북 가격은 %d 만원" % ("ultra", 200))
print("이 {0:s} 노트북 가격은 {1:d} 만원".format("울트라", 200))
```

실행 결과 이 ultra 노트북 가격은 200 만원

이 울트라 노트북 가격은 200 만원

문제 5-16 var1 = 5, var2 = 2일 때 출력 결과가 "5 나누기 2 한 값의 결과는 2.5"가 되도록 % 연산자를 사용해서 출력. 또한 format() 메소드를 사용해서도 같은 결과가 나오도록 작성

조건 결과 예시 2.5는 var1 / var2로 구함

문제 5-17 지역과 값을 입력받아 변수에 저장 후 포맷팅해서 표현. % 연산자를 사용해서 출력하고 format() 메소드를 사용해서도 출력

조건 • 지역 변수명: input_local, 문자열. 입력받을 값 – 경기
• 값 변수명: input_val, 숫자 – 정수. 입력받을 값 – 175, 포맷팅의 정수 자릿수 5자리 지정
• 결과 값 형태 – 경기 :   175

☑ 정리

- 파이썬이 기본 제공하는 데이터 타입에는 숫자, 문자열, 부울 타입이 있음

- 숫자 타입은 숫자 값을 다루는 타입으로 사용할 때는 정수는 int, 부동소수점은 float, 복소수는 complex를 사용하며 숫자 값을 다루는 함수를 사용할 수 있음

- 문자열 타입은 문자열 값을 다루는 타입으로 사용할 때는 str을 사용하며 문자열 결합 연산, 문자열 반복 연산, 슬라이싱, 문자열 다루는 함수 등이 제공됨

- 불리언 타입은 부울 값을 다루는 타입으로 사용할 때는 bool로 사용하며 True/False 값을 가짐

- 포맷팅(formatting)은 문자열이나 숫자의 자릿수를 맞춰 화면에 보기 좋게 표현할 때 사용하는 것으로 % 연산자 또는 format() 메소드를 사용

- 포맷팅 시 정수는 %d, 부동소수점은 %f, 문자열은 %s로 지정자를 사용하며 숫자나 문자열의 표현 자릿수는 생략 가능. 생략 시 지정한 숫자나 문자열이 모두 표시됨. 원래의 크기보다 적은 자릿수를 지정해도 숫자나 문자가 잘리지 않고 원래의 내용이 다 표시됨

1 값에 해당하는 데이터 타입을 (   ) 안에 찾아 넣으시오.

int, float, str, bool

① (   ): True

② (   ): 1230

③ (   ): 12.3

④ (   ): "강원"

2 data_str = "bear"일 때 다음의 결과가 나오도록 print() 함수와 같이 사용한 코드를 넣으시오.

조건 "Good bear"와 같이 출력 결과에 ""가 붙은 이유는 값이 결과가 문자열이라는 의미.
print() 함수와 같이 사용 시 결과 값에 ""가 안 붙음

출력 결과	작성할 print() 함수 코드
"Good bear"	①
"bearbearbear"	②
"b-e-a-r"	③

3

다음 코드의 출력 결과 값을 넣으시오.

코드	출력 결과
print(max(167, 21, 18, 7, 1))	①
print(max(min(167, 21, 18, 7, 1))	②
print(len("En taro Adun!"))	③
print("King" in "Ace of Spade")	④
id_str = "960507-1234567" print(id_str.replace(id_str[7:], "*******"))	⑤
print("En taro Adun!".find("Adun"))	⑥
print(" **good day** ".strip())	⑦

4

주소를 입력받아 변수에 저장 후 정보 보안을 위해서 상세 주소에 해당하는 마지막 5개의 글자를 *로 표시해서 화면에 출력

[조건] • 주소 변수명: data_addr, 문자열. 입력받을 값 – 서울특별시 중구 명동 세종대로 110
        • 결과 값 형태: 서울특별시 중구 명동 세종대*****

5 번호, 이름, 점수를 입력받아 변수에 저장 후 화면에 포맷팅 % 연산자와 format() 메소드를 각각 사용해서 출력

> 조건 · 번호 변수명: inupt_no, 문자열. 입력받을 값 – 1
> · 이름 변수명: inupt_name, 문자열. 입력받을 값 – Zeratul
> · 점수 변수명: inupt_scr, 숫자 – 정수. 입력받을 값 – 100
> · 결과 값 형태: 1,Zeratul,100

6 확장자를 포함한 파일명(파일명.확장자)을 입력받아 split() 메소드를 사용해서 "."을 중심으로 파일명과 확장자로 분리된 결과를 변수에 저장 후 분리된 결과 값을 가진 변수 출력

> 조건 · 파일 변수명: inupt_fn, 문자열. 입력받을 값 – writeForm.jsp
> · split() 메소드 결과 값 저장 변수명: file_ext_list
> · 결과 값 형태: ['writeForm', 'jsp']

CHAPTER

06.

여러 값을 저장하는 타입 -
리스트, 튜플, 세트, 딕셔너리
타입별 처리

1년 동안 매달 1번씩 폐기물 저장량을 측정해서 변수에 저장한다고 하자. 측정된 값 12개를 각각 변수에 저장하면 12개의 변수가 필요하다. 10년간의 측정치라면 120개의 변수가 필요할 것이다. 만일 이것을 1개의 변수에 저장한다면, 관리도 쉽고 시계열 그래프로 표현하기도 쉽기 때문에 저장량 데이터의 흐름을 파악하기도 쉬울 것이다. 이렇게 여러 개의 값을 1개의 변수에 저장하는 것은 여러 이점을 준다. 이번 장에서는 1개의 변수에 여러 개의 값을 저장하는 데이터 타입의 종류와 다루는 방법을 학습한다.

■■ 이 장의 핵심

✔ 1개의 변수에 여러 개의 값을 저장할 수 있는 타입에는 리스트, 튜플, 세트, 딕셔너리가 있음

✔ 여러 개의 값을 저장하는 타입은 값의 나열을 ,(쉼표) 사용해서 나열

✔ 리스트는 여러 값을 저장할 때 일반적으로 가장 많이 사용하는 타입으로 [값1, 값1…]와 같은 형태로 사용

✔ 튜플은 리스트와 유사하나 값을 변경할 수 없는 보안상 중요한 값을 저장할 때 사용하는 타입으로 (값1, 값1…)와 같은 형태로 사용

✔ 세트도 리스트와 유사하나 중복을 허용하지 않는 값을 저장할 때 사용하는 타입으로 {값1, 값1…}과 같은 형태로 사용

✔ 딕셔너리는 키와 값의 쌍으로 값을 저장할 때 사용하는 타입으로 {키1: 값1, 키2: 값1…}과 같은 형태로 사용

✔ 딕셔너리는 1개의 키에 여러 개의 값도 저장할 수 있음
　– 여러 개의 값은 리스트나 튜플 사용　예 {"id_x": ("admin", "dba", "root")}

개요

1개의 변수에 여러 개의 값을 저장할 수 있는 타입에는 값의 목적과 저장 방식에 따라 리스트, 튜플, 세트, 딕셔너리가 있음

(1) 값의 목적

보안을 고려해서 값 수정을 금지할 경우 튜플 사용, 중복되는 값을 허용하지 않을 경우 세트 사용

(2) 저장 방식

여러 값을 나열해서 저장할 경우 리스트. 키와 값의 쌍으로 저장할 경우 딕셔너리 사용

(3) 변수 선언 방법

변수명 = 리스트[]/튜플()/세트{}/딕셔너리{}

① 리스트 변수 선언 예 a_list = [1, 2, 'a']

 # 6-(1)-1

```
# 6-(1)-1
a_list = [1, 2, 'a']
print(a_list)
```

실행 결과 [1, 2, 'a']

② 튜플 변수 선언　예 a_tuple = (1, 2, 'a')

 # 6-(1)-2

```
# 6-(1)-2
a_tuple = (1, 2, 'a')
print(a_tuple)
```

실행 결과　(1, 2, 'a')

③ 세트 변수 선언　예 a_set = {10, 20, 30}

 # 6-(1)-3

```
# 6-(1)-3
a_set = {10, 20, 30}
print(a_set)
```

실행 결과　{10, 20, 30})

④ 딕셔너리 변수 선언　예 a_dic = {"id": "abcd", "jum": 80}

 # 6-(1)-4

```
# 6-(1)-4
a_dic = {"id": "abcd", "jum": 80}
print(a_dic)
```

실행 결과　{'id': 'abcd', 'jum': 80}

리스트 - [ ]

✓ 여러 값을 저장할 때 가장 많이 사용하는 타입

1 리스트 선언

① 리스트(list)는 값을 ,(쉼표)를 사용해서 값의 목록으로 나열하고, 나열된 값은 대괄호 [ ]를 둘러싸서 표현
  • ["서울시", "경기도", "인천시"]에서 값 목록은 "서울시", "경기도", "인천시". 값과 값의 구분으로 쉼표를 사용. 값의 목록을 [ ]로 둘러쌈

② 여러 데이터 타입을 섞어서 저장 가능
  • ["서울시", 1, "경기도", 1.2, "인천시", 0.3]에서 값의 목록으로 문자열, 정수, 부동소수점 값이 같이 나열됨

③ 리스트 값을 변수에 저장 시: 변수명 = [값 목록]
  • 값 목록: 1, 2, 3, …
    예 data_list = ["서울시", 1, "경기도", 1.2, "인천시", 0.3]

    # 6-(2)-1)-1
    ```
    # 6-(2)-1)-1
    data_list = ["서울시", 1, "경기도", 1.2, "인천시", 0.3]
    print(data_list)
    ```

    실행 결과 ['서울시', 1, '경기도', 1.2, '인천시', 0.3]

④ 값을 계산해서 추가해야 하는 리스트: 빈 리스트를 만든 후 append() 메소드를 사용해서 값을 추가

- 이 리스트는 처음부터 리스트의 값의 목록이 정해지는 것이 아니라, 프로그램을 수행하면서 값의 목록이 채워짐
  - 처음부터 리스트의 값의 목록이 정해지는 리스트   예 val_list = [1, 2, 3]
- 빈 리스트: []와 같이 값의 목록이 없는 리스트

  예 empty_list = []: 빈 리스트 empty_list 변수 선언
- append() 메소드: 리스트 변수명.append(값)을 사용해서 리스트 변수에 값 추가

  예 empty_list.append(100) ⇒ 결과: [] → [100]

  ◐ 원래 빈 리스트였던 empty_list에 새로운 값 100이 추가됨

 # 6-(2)-1)-2

```
# 6-(2)-1)-2
empty_list = []
print(empty_list)

empty_list.append(100)
print(empty_list)
```

실행 결과 [ ]
　　　　　[100]

문제 6-1 ["서울", "경기", "인천"] 값의 목록을 갖는 city_list와 [1, 1.2, 0.3] 값을 갖는 pop_list를 생성 후 생성된 리스트를 화면에 출력

문제 6-2 빈 리스트를 생성하고 append() 함수를 사용해서 값 추가 후 리스트를 화면에 출력

조건 • 빈 리스트 변수명: ol_list
　　 • 추가할 값: 151.9, 205.7, 217.5

⑤ 리스트의 값으로 함수 목록도 사용할 수 있음
- 함수 목록: 함수명이 여러 개 나열된 목록

  예 [my_add, a]: 여기에서 my_add와 a는 함수 이름

```
# 6-(2)-1)-3
# 함수 목록을 값으로 갖는 리스트


def my_add(x, y):  # my_add()함수 정의
    return x + y


def a():  # a()함수 정의
    return 1


x, y = 5.0, 6.0
fun_list = [my_add, a]  # 함수를 내용으로 갖는 리스트
print(fun_list[0](x, y))
print(fun_list[1]())
```

실행 결과 11.0
         1

문제 해결 6-2-1 문자열을 입력받아 리스트 생성 후 결과 출력

조건 리스트 변수명: chr_list, 문자열. 입력받을 값 – geralt yennefer cirilla

풀이 ① 선수 지식
      • 여러 문자열 값을 한 번에 입력: input().split()
        – input() 함수로 입력받은 문자열을 split() 함수로 나누면 결과 값이 리스트로 반환됨
        – 값 입력으로 리스트 생성
      ② 문제 해결 순서
      • 순서1: 문자열을 입력받아 리스트 생성: 변수명 = input().split())
            chr_list = input("문자열 입력 예)geralt yennefer cirilla: ").split()
      • 순서2: 리스트 화면에 출력
            print("입력받은 리스트 값 :", chr_list)

```
'''문제 해결 6-2-1'''
# 6-(2)-1)-4
```

```
# 순서1
chr_list = input("문자열 입력: ").split()

# 순서2
print("입력받은 리스트 값 :", chr_list)
```

실행 결과 input() 함수로 문자열을 입력받아 split() 함수로 공백을 중심으로 나누면 여러 개의 문자열로 나뉨. 이 여러 개의 문자열은 리스트 타입으로 반환됨. 결론적으로 리스트가 값 입력으로 생성됨
- 입력 – 문자열 입력: geralt yennefer cirilla
- 출력 – 입력받은 리스트 값 : ['geralt', 'yennefer', 'cirilla']

문제 6-3 3개의 정수를 입력받아 리스트를 생성하고 화면에 출력

조건 리스트 변수명: age_list, 정수. 입력받을 값 – 150 100 20

2 리스트 사용: 원소 값을 변경하거나 얻어냄

① 리스트에 값을 저장하거나 저장된 값을 얻어내는 것
- 원소 값: 리스트 각각의 값

② 각각의 원소 값에 접근하려면 리스트변수명[인덱스]와 같이 접근
- 값을 저장 및 변경하거나 값을 얻어낼 때 사용
- 인덱스 또는 인덱스 번호는 0부터 시작해서 왼쪽에서 오른쪽으로 1씩 증가

  예 num_list = [11, 12, "test", 99, [1, 2]]

인덱스 번호 →	0	1	2	3	4
num_list	11	12	"test"	99	[1, 2]

③ 리스트에 값을 저장 및 변경(세팅): 리스트변수명[인덱스] = 값

  예 num_list[1]의 값은 12인데, 이것을 7로 변경

  num_list[1] = 7

```
# 6-(2)-2)-1
num_list = [11, 12, "test", 99, [1, 2]]
print(num_list)

num_list[1] = 7   # num_list[1]의 값을 7로 변경
print(num_list)
```

실행 결과 [11, 12, 'test', 99, [1, 2]]
        [11, 7, 'test', 99, [1, 2]]

④ 맨 마지막 인덱스는 −1로도 지칭되며, 오른쪽에서 왼쪽으로 −1씩 감소

　예 num_list = [11, 12, "test", 99, [1, 2]]

인덱스 번호 →	−5	−4	−3	−2	−1
num_list	11	12	"test"	99	[1, 2]

　예 num_list[−1]의 값은 [1, 2]인데, 이것을 77로 변경

　　num_list[−1] = 77

```
# 6-(2)-2)-2
num_list = [11, 12, "test", 99, [1, 2]]
print(num_list)

num_list[−1] = 77   # num_list[−1]의 값을 77로 변경
print(num_list)
```

실행 결과 [11, 12, 'test', 99, [1, 2]]
        [11, 12, 'test', 99, 77]

문제 6-4 **문제 6-1** 에서 생성한 city_list 리스트의 인덱스 번호 0의 값을 "서울"에서 "서울시"로 변경 후 city_list 리스트 화면에 출력

⑤ 리스트에서 값 얻기(겟팅): 리스트변수명[인덱스]

• 인덱싱(indexing): 리스트변수명[인덱스]와 같이 사용해서 인덱스에 해당하는 값을 얻어냄

예 num_list = [11, 12, "test", 99, [1, 2]]

인덱스 번호 →	0	1	2	3	4
num_list	11	12	"test"	99	[1, 2]

예 num_list에서 0번째 원소 값 얻어내기

num_list[0]

 # 6-(2)-2)-3

```
# 6-(2)-2)-3
num_list = [11, 12, "test", 99, [1, 2]]
print(num_list)
print(num_list[0])  # num_list[0] 값 얻어내기
print(num_list[2])  # num_list[2] 값 얻어내기
print(num_list[-1])  # num_list의 마지막 원소 값 얻어내기
```

실행 결과   [11, 12, 'test', 99, [1, 2]]
　　　　　11
　　　　　test
　　　　　[1, 2]

문제 6-5   문제 6-1 에서 생성한 pop_list 리스트의 인덱스 번호 2의 값을 화면에 출력

③ 리스트의 여러 원소 값 얻어내기 - :(슬라이스) 사용

① 리스트의 원소 값은 :(슬라이스)를 사용해서 한 번에 여러 개 얻어내거나 변경할 수 있음
　• 슬라이싱(slicing): 리스트변수명[시작인덱스:끝인덱스]와 같이 사용해서 시작 인덱스 번호부터 끝 인덱스 번호-1에 해당하는 값을 얻어냄

② 리스트변수명[시작인덱스:끝인덱스]: 시작 인덱스부터 끝 인덱스-1에 해당하는 값을 얻어냄
　• 시작 인덱스 – 포함, 끝 인덱스 – 포함 안 됨
　예 data2 = [20,22,30,25,28]
　　　data2[1:3] → 결과: [22,30]

○ data2 리스트의 인덱스 번호 1부터 인덱스 번호 3 전까지 원소 값을 추출. 즉 인덱스 번호 1에서 2까지 에 해당하는 값을 얻어냄

 # 6-(2)-3)-1

```
# 6-(2)-3)-1
data2 = [20, 22, 30, 25, 28]
print(data2[1:3])
```

실행 결과 [22, 30]

③ 리스트변수명[시작인덱스:]: 시작 인덱스부터 마지막 인덱스에 해당하는 값을 얻어냄

 • 인덱스 마지막 번호의 값을 포함하려면 반드시 끝 번호를 지정하지 않고 비워둠

   예 data2 = [20,22,30,25,28]

   data2[2:] → 결과: [30,25,28]

   ○ data2 리스트의 인덱스 번호 2부터 마지막 인덱스 번호에 해당하는 값을 얻어냄

 # 6-(2)-3)-2

```
# 6-(2)-3)-2
data2 = [20, 22, 30, 25, 28]
print(data2[2:])
```

실행 결과 [30, 25, 28]

④ 리스트변수명[:끝번호]: 인덱스 처음(0)부터 끝 번호-1에 해당하는 값을 얻어냄

 • 인덱스 처음(0) 번호의 값을 포함하려면 반드시 시작 번호를 지정하지 않고 비워둠

   예 data2 = [20,22,30,25,28]

   data2[:3] → 결과: [20, 22, 30]

   ○ data2 리스트의 처음 인덱스 번호 0부터 3 전까지 원소 값 추출. 즉 인덱스 번호 0에서 2에 해당하는 값 을 얻어냄

 # 6-(2)-3)-3

```
# 6-(2)-3)-3
data2 = [20, 22, 30, 25, 28]
print(data2[:3])
```

실행 결과 [20, 22, 30]

⑤ 리스트변수명[:]: 리스트 전체 값을 얻어냄. 인덱스 처음(0)부터 마지막 번호에 해당하는 값을 얻어냄

　예 data2 = [20, 22, 30, 25, 28]

　　data2[:] → 결과: [20, 22, 30, 25, 28]

　　◯ data2[:]은 모든 리스트의 값을 의미하는 것으로 data2과 같이 리스트명만 쓰는 것과 결과가 같음

6-(2)-3)-4

```
# 6-(2)-3)-4
data2 = [20, 22, 30, 25, 28]
print(data2[:])
print(data2)
```

실행 결과　[20, 22, 30, 25, 28]
　　　　　　[20, 22, 30, 25, 28]

문제 6-6　문제 6-3 에서 생성한 age_list 리스트에서 다음 작업을 수행

• 인덱스 번호 0부터 1까지 화면에 출력
• 인덱스 번호 1부터 마지막까지 화면에 출력

4 리스트에 원소 추가 - append()

append(값) 함수를 사용하면 리스트의 마지막 원소로 지정한 값이 추가됨

• 방법: 리스트 변수명.append(추가할 값)

　예 data2 = [20, 22,30,25,28]

　　data2.append(99) → 결과: [20, 22, 30, 25, 28, 99]

6-(2)-4)-1

```
# 6-(2)-4)-1
data2 = [20, 22, 30, 25, 28]
data2.append(99)
print(data2)
```

실행 결과　[20, 22, 30, 25, 28, 99]

문제 6-7 문제 6-2 에서 생성한 ol_list 리스트의 마지막에 144.5 값 추가 후 ol_list 리스트 화면에 출력

5 리스트에 원소 삽입 - insert()

① insert(위치, 값) 함수를 사용하면 지정한 위치에 값을 삽입

• 방법: 리스트변수명.insert(위치, 삽입할 값)

예 data2 = [20, 22, 30, 25, 28]

data2.insert(3, 99) → 결과: [20, 22, 30, 99, 25, 28]

 # 6-(2)-5)-1

```
# 6-(2)-5)-1
data2 = [20, 22, 30, 25, 28]
data2.insert(3, 99)
print(data2)
```

실행 결과 [20, 22, 30, 99, 25, 28]

문제 6-8 문제 6-2 에서 생성한 ol_list 리스트의 인덱스 번호 3에 169.2 값 삽입 후 ol_list 리스트 화면에 출력

6 리스트의 원소 삭제 - del, remove()

① del 명령어를 사용해서 지정한 인덱스 위치의 값 삭제

• 방법: del 리스트변수명[삭제할인덱스번호]

예 data2 = [20, 22, 30, 25, 28]

del data2[1] → 결과: [20, 30, 25, 28]

 # 6-(2)-6)-1

```
# 6-(2)-6)-1
data2 = [20, 22, 30, 25, 28]
del data2[1]
print(data2)
```

실행 결과 [20, 30, 25, 28]

② remove(삭제할값) 메소드를 사용해서 리스트에서 지정한 값 삭제
  - 방법: 리스트변수명.remove(삭제할값)

    예 data2 = [20, 22, 30, 25, 28]
        data2.remove(30) → 결과: [20, 22, 25, 28]

 # 6-(2)-6)-2

```
# 6-(2)-6)-2
data2 = [20, 22, 30, 25, 28]
data2.remove(30)
print(data2)
```

실행 결과 [20, 22, 25, 28]

  - 같은 값이 여러 개일 경우 처음에 만나는 값 1개만 제거됨

    예 data3 = [1, 1, 2, 2, 3]
        data3.remove(1) → 결과: [1, 2, 2, 3]

 # 6-(2)-6)-3

```
# 6-(2)-6)-3
data3 = [1, 1, 2, 2, 3]
data3.remove(1)
print(data3)
```

실행 결과 [1, 2, 2, 3]

7 range() 함수를 사용한 숫자 값 범위 생성

① range(시작 값, 끝 값, 증가 값) 함수는 시작 값부터 끝 값−1까지 증가 값 단위로 증가하는 연속 값 리스트 생성 시 사용
- 연속 값 리스트: [1, 2, 3]과 같이 값의 목록이 특정 규칙으로 증감하는 연속 값(등차 수열)
- 시작 값, 증가 값: 생략 가능
  - 시작 값은 생략 시: 0부터
  - 증가 값은 생략 시: 1씩 증가
    > 예 0부터 10 전까지 1씩 증가. 즉, 0~9까지 값 범위 생성
    > range(10) → 결과: range(0, 10)

 # 6-(2)-7)-1

```
# 6−(2)−7)−1
range(10)
```

실행 결과 range(0, 10)

② list(range(시작 값, 끝 값, 증가 값))와 같이 range() 함수의 결과 값에 list() 함수를 사용하면 리스트 타입으로 변환됨
- list(값) 함수: 주어진 값(목록)을 리스트 타입으로 변환
  > 예 list(range(10)) → 결과: [0, 1, 2, 3, 4, 5, 6, 7, 8, 9]

 # 6-(2)-7)-2

```
# 6−(2)−7)−2
list(range(10))
```

실행 결과 [0, 1, 2, 3, 4, 5, 6, 7, 8, 9]

문제 6-9 range() 함수를 사용해서 11~19까지의 값의 범위를 만들어 리스트로 변환 후 화면에 출력

문제 6-10 range() 함수를 사용해서 0~30까지의 3의 배수 값의 범위를 만들어 리스트로 변환 후 화면에 출력

8 리스트 컴프리헨션 - 리스트를 효과적으로 생성

① 리스트 컴프리헨션을 사용하면 리스트를 효과적으로 생성
  - 일반적인 반복문을 사용하는 것보다 간편하고 처리 속도가 빠름
  - 작성 방법1: 리스트변수명 = [수식 for 변수 in 값목록|리스트|튜플]
  - 동작 순서: ① 값목록|리스트|튜플에서 값을 1개 뽑아 ② 변수에 저장 후 ③ 해당 변수를 수식에 사용해서 나온 값을 ④ 리스트의 원소 값으로 사용. 이 작업을 값목록|리스트|튜플의 원소 개수만큼 반복

  예 0~4 사이의 값을 2*값*값 수식을 사용해서 새 리스트 작성
     cmp_list = [2*x*x for x in range(5)]

6-(2)-8)-1

```
# 6-(2)-8)-1
cmp_list = [2 * x * x for x in range(5)]
print(cmp_list)
```

실행 결과 [0, 2, 8, 18, 32]

  - 작성 방법2: 리스트변수명 = [수식 for 변수 in 값목록|리스트|튜플 if 조건]
    - 값목록|리스트|튜플의 값이 조건을 만족하는 경우에만 수식에 사용

      예 짝수만 2배 해서 새 리스트 작성
         data_list = [1, 2, 3, 4, 5, 6]
         data2_list = [x*2 for x in data_list if x % 2 == 0] # 짝수만 2배해서 새 리스트 작성

6-(2)-8)-2

```
# 6-(2)-8)-2
data_list = [1, 2, 3, 4, 5, 6]
data2_list = [x * 2 for x in data_list if x % 2 == 0]  # 짝수만 2배해서 새 리스트
print(data2_list)
```

실행 결과 [4, 8, 12]

문제 6-11 org_list 리스트의 각각의 값을 제곱(x * x)한 power_list 리스트를 생성 후 화면에 출력

조건 • org_list 리스트: [1, 2, 3, 5, 8]
     • 결과 값 형태 - power_list 리스트: [1, 4, 9, 25, 64]

조건 • org_list2 리스트: [1, 2, 3, 4, 5, 6]
　　 • 결과 값 형태 - mul_list 리스트: [27, 216]

선수 지식 3의 배수는 값을 3로 나눈 나머지가 0: 값 % 3 == 0

9 enumerate() 함수 - 리스트에서 인덱스와 값을 같이 얻어냄

① enumerate(리스트) 함수는 리스트에서 인덱스 번호와 값을 같이 얻어냄

- 리턴 값으로 인덱스 번호와 값을 원소의 수만큼 리턴
  - 리턴 값: 함수나 메소드를 수행한 후의 반환되는 결과 값. 반환 값으로도 불림
- 방법: enumerate(리스트명)

예 dates_3 = [5, 15, 90]

인덱스 번호 →	0	1	2
dates_3	5	15	90

② enumerate(dates_3)와 같이 사용할 경우 결과 값은 〈enumerate at 0x27fb5da0ef8〉
와 같은 형태로 표현됨

- list(enumerate(dates_3))와 같이 사용하면 [(0, 5), (1, 15), (2, 90)]과 같이 (인덱스
  번호, 값)의 쌍을 리스트로 표현

 # 6-(2)-9-1

```
# 6-(2)-9-1
dates_3 = [5, 15, 90]
print(enumerate(dates_3))
print(list(enumerate(dates_3)))
```

실행 결과 〈enumerate object at 0x0000027A6FD38548〉
　　　　　[(0, 5), (1, 15), (2, 90)]

③ 일반적으로 리스트의 인덱스 번호와 값을 for문을 사용해서 반복해서 얻어냄

예 for idx, val in enumerate(dates_3): # idx – 인덱스, val – 값
    print(idx, val)

6-(2)-9)-2

```
# 6-(2)-9)-2
for idx, val in enumerate(dates_3):  # idx – 인덱스, val – 값
    print(idx, val)
```

실행 결과 0 5
          1 15
          2 90

문제 6-13 three_times_list 리스트의 인덱스 번호와 값의 쌍을 얻어내서 리스트로 변환 후 화면에 출력

조건 • three_times_list 리스트: [1, 8, 27, 125, 512]
      • 결과 값 형태: [(0, 1), (1, 8), (2, 27), (3, 125), (4, 512)]

10 zip() 함수 - 동일한 개수의 자료를 묶어줌

① zip(값 목록1, 값 목록2) 함수는 값 목록1과 값 목록2의 각각의 원소 값을 쌍으로 묶어줌

② 예를 들어 zip(range(5), range(1, 10, 2))에서
  • 값 목록1: range(5)로 [0, 1, 2, 3, 4]를 가짐
  • 값 목록2: range(1,10,2)로 [1, 3, 5, 7, 9]의 값을 가짐
  • 값 목록1 range(5)의 원소 값과 값 목록2 range(1, 10, 2)의 원소 값을 쌍으로 묶으면
    (0,1), (1,3), (2, 5), (3, 7), (4, 9)과 같은 결과가 나옴

③ zip() 함수의 결과 값을 직접 확인하려면 list() 함수에 넣어서 표현
  예 list(zip(range(5), range(1, 10, 2)))

6-(2)-10)-1

```
# 6-(2)-10)-1
print(zip(range(5), range(1, 10, 2)))
print(list(zip(range(5), range(1, 10, 2))))
```

〈zip object at 0x0000022192DF9608〉
[(0, 1), (1, 3), (2, 5), (3, 7), (4, 9)]

문제 6-14 org_list 리스트와 three_times_list 리스트의 원소 값을 쌍으로 묶어서 리스트로 변환 후 화면에 출력

조건 • org_list 리스트: [1, 2, 3, 5, 8]
 • three_times_list 리스트: [1, 8, 27, 125, 512]

④ zip() 함수는 리스트 컴프리헨션이나 for문 등을 사용해서 두 값의 목록을 같이 반복해서 처리해야 하는 경우에 주로 많이 사용됨

 예) new_list2 = [x + y for x, y in zip(range(5), range(1, 10, 2))]
  • zip(range(5), range(1, 10, 2))에서 [(0, 1), (1, 3), (2, 5), (3, 7), (4, 9)]와 같은 값의 목록이 만들어짐. 여기에서 값을 1개 뽑으면 첫 번째로 (0, 1)이 뽑혀서 x 변수에 0, y 변수에 1 값이 들어감. 이것을 x + y 를 하게 되면 연산 결과로 1이 나옴. 이것을 값의 목록의 수만큼 반복하면 [1, 4, 7, 10, 13] 리스트 값이 new_list2 변수에 저장됨

 # 6-(2)-10)-2

```
# 6-(2)-10)-2
print("range(5)의 원소 :", list(range(5)))
print("range(1, 10, 2)의 원소 :", list(range(1, 10, 2)))

new_list2 = [x + y for x, y in zip(range(5), range(1, 10, 2))]

print("new_list2 리스트의 원소 :", new_list2)
```

실행 결과 range(5)에서 값을 1개 뽑아 x 변수에 저장, range(1, 10, 2)) range(5)에서 값을 1개 뽑아 y 변수에 저장 후 x + y 결과를 new_list2 리스트의 원소 값으로 넣는 작업. 값 목록의 원소 수만큼 반복되어 new_list2 리스트의 원소 개수도 값 목록의 원소 수와 같아짐
range(5)의 원소 : [0, 1, 2, 3, 4]
range(1, 10, 2)의 원소 : [1, 3, 5, 7, 9]
new_list2 리스트의 원소 : [1, 4, 7, 10, 13]

문제 해결 6-2-2 3개의 정수를 입력받아 du_list 리스트 생성 후 date_list 리스트와 원소 값을 쌍으로 묶어서 리스트로 변환 후 화면에 출력

・ du_list 리스트: 정수. 입력받을 값 – 332 348 379
・ date_list 리스트: ["2013–02", "2014–02", "2015–02"]
・ 결과 값 형태: [('2013–02', 332), ('2014–02', 348), ('2015–02', 379)]

풀이 ① 선수 지식
・ 여러 개의 정수 값을 한 번에 입력: map(int, input().split())
② 문제 해결 순서
・ 순서1: date_list 리스트 생성
  date_list = ["2013–02", "2014–02", "2015–02"]
・ 순서2: 3개의 정수를 입력받아 du_list 리스트를 생성 : 변수명 = map(int, input().split())
  du_list = map(int, input("3개의 정수 입력: ").split())
・ 순서3: du_list 리스트와 date_list 리스트의 원소 값 쌍을 리스트로 변환 후 화면에 출력
  print(list(zip(date_list, du_list)))

6-(2)-10)-3

```
'''문제해결 6–2–2'''
# 6–(2)–10)–3

# 순서1
date_list = ["2013–02", "2014–02", "2015–02"]

# 순서2
du_list = map(int, input("3개의 정수 입력: ").split())

# 순서3
print(list(zip(date_list, du_list)))
```

실행 결과 3개의 정수를 입력받아 생성한 du_list 리스트와 date_list 리스트를 zip(date_list, du_list) 함수를 사용해서 값의 쌍으로 묶은 결과를 list(zip(date_list, du_list)) 함수에 넣어 리스트로 변환 후 화면에 결과 값 출력
・ 입력 – 3개의 정수 입력: 332 348 379
・ 출력 – [('2013–02', 332), ('2014–02', 348), ('2015–02', 379)]

문제 6-15 5개의 실수(부동소수점)를 입력받아 co2_list 리스트를 생성하고, 5개의 정수를 입력받아 ch4_list 리스트를 생성한 후 두 리스트의 원소 값을 쌍으로 묶어서 리스트로 변환해서 화면에 출력

조건 ・ co2_list 리스트: 부동소수점. 입력받을 값 – 402.1 404.3 408.8 411.8 413.2
・ ch4_list 리스트: 정수. 입력받을 값 – 1920 1984 1991 1991 1980

튜플 – ()

✔ 보안을 유지해야 할 때 사용되는 타입

1 튜플 선언과 사용

① 튜플(tuple)은 주로 가변인수들 저장, 딕셔너리의 키 저장소, 딕셔너리의 값 목록으로 사용

• 가변인수들 저장: *args

> 예 def func_varg(x, y, *args, **kwargs): 함수 정의에서 *args가 가변인수를 받는 매개변수. 가변인수
> 는 튜플로 받음. func_varg(7, 'key', 5, 31.4, v=2, h='test') 함수 사용에서 x, y에 7, 'key' 값이 저장
> 되고 *args가 튜플로 (5, 31.4)를 받음. 이는 '8장 함수와 모듈'의 '**03** 사용자 정의 함수 작성 및 사용'
> 에서 자세히 학습함

• 딕셔너리의 값 목록

> 예 {'id': ('admin', 'root', 'dba')}

• 딕셔너리의 키 저장소

> 예 admins_key = tuple(admins.keys())

② 리스트와 비슷한 형태로 원소 값을 ,(쉼표)를 사용해서 나열하는 형태이나 리스트와는 달리
원소 값의 변경이 안 됨

• 값을 추가/삭제/수정할 수 없는 보안이 유지가 필요한 경우에 주로 사용 예 딕셔너리의 키
저장소, 가변인수들 저장

③ 값을 ,(쉼표)를 사용해서 값 목록을 나열하고 나열된 값은 대괄호 ()를 둘러싸서 표현

• 여러 데이터 타입을 섞어서 저장 가능하나, 실무에서 주로 키 저장소로 사용하는 경우가
많기 때문에 보통 1개의 타입으로 이뤄짐 예 ('admin', 'root', 'dba')

 # 6-(3)-1

6-(3)-1

```
adm_id = ("admin", "root", "dba")
print(adm_id)
```

실행 결과 ('admin', 'root', 'dba')

문제 6-16 ext_tuple 튜플을 직접 생성 후 화면에 출력

조건 ext_tuple 튜플: (".jsp", ".php", ".asp", ".js")

④ 튜플 사용
- 튜플변수명[인덱스 번호]와 같이 원소 값을 얻어내는 것은 가능
  예 adm_id[1] → 결과: "root"

 # 6-(3)-2
```
# 6-(3)-2
adm_id = ("admin", "root", "dba")
print(adm_id[1])
```

실행 결과 root

- 튜플변수명[인덱스 번호] = 값과 같이 원소 값 수정은 안 됨
  예 adm_id[0] = "administrator" → 결과: 에러 발생. 튜플 원소 값 수정은 안 됨
- tuple(값) 함수: 주어진 값을 튜플로 변환
  예 tuple(zip(['geralt', 'yennefer', 'cirilla'], range(3)))

 # 6-(3)-3
```
# 6-(3)-3
print(tuple(zip(['geralt', 'yennefer', 'cirilla'], range(3))))
```

실행 결과 (('geralt', 0), ('yennefer', 1), ('cirilla', 2))

문제 6-17 week_list 리스트를 튜플로 변환 후 출력

조건 week_list 리스트: ["월", "화", "수", "목", "금", "토", "일"]

SECTION 04. 세트 - {}

✔ 중복 값을 허용하지 않을 때 사용되는 타입

1 세트 선언과 사용

① 세트(set)는 중복 값을 허용하지 않는 값의 목록

- 인덱스를 사용할 수 없고 값도 수정 불가

② 중복되지 않는 값을 ,(쉼표)를 사용해서 값 목록을 나열하고 나열된 값은 대괄호 {}를 둘러싸서 표현

[예] {"서울시", "경기도", "인천시"}

③ 주로 리스트의 목록 값에서 중복을 제외한 유일한 값의 목록을 만들 때 사용됨

- set(값 목록) 함수를 사용해서 값 목록에서 중복을 제외한 새로운 값의 목록을 생성
- 세트는 원소 값의 순서가 없는 타입. set(값 목록) 함수를 사용해서 생성된 새로운 값의 목록에서 값의 순서가 바뀔 수 있음

[예] city_list = ["서울시", "경기도", "서울시", "인천시", "인천시", "서울시"]

set(city_list) → 결과: {'서울시', '인천시', '경기도'} 실행할 때마다 값의 순서가 다를 수 있음

 # 6-(4)-1

```
# 6-(4)-1
city_list = ["서울시", "경기도", "서울시", "인천시", "인천시", "서울시"]
print(set(city_list))
```

[실행 결과] {'인천시', '서울시', '경기도'}

[문제 6-18] sub_list 리스트를 세트로 변환해서 중복을 제거 후 다시 리스트로 변환해서 출력

[조건] sub_list 리스트: ["1호선", "2호선", "2호선", "3호선", "2호선", "4호선", "4호선"]

딕셔너리(사전) – { }

✔ 키에 해당하는 값을 얻어낼 때 사용되는 타입

1 딕셔너리 선언

① 딕셔너리(dictionary)는 값을 키와 값의 쌍으로 저장

② 각 키와 값의 쌍들은 ,(쉼표)를 사용해서 나열하고 나열된 값은 대괄호 {}를 둘러싸서 표현
   • {키1: 값1, 키2: 값2, …}와 같이 키와 값은 :(콜론)을 중심으로 구분됨
   예 "id": "abcd", "pass": "123456"}

③ 변수 저장 시: 변수명 = {키와 값의 목록}
   • 키와 값의 목록 – 키1: 값1, 키1: 값2, …
   예 user_info = {"id": "aaaa", "pass": "123456", "name": "김왕쌍"}

6-(5)-1)-1

```
# 6-(5)-1)-1
user_info = {"id": "aaaa", "pass": "123456", "name": "김왕쌍"}
print(user_info)
```

실행 결과   {'id': 'aaaa', 'pass': '123456', 'name': '김왕쌍'}

• 키는 숫자 값을 사용할 수도 있음
   예 {1: 100, 2: 200}

6-(5)-1)-2

```
# 6-(5)-1)-2
score_info = {1: 100, 2: 200}
```

```
print(score_info)
```

실행 결과 {1: 100, 2: 200}

문제 6-19 "num" 키의 값 100, "title" 키의 값 "test", "writer" 키의 값 "admin"을 갖는 article_dict 딕셔너리
를 직접 생성 후 출력

④ 1개의 키에 여러 개의 값이 대응될 수 있음. 값은 여러 개의 값 나열로 리스트나 튜플을 사용
  • 여러 개의 값을 튜플로 사용한 예: {'id': ('admin', 'root', 'dba')}
  • 여러 개의 값을 리스트로 사용한 예: {'id': ['admin', 'root', 'dba']}
    예 id 키, pass 키, roll 키에 각각 3개의 값이 대응되는 딕셔너리 생성 후 sys_dat 변수에 저장
        sys_dat = {'id': ('admin', 'root', 'dba'),
                   'pass': ('1111', '2222', '3333'),
                   'roll': (1, 2, 3)}

 # 6-(5)-1)-3

```
# 6–(5)–1)–3
sys_dat = {'id': ('admin', 'root', 'dba'),
           'pass': ('1111', '2222', '3333'),
           'roll': (1, 2, 3)}

print(sys_dat)
```

실행 결과 {'id': ('admin', 'root', 'dba'), 'pass': ('1111', '2222', '3333'), 'roll': (1, 2, 3)}

⑤ 1개의 키에 여러 값이 대응되는 딕셔너리는 주로 데이터 프레임으로 변환할 때 사용
  • 데이터 프레임: 표 모양의 데이터. 1줄이 1건인 데이터. 데이터베이스의 테이블이나 엑셀
    의 표와 유사
  • pandas.DataFrame() 메소드를 사용해서 데이터 프레임으로 변환함
    – pandas 라이브러리는 데이터 분석의 전처리에 많이 사용됨
    – 전처리는 분석 대상 데이터를 얻어내는 작업
      예 sys_dat 딕셔너리를 데이터 프레임으로 변환해서 df 변수에 저장
        import pandas
        df = pandas.DataFrame(sys_dat)

⑥ 딕셔너리의 키 값은 순서가 없음
  - 딕셔너리 전체를 출력하는 경우 키와 값의 쌍이 출력되는 순서는 그때그때 다름

2 딕셔너리 사용

① 딕셔너리가 가진 값에 접근하려면 딕셔너리의 키를 사용
  - 방법: 딕셔너리변수명[키]

② 값 얻어내기: 딕셔너리변수명[키]
  예 user_info = {"id": "aaaa", "pass": "123456", "name": "김왕쌍"}
     user_info["id"] → 결과 : "aaaa"
  예 score_info = {1: 100, 2: 200}
     score_info[1] → 결과 : 100

 # 6-(5)-2)-1

```
# 6-(5)-2)-1
print(user_info["id"])
print(score_info[1])
print(sys_dat['roll'])
```

실행 결과 aaaa
        100
        (1, 2, 3)

③ 값 변경: 딕셔너리변수명[키] = 새 값
  예 user_info = {"id": "aaaa", "pass": "123456", "name": "김왕쌍"}
     user_info["id"] = "abcd" → 결과 {"id": "abcd", "pass": "123456", "name": "김왕쌍"}
  예 score_info = {1: 100, 2: 200}
     score_info[1] = 300 → 결과 {1: 300, 2: 200}

 # 6-(5)-2)-2

```
# 6-(5)-2)-2
user_info = {"id": "aaaa", "pass": "123456", "name": "김왕쌍"}
user_info["id"] = "abcd"
```

```
    print(user_info)
```

{'id': 'abcd', 'pass': '123456', 'name': '김왕쌍'}

문제 6-20 article_dict 딕셔너리의 "writer" 키의 값 "admin"을 "관리자"로 변경 후 article_dict 딕셔너리 출력

3 딕셔너리 키 추가

① 키를 추가할 때는 새로운 키를 지정하고 값을 넣는 방식을 사용

- 방법: 딕셔너리변수명[추가할키] = 값

  예 score_info[3] = 300 → 결과: {1: 100, 2: 200, 3: 300}

6-(5)-3)-1

```
# 6-(5)-3)-1
score_info = {1: 100, 2: 200}
score_info[3] = 300
print(score_info)
```

실행 결과 {1: 100, 2: 200, 3: 300}

문제 6-21 **문제 6-19** 에서 생성한 article_dict 딕셔너리에 "read_cnt" 키의 값 1을 갖는 새로운 키 추가 후 article_dict 딕셔너리 출력

4 items() 메소드 - 딕셔너리에서 키와 값을 같이 얻어냄

① 딕셔너리의 키와 값이 필요한 경우 사용

② 방법: 딕셔너리변수명.items()

• 리턴 값으로 키와 값을 원소의 수만큼 리턴

　예 dict3 = {5: 100, 15: 50, 90: 300}

　　dict3.items() → 결과: dict_items([(5, 100), (15, 50), (90, 300)])

③ 일반적으로 for문과 같이 사용해서 원소의 수만큼 키와 값을 얻어내는 작업을 반복

　예 dict3 딕셔너리에서 키와 값을 뽑아 key 변수와 val 변수에 저장해서 화면에 출력하는 작업을 반복 수행

　　for key, val in dict3.items():

　　　　print(key, val)

 # 6-(5)-4)-1

```
# 6-(5)-4)-1
dict3 = {5: 100, 15: 50, 90: 300}

for key, val in dict3.items():
    print(key, val)
```

실행 결과　5 100
　　　　　15 50
　　　　　90 300

문제 6-22　article_dict 딕셔너리에 items() 메소드를 사용해서 키와 값의 쌍 출력

5 keys() 메소드 - 딕셔너리의 키 추출

① 딕셔너리에서 키만을 추출해서 주로 튜플로 변환해서 사용

• 키의 값이 변경되는 것을 방지해서 주요 정보를 보호할 때 사용

② 사용법: 딕셔너리변수명.keys()의 결과 값은 tuple() 함수를 사용해서 튜플로 변환

　예 dict3 = {5: 100, 15: 50, 90: 300}

　　tuple(dict3.keys()) → 결과: (5, 15, 90)

 # 6-(5)-5)-1

```
# 6-(5)-5)-1
```

```
dict3 = {5: 100, 15: 50, 90: 300}
dict3_keys = dict3.keys()
print(tuple(dict3_keys))
```

실행 결과 (5, 15, 90)

③ keys() 메소드의 응용
- 딕셔너리의 키를 얻어서 튜플로 저장하면 딕셔너리에 새로운 키가 저장되었을 때 변경 여부를 알 수 있음
  - 중요한 정보가 중간에 변경되는 것을 방지할 때 사용

  예 admins = {'admin': '1111', 'root': '3333', 'dba': '2222'}
  - 딕셔너리의 키를 얻어서 튜플로 저장: origin_key = tuple(admins.keys())
  - 딕셔너리 새로운 키가 저장되었을 때 원래 키와 같은가를 비교
    admin_info['abcd'] = '1234'
    admin_info_key = tuple(admin_info.keys())
    origin_key == admin_info_key

 # 6-(5)-5)-2

```
# 6-(5)-5)-2
# keys()함수 응용
admin_info = {'admin': '1111', 'root': '3333', 'dba': '2222'}
print(admin_info.keys())

origin_key = tuple(admin_info.keys())
print("admin_info 딕셔너리의 원래 키 :", origin_key)

print("admin_info 딕셔너리에 새로운 키 abcd 추가")
admin_info['abcd'] = '1234'
admin_info_key = tuple(admin_info.keys())
print("admin_info 딕셔너리의 새로운 키 추가 후 :", admin_info_key)

print("원래 키와 새로운 키의 내용 같은가 비교 :", origin_key == admin_info_key)
```

실행 결과 dict_keys(['admin', 'root', 'dba'])
         admin_info 딕셔너리의 원래 키 : ('admin', 'root', 'dba')
         admin_info 딕셔너리에 새로운 키 abcd 추가
         admin_info 딕셔너리의 새로운 키 추가 후 : ('admin', 'root', 'dba', 'abcd')
         원래 키와 새로운 키의 내용 같은가 비교 : False

6 dict() 함수 - 딕셔너리 타입으로 변환

① dict(값목록) 함수는 주어진 키와 값의 목록을 딕셔너리 타입으로 변환

  • dict([(키1, 값1), (키2, 값2), …]) 또는 dict(키1=값1, 키2=값2, …)와 같은 형태로 사용

    예 dict([('geralt', 150), ('yennefer', 100), ('cirilla', 20)])

      dict(geralt=150, yennefer=100, cirilla=20)

 # 6-(5)-6)-1

```
# 6-(5)-6)-1
dict1 = dict([('geralt', 150), ('yennefer', 100), ('cirilla', 20)])
print(dict1)

dict2 = dict(geralt=150, yennefer=100, cirilla=20)
print(dict2)
```

실행 결과 {'geralt': 150, 'yennefer': 100, 'cirilla': 20}
          {'geralt': 150, 'yennefer': 100, 'cirilla': 20}

문제 6-23 no 키의 값에 no_list, game 키의 값에 game_list, df 키의 값에 df_list 리스트를 갖는 fav_dict
          딕셔너리를 dict() 함수를 사용해서 생성 후 화면 출력
          no_list, game_list, df_list의 값을 자유롭게 작성

☑ 정리

- 리스트는 여러 값을 저장할 때 가장 많이 사용하는 타입으로 [값1, 값1,…]와 같은 값의 목록을 [ ](대괄호)로 둘러싸서 표현

- 리스트는 직접 값을 지정하거나, 빈 리스트를 만들어 append() 함수를 사용해서 값을 추가하거나, 리스트 컴프리헨션을 사용해서 생성할 수 있음. 또한 list() 함수를 사용해서 값의 목록을 리스트로 변환해서 생성할 수 있음

- 튜플은 값을 변경할 수 없으며 보안상 중요한 값을 저장할 사용하는 타입으로 (값1, 값1,…)와 같은 형태로 사용

- 튜플은 직접 값을 지정하거나 tuple() 함수를 사용해서 값의 목록을 튜플로 변환해서 생성할 수 있음

- 세트는 중복을 허용하지 않는 값을 저장할 때 사용하는 타입으로 {값1, 값1,…}과 같은 형태로 사용

- 세트는 직접 만들지 않고 주로 리스트 값의 중복을 제거할 목적으로 set() 함수를 사용해서 세트로 변환해서 주로 생성함

- 딕셔너리는 키와 값의 쌍으로 값을 저장할 때 사용하는 타입으로 {키1 : 값1, 키2 : 값1,…}과 같은 형태로 사용

- 딕셔너리는 1개의 키에 여러 개의 값도 저장할 수 있으며, 이때 키에 해당하는 값은 값의 목록으로 주로 리스트나 튜플을 사용함

1 값에 해당하는 데이터 타입을 (　　　　) 안에 찾아 넣으시오.

리스트, 튜플, 세트, 딕셔너리

① (　　　　　　　): [1, 2, 3]

② (　　　　　　　): {1, 2, 3}

③ (　　　　　　　): ("A", "B", "C")

④ (　　　　　　　): {1: "A", 2: "B", 3: "C"}

2 data_str = ["월", "화", "수", "목", "금", "토", "일"]일 때 다음의 결과가 나오도록 print() 함수에 슬라이싱 코드를 넣으시오.

출력 결과	작성할 print(슬라이싱 코드) 함수 코드
["월", "화", "수"]	①
["토", "일"]	②
["수", "목", "금"]	③

3 data_str2 = ["월", "화", "화", "화", "금", "금"]일 때 중복을 제거한 ["월", "화", "금"] 리스트가 출력되도록 코드를 작성하시오. 단, 중복을 제거한 리스트의 값 순서는 ["월", "화", "금"]과 다를 수 있음

출력 결과	코드
["월", "화", "금"]	

4 w1_dict = {0: "일", 1: "월", 2: "화"}일 때 각 항목에 대한 코드를 작성하시오.

항목	코드
키 3과 값 "수" 추가	①
키 0의 값 "일"을 "일요일"로 변경	②
w1_dict 화면에 출력	③

5 ch_dict = {'geralt': 150, 'yennefer': 100, 'cirilla': 20}일 때 출력 결과에 대한 코드를 작성하시오.

출력 결과	코드
150	①
('geralt', 'yennefer', 'cirilla')	②
[('geralt', 150), ('yennefer', 100), ('cirilla', 20)]	③

6 5개의 문자열을 입력받아 rank_list 리스트에 저장, 다른 5개의 문자열을 입력받아 sta_list 리스트에 저장 후 두 리스트 출력

조건 • rank_list 리스트: 문자열. 입력받을 값 – 1 2 3 4 5
  • sta_list 리스트: 문자열. 입력받을 값 – 강남 잠실2 홍대입구 신림 구로디지털단지

7 5개의 정수를 입력받아 mean_list 리스트에 저장 후 mean_list 출력

조건 mean_list 리스트: 정수. 입력받을 값 – 100672 88971 78563 70558 6246

8 6~7번 문제에서 생성한 리스트를 값으로 하는 tran_rank_dict 딕셔너리 작성 후 출력

조건 tran_rank_dict 딕셔너리는 rank 키의 값으로 rank_list, sta 키의 값으로 sta_list 사용, mean 키의 값으로 mean_list 사용해서 생성

MEMO

CHAPTER 07.

제어문

프로그램을 수행하다보면 상황에 따라 처리하는 코드가 달라지거나 여러 번 반복 또는 반복을 중단해야 한다는 등의 여러 가지 제어 상황이 발생한다. 이런 제어 상황을 처리하는 코드가 제어문이다. 상황에 따라 다른 코드 실행 처리는 if문으로 특정 코드 반복 수행은 for문/while문으로 반복문 탈출은 break문으로 제어한다. 또한 에러 제어는 try~except문으로, 특정 리소스 해제는 with문으로 제어한다. 이번 장에서는 조건에 따라 다른 처리, 여러 번 반복 수행, 반복문 탈출, 에러 제어 등의 제어문을 다루는 방법을 학습한다.

① 조건에 따라 다른 처리를 하는 조건문에 대해서 알아보자.

② 처리를 여러 번 반복 수행하는 반복문에 대해서 알아보자.

③ 특정 조건에서 반복문을 탈출하는 방법에 대해서 알아보자.

④ 에러를 제어하는 방법을 알아보자.

⑤ with문을 사용해서 리소스를 해제하는 방법에 대해서 알아보자.

■■ 이 장의 핵심

☑ if문은 주어진 조건식에 따라 결과가 2개로 분기되는 경우에 사용되는 것으로 if 단독문, if-else문, 인라인 if문 등이 있음
 – if 조건: 문에서 조건을 만족하는 경우, 다음에 나오는 문장 수행. 조건을 만족하지 않는 경우 else:문 다음의 문장 수행

☑ 처리할 결과가 3개 이상인 경우 if-elif-else문 사용
 – if의 개수는 결과의 수 -1

☑ 조건을 비교 후 반복하는 조건 비교 반복문에는 for-in문, while문이 있음
 – 파이썬은 여러 건의 데이터가 저장된 변수를 반복 처리하는 경우가 많기 때문에 for-in문을 많이 사용. 또한 for-in문의 수행 속도가 while보다 더 빠름
 – while문은 while True:와 break문을 같이 사용한 무한 반복문에 주로 사용됨

☑ 에러 발생 시 프로그램이 중단되는 것을 방지하기 위해, try~except문을 사용해서 에러 제어

☑ 파이썬에서 기본 제공되는 파일 입출력을 하는 경우, 다 사용한 파일 객체를 자동으로 닫아주는 with문을 함께 사용해서 리소스를 해제함

SECTION 01. 개요

✔ 코드는 위에서 아래로 순차적으로 진행되는 구조이다. 그러나 경우에 따라서 다른 진행을 하거나 진행의 순서를 바꾸거나 해야 한다. 이런 작업을 하는 것을 제어문이라 한다.

(1) 제어문의 종류

조건문, 반복문, 반복 탈출문, 에러 제어문, 리소스 해제문이 있음

① 조건문: 조건을 비교 후 분기하는 조건 비교 분기문 – if

② 반복문: 조건을 비교 후 반복하는 조건 비교 반복문 – for, while

③ 반복 탈출문: 조건을 비교 후 반복 탈출 – break, continue

④ 에러 제어문: 에러 발생 시 처리 방법 제어문 – try~except

⑤ 리소스 해제문: 파일 객체를 자동으로 닫아주는 제어문 – with

(2) 순서도 사용

프로그램이 복잡해졌기 때문에 필요한 경우는 순서도를 사용함

① 순서도가 꼭 필요한 것은 아니지만 문제 해결 절차를 한눈에 파악하기 좋음
  • 어떤 작업 다음에 어떤 작업을 하는가를 표현할 때 좋음

② 프로그램의 수행 순서를 설명할 때: 문제 해결 절차로 처리를 위주로 한 간략한 도식도를 사용

③ 문법 구조를 설명할 때: 순서도 본연의 기호 사용

조건문 – if, 인라인 if

1 개요

(1) if문은 주어진 조건식에 따라 결과가 2개로 분기되는 경우에 사용

예를 들어 포인트가 900 이상이면 "승급", 그렇지 않으면 "현 상태 유지"라는 문제를 해결해야 할 경우

- 조건식: 포인트가 900 이상이면
  - 조건식은 말로 문제를 구성했을 때, ~이면/~한 경우 에 해당하는 문장
  - 순서도에서는 `조건` 기호 사용, `포인트가 900 이상` 과 같이 표현

- 결과: "승급", "현 상태 유지"

    → 결과가 2개이므로 반드시 if문을 사용해야 함

```
조건  →  결과2        포인트가 900 이상  →  현 상태 유지
  ↓                          ↓
결과1                        승급
```

(2) if문 구성

① 조건식: 관계 연산자 또는 논리 연산자를 사용한 식으로 결과 값이 항상 참(True) 또는 거짓(False)으로 나옴

예 조건식: 포인트가 900 이상이면

포인트 >= 900

② 결과(2개): 참, 거짓 – 결과 값이 참일 경우 수행할 작업과 거짓일 경우 수행할 작업으로 나뉨. 참/거짓일 때 수행할 작업이 모두 있는 경우가 있고, 참일 때만 수행할 작업이 있는 경우가 있음

• **경우①** 참일 경우 수행할 작업과 거짓일 경우 수행할 작업이 모두 있음

　예 결과: "승급", "현 상태 유지"

　　참 – "승급", 거짓 – "현 상태 유지"

　　예문 포인트가 900 이상이면 "승급", 그렇지 않으면

　　　"유지"를 승급 상태에 넣음

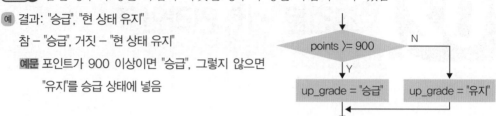

 # 7-(1)-1

```
# 7-(1)-1
points = 950
up_grade = ""

if points >= 900:
    up_grade = "승급"
else:
    up_grade = "유지"

print("승급 여부 : " + up_grade)
```

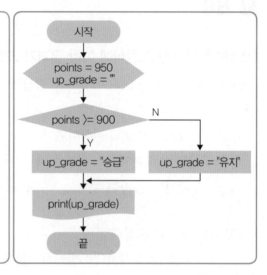

설명 points 변수의 값이 900 이상이면 up_grade 변수에 "승급"을 넣고, points 변수의 값이 900 미만이면 up_grade 변수에 "유지" 값을 넣은 후 결과를 화면에 출력

실행 결과 승급 여부 : 승급

• **경우②** 참일 경우에만 작업을 수행하고, 거짓일 경우 수행할 작업이 없음

　예 결과: "승급", 아무런 처리를 하지 않음

　　예문 포인트가 900 이상이면 "승급"을 상태 값에 넣음

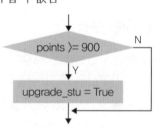

7-(1)-2

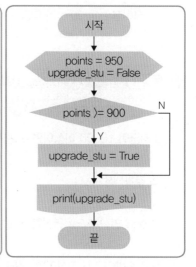

```
# 7-(1)-2
points = 950
upgrade_stu = False

if points >= 900:
    upgrade_stu = True

print("승급 여부 :", upgrade_stu)
```

> 설명) points 변수의 값이 900 이상이면 upgrade_stu 변수에 True를 넣고, points 변수의 값이
> 900 미만이면 upgrade_stu 변수의 값이 원래 값인 False를 유지

실행 결과 승급 여부 : True

(3) if의 개수: 결과의 개수 −1

① 결과 값이 참 − "승급", 거짓 − "현 상태 유지"이므로 이 문제를 해결하기 위해서는 if가 1개 필요

② 참/거짓의 개수를 판단하기 어려운 경우, 조건식(~이면)의 개수가 if의 개수

예 환자의 수가 300명 이상이면 "위급", 환자의 수가 100명 이상이면 "경계", 그렇지 않으면 "보통"을 상황 변수에 저장

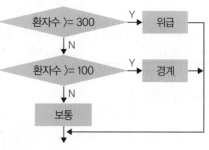

- if 개수: 2개
- 결과 값: 3개 − "위급", "경계", "보통"

(4) 복잡한 조건식 구현에 and 연산자, or 연산자가 사용됨

① and 연산자: 조건식을 말로 구현했을 때 모두, ~이고 에 해당

예 국어점수가 90 이상이고, 수학점수가 90 이상이면
국어점수 >= 90 and 수학점수 >= 90

> 국어점수 >= 90 and 수학점수 >= 90

② or 연산자: 조건식을 말로 구현했을 때 ~이거나, ~중 하나라도, 또는 에 해당

예 국어점수가 90 이상이거나 수학점수가 90 이상이면

국어점수 >= 90 or 수학점수 >= 90

국어점수 >= 90 or 수학점수 >= 90

문제 7-1 다음 문제들에서 조건식과 결과(참/거짓)를 구분하고 if의 개수도 구해 보자. 그리고 and 연산자/ or 연산자의 포함 여부도 판단해 보자.

1. 소지금이 18000 이상이면 "스킨구매", 그렇지 않으면 "기본스킨"
   ① 조건식:
   ② 결과: 참 –
       거짓 –
   ③ and 연산자 / or 연산자가 포함된 경우, 해당 연산자에 동그라미 표시: and / or

2. 재고 수량이 1개 이상이면 "구매가능", 그렇지 않으면 "구매불가"
   ① 조건식:
   ② 결과: 참 –
       거짓 –
   ③ and 연산자 / or 연산자가 포함된 경우, 해당 연산자에 동그라미 표시: and / or

3. 성별 코드가 1 또는 3이면 "남자", 그렇지 않으면 "여자"
   ① 조건식:
   ② 결과: 참 –
       거짓 –
   ③ and 연산자 / or 연산자가 포함된 경우, 해당 연산자에 동그라미 표시: and / or

4. 미션 5개 이상을 완수하고 아이템 3개 이상을 획득한 경우 "보스 스테이지", 그렇지 않으면 "현 스테이지 유지"
   ① 조건식:
   ② 결과: 참 –
       거짓 –
   ③ and 연산자 / or 연산자가 포함된 경우, 해당 연산자에 동그라미 표시: and / or

5. 별 10개를 획득하고 점수가 900 이상이면 "골드", 별 5개를 획득하고 점수가 700 이상이면 "실버", 그렇지 않으면 "브론즈"
   ① 조건식:
   ② 결과: 참 –
       거짓 –
   ③ and 연산자 / or 연산자가 포함된 경우, 해당 연산자에 동그라미 표시: and / or

2 기본 if문: if-else

① 가장 일반적인 if문으로, 조건을 만족할 때(참)의 처리 내용과 조건을 만족하지 않을 때(거짓)의 처리 내용이 모두 각각 있음
- 조건을 만족할 때(참)의 처리 내용 – if 조건식: 문 다음 줄에 작성
- 조건을 만족하지 않을 때(거짓)의 처리 내용 – else: 문 다음 줄에 작성

② 문법

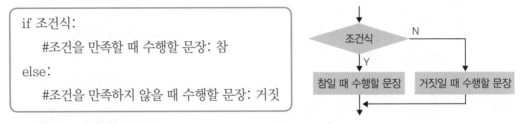

③ 파이썬에서 if 조건식
- if 조건식: 과 같이 조건식 다음에 :(콜론)을 지정해서 if 블록을 구성, 조건식은 ()괄호를 사용하지 않아도 됨
  - 파이썬에서는 if 조건식:과 같이 사용, C언어/자바 등에서는 if (조건식){}과 같은 형태로 사용
  - if 블록의 범위는 4칸 들여쓰기로 유지

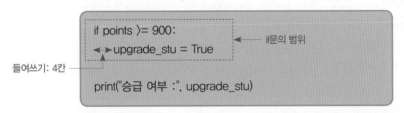

- else: 과 같이 else 다음에 :(콜론)을 지정해서 else 블록을 구성, else 블록의 범위도 4칸 들여쓰기로 유지

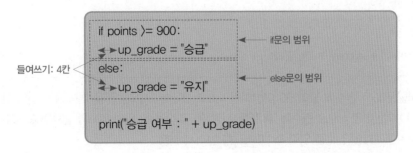

예 입력받은 정보점수(jum)가 90점 이상이면 "지옥훈련", 그렇지 않으면 "휴가"를 result 변수에 넣은 후 결과를 화면에 출력

조건 정보점수: jum

풀이 문제 해결 순서

작업 순서	순서도
순서1: 입력받은 정보점수(jum) 　jum = int(input("점수 입력 : ")) 순서2: 조건문 　조건식: 정보점수(jum)가 90점 이상이면 　 if jum >= 90: 　결과: 　참(if 블록) – 정보점수(jum)가 90점 이상인 경우 할 작업 　　 → result 변수에 "지옥훈련" 값을 넣음 　　 result = "지옥훈련" 　거짓(else 블록) – 정보점수(jum)가 90점 미만인 경우 할 작업 　　 → result 변수에 "휴가" 값을 넣음 　　 result = "휴가" 순서3: 입력 점수와 result 변수의 내용을 화면에 표시 　print("입력 점수: " + str(jum) + "점, 결과: " + result)	시작 ↓ jum = input() ↓ jum >= 90 ──N──→ ↓Y result = "지옥훈련"　result = "휴가" ↓←──────────┘ print(jum, result) ↓ 끝

 # 7-(2)-2)-1

```
# 7-(2)-2)-1
# 순서1
jum = int(input("점수 입력 : "))

# 순서2
if jum >= 90:
    result = "지옥훈련"
else:
    result = "휴가"

# 순서3
print("입력 점수: " + str(jum) + "점, 결과: " + result)
```

설명 입력받은 jum 변수의 값이 90 이상이면 result 변수에 "지옥훈련"을 저장, jum 변수의 값이 90 미만이면 result 변수에 "휴가"를 저장 후 결과 출력. 위의 코드를 실행하고 점수 입력 : 프롬프트에 점수를 입력 후 Enter 를 눌러서 진행

실행 결과 점수 입력 : 99

190 쉽게 배우는 파이썬

입력 값: 99점, 결과: 지옥훈련
점수 입력 : 88
입력 점수: 88점, 결과: 휴가

문제 해결 7-2-1 용돈을 입력받고, 굿즈 가격을 입력받아 용돈이 굿즈 가격보다 크거나 같으면 "구매함"을 화면에 출력하고 용돈에서 굿즈 가격에서 뺀 금액을 다시 용돈에 저장, 그렇지 않으면 "용돈부족"을 화면에 출력. 문제 수행 후 현재 용돈 잔액을 화면에 표시

조건
• 용돈 변수: pin_money
• 굿즈 가격 변수: goods_price

풀이 문제 해결 순서

작업 순서	순서도

순서1: 용돈을 입력받고, 굿즈 가격을 입력받아
  pin_money = int(input("용돈 입력 : "))
  goods_price = int(input("굿즈 가격 입력 : "))
순서2: 조건문
  조건식: 용돈이 굿즈 가격보다 크거나 같으면
    if pin_money >= goods_price:
  결과:
    참(if 블록) – 용돈이 굿즈 가격보다 크거나 같은 경우 할 작업
      → "구매함"을 화면에 출력하고 용돈에서 굿즈 가격에서
      뺀 금액을 다시 용돈에 저장
    print("구매함")
    pin_money -= goods_price
    거짓(else 블록) – 용돈이 굿즈 가격보다 작은 경우 할 작업
      → "용돈부족"을 화면에 출력
    print("용돈부족")
순서3: 현재 용돈 잔액을 화면에 표시
  print("용돈 잔액 :", pin_money)
	시작
	
	pin_money = int(input())
	goods_price = int(input())
	
	pin_money >= goods_price ─N→ print("용돈부족")
	│Y
	print("구매함")
	pin_money -= goods_price
	
	print(pin_money)
	
	끝

 # 7-(2)-2)-2

```
# 7-(2)-2)-2
'''문제해결 7-2-1)'''
# 순서1
pin_money = int(input("용돈 입력 : "))
goods_price = int(input("굿즈 가격 입력 : "))
```

```
# 순서2
if pin_money >= goods_price:
    print("구매함")
    pin_money -= goods_price
else:
    print("용돈부족")

# 순서3
print("용돈 잔액 :", pin_money)
```

설명) 위의 코드를 실행하고 용돈 입력 : 프롬프트에 용돈 입력 후 Enter , 굿즈 가격 입력 : 프롬프
트에 굿즈 가격 입력 후 Enter 눌러서 진행

실행 결과) 용돈 입력 : 10000
굿즈 가격 입력 : 8000
구매함
용돈 잔액 : 2000

문제 해결 7-2-2) 국어점수와 수학점수를 입력받아 국어점수가 90점 이상이고 수학점수가 90점 이상이면
"우수", 그렇지 않으면 "보통"을 화면에 출력

조건) • 국어점수 변수: kuk_jum
• 수학점수 변수: su_jum

풀이) 문제 해결 순서

작업 순서	순서도

순서1: 국어점수와 수학점수를 입력받아
  kuk_jum = int(input("국어점수 입력 : "))
  su_jum = int(input("수학점수 입력 : "))
순서2: 조건문
  조건식: 국어점수가 90점 이상이고 수학점수가 90
  점 이상이면
  if kuk_jum >= 90 and su_jum >= 90:
  결과:
  참(if 블록) - 국어점수가 90점 이상이고 수학점수
  가 90점 이상인 경우 할 작업
    print("우수")
  거짓(else 블록) - 국어점수가 90점 이상이고 수학
  점수가 90점 이상이 아닌 경우 할 작업
    print("보통")
	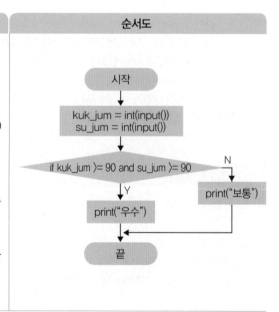

 # 7-(2)-2)-3

```
# 7-(2)-2)-3
'''문제해결 7-2-2)'''
# 순서1
kuk_jum = int(input("국어점수 입력 : "))
su_jum = int(input("수학점수 입력 : "))

# 순서2
if kuk_jum >= 90 and su_jum >= 90:
    print("우수")
else:
    print("보통")
```

설명 위의 코드를 실행하고 국어점수 입력 : 프롬프트에 국어점수 입력 후 ⌈Enter⌉, 수학점수 입력 : 프롬프트에 수학점수 입력 후 ⌈Enter⌉ 눌러서 진행

실행 결과 국어점수 입력 : 90
수학점수 입력 : 95
우수

문제 해결 **7-2-3** 아이디와 비밀번호를 입력받아 입력받은 아이디가 "admin"이고 비밀번호가 "#12345be"이면 "로그인 성공", 그렇지 않으면 "로그인 실패"를 화면에 표시

조건 • 아이디 변수명: input_id
• 비밀번호 변수명: input_pass

풀이 문제 해결 순서
• 순서1: 아이디와 비밀번호를 입력받아
        input_id = input("아이디 입력 : ")
        input_pass = input("비밀번호 입력 : ")
• 순서2: 조건문
    조건식: 입력받은 아이디와 비밀번호가 "admin"이고 비밀번호가 "#12345be"이면
        if input_id == "admin" and input_pass == "#12345be":
    결과: 참(if 블록) – 아이디와 비밀번호가 "admin"이고 비밀번호가 "#12345be"인 경우 할 작업
        print("로그인 성공")
       거짓(else 블록) – 아이디와 비밀번호가 "admin"이고 비밀번호가 "#12345be"가 아닌
       경우 할 작업
        print("로그인 실패")

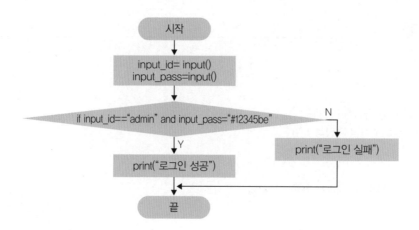

7-(2)-2)-4

```
# 7-(2)-2)-4
'''문제해결 7-2-3)'''
# 순서1
input_id = input("아이디 입력 : ")
input_pass = input("비밀번호 입력 : ")

# 순서2
if input_id == "admin" and input_pass == "#12345be":
    print("로그인 성공")
else:
    print("로그인 실패")
```

설명 위의 코드를 실행하고 아이디 입력 : 프롬프트에 아이디 입력 후 Enter , 비밀번호 입력 : 프롬프트에 비밀번호 입력 후 Enter 눌러서 진행

실행 결과 아이디 입력 : admin
비밀번호 입력 : #12345be
로그인 성공

문제 7-2 다음의 문제들을 코드로 구현해보자.

1. 소지금을 입력받아 소지금이 18000 이상이면 "스킨구매", 그렇지 않으면 "기본스킨"을 화면에 출력
   조건 소지금 변수명: money, 숫자 - 정수

2. 재고수량을 입력받아 재고수량이 1개 이상이면 "구매가능", 그렇지 않으면 "구매불가"를 구매변수에 저장 후 결과를 화면에 출력
   조건 • 재고수량 변수명: stock_count, 숫자 - 정수
       • 구매 변수명: purchase, 문자열

3. 완수한 미션 개수와 아이템 개수를 입력받아 미션 5개 이상을 완수하고 아이템 3개 이상을 획득한 경우 "보스 스테이지"를 출력 후 스테이지 상태 변수에 True 저장, 그렇지 않으면 "현 스테이지 유지" 출력

> 조건 · 완수한 미션 개수 변수명: mission_count, 숫자 − 정수
> · 아이템 개수 변수명: item_count, 숫자 − 정수
> · 스테이지 상태 변수명: stage_stu, 불리언. stage_stu 변수 기본 값: False

4. 재고수량과 요일요소를 입력받아 재고수량이 50 미만이거나 요일요소가 True이면 (주문수량 기본 값*2)를 주문수량으로 지정, 그렇지 않으면 주문수량 기본 값을 주문수량으로 지정. 주문수량을 포함한 현재의 재고수량을 화면에 표시

> 조건 · 재고수량 변수명: stock_count, 숫자 − 정수
> · 요일요소 변수: dow_stu, 불리언. 입력받을 값 − 요일요소 True: 1 입력, 요일요소 False: 0 입력
> · 주문수량 변수: order_qnt, 숫자 − 정수. order_qnt 변수, 숫자 − 정수, 기본 값: 100

❸ 다중 if문: if-elif-else

① 결과가 3개 이상일 때 사용하는 if문으로, 첫 번째 조건은 if문에 작성, 두 번째 이후 조건들은 elif문에 작성
  · 첫 번째 조건은 if문에 작성
    − if 조건식1:, 첫 번째 조건을 만족할 때(참)의 처리 내용 − if 조건식: 문 다음 줄에 작성
  · 두 번째 이후 조건은 elif문에 작성
    − elif 조건식2:, 두 번째 이후 조건을 만족할 때(참)의 처리 내용 − elif 조건식2: 문 다음 줄에 작성
  · 마지막의 조건을 만족하지 않을 때(거짓)의 처리 내용
    − else: 문 다음 줄에 작성

② 문법

```
if 조건식1:
    #조건식1을 만족 시 수행할 문장
elif 조건식2:
    #조건식2를 만족 시 수행할 문장
else:
    #조건을 만족하지 않을 때 수행할 문장
```

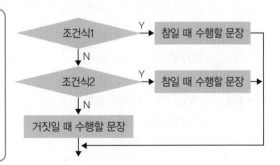

예 랭크점수(rank_jum)가 90점 이상이면 "골드", 70점 이상이면 "실버", 그렇지 않으면 "브론즈"를 rank 변수에 넣음

조건식1 : 랭크점수(rank_jum)가 90점 이상이면
　　　　　if rank_jum >= 90:
조건식2 : 랭크점수(rank_jum)가 70점 이상이면
　　　　　if rank_jum >= 70:
결과: "골드", "실버", "브론즈"

 # 7-(2)-3-1

```
# 7-(2)-3-1
rank_jum = int(input("랭크점수 입력 : "))

if rank_jum >= 90:
    rank = "골드"
elif rank_jum >= 70:
    rank = "실버"
else:
    rank = "브론즈"

print("랭크 : " + rank)
```

설명 입력받은 rank_jum 변수의 값이 90 이상이면 rank 변수에 "골드"를 저장, 입력받은 rank_jum 변수의 값이 70 이상이면 rank 변수에 "실버"를 저장, 그 외에는 rank 변수에 "브론즈"를 저장 후 랭크(rank 변수의 내용)를 화면에 표시. 위의 코드를 실행하고 랭크점수 입력 : 프롬프트에 랭크점수 입력 후 [Enter] 눌러서 진행

실행 결과 랭크점수 입력 : 89
랭크 : 실버

문제 해결 [7-3-1] 입력받은 점수가 90 이상이면 평가에 "A"를 넣음, 점수가 80 이상이면 평가에 "B"를 넣음, 점수가 70 이상이면 평가에 "C"를 넣음, 점수가 60 이상이면 평가에 "D"를 넣음, 그렇지 않으면 평가에 "F"를 넣은 후 점수와 평가를 화면에 출력

조건 ・점수 변수: jum, 숫자 – 정수
・평가 변수: rating, 문자열

풀이 ① if문(조건식) 개수와 결과
・if문(조건식) 개수: 4
・결과: "A", "B", "C", "D", "F"

② 문제 해결 순서

작업 순서	순서도

순서1: 입력받은 점수
　　jum = int(input("점수 입력 : "))
순서2: 조건문
　조건식1: 점수가 90 이상이면
　　if jum >= 90:
　결과1: 참(if 블록) – 점수가 90 이상일 경우 할 작업
　　　→ 평가에 "A"를 넣음
　　rating = "A"
　조건식2: 점수가 80 이상이면
　　elif jum >= 80:
　결과2: 참(elif 블록) – 점수가 80 이상일 경우 할 작업
　　　→ 평가에 "B"를 넣음
　　rating = "B"
　조건식3: 점수가 70 이상이면
　　elif jum >= 70:
　결과3: 참(elif 블록) – 점수가 70 이상일 경우 할 작업
　　　→ 평가에 "C"를 넣음
　　rating = "C"
　조건식4: 점수가 60 이상이면
　　elif jum >= 60:
　결과4: 참(elif 블록) – 점수가 60 이상일 경우 할 작업
　　　→ 평가에 "D"를 넣음
　　rating = "D"
　결과5: 거짓(else 블록) – 점수가 60 미만일 경우 할 작업
　　　→ 평가에 "F"를 넣음
　　　rating = "F"
순서3: 점수와 평가를 화면에 출력
　　print("점수 :", jum, "평가 :", rating)
	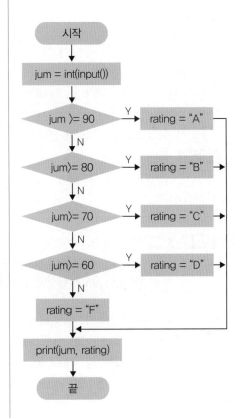

7-(2)-3)-2

```
# 7-(2)-3)-2
'''문제해결 7-3-1)'''
# 순서1
jum = int(input("점수 입력 : "))

# 순서2
if jum >= 90:
    rating = "A
```

```
    elif jum >= 80:
        rating = "B"
    elif jum >= 70:
        rating = "C"
    elif jum >= 60:
        rating = "D"
    else:
        rating = "F"

# 순서3
print("점수 :", jum, ", 평가 :", rating)
```

설명 위의 코드를 실행하고 점수 입력 : 프롬프트에 점수 입력 후 Enter 눌러서 진행

실행 결과 점수 입력 : 91
         점수 : 91 , 평가 : A

문제 해결 7-3-2 아이디와 비밀번호를 입력받아 입력받은 아이디와 비밀번호가 원래 아이디 및 원래 비밀번호와 같으면 "로그인 성공", 아이디가 같고 비밀번호가 다르면 "비밀번호 다름", 그렇지 않으면 "해당 아이디 없음"을 화면에 표시

조건 • 원래 아이디 변수명: real_id, 문자열. 기본 값 − "admin"
     • 원래 비밀번호 변수명: real_pass, 문자열. 기본 값 − "#12345be"
     • 입력 아이디 변수명: input_id, 문자열
     • 입력 비밀번호 변수명: input_pass, 문자열

풀이 ① if문(조건식) 개수와 결과
        • if문(조건식) 개수: 2
        • 결과: "로그인 성공", "비밀번호 다름", "해당 아이디 없음"
     ② 문제 해결 순서
        • 순서1: 원래 아이디와 원래 비밀번호 변수에 저장
                real_id = "admin"
                real_pass = "#12345be"
        • 순서2: 아이디와 비밀번호를 입력받음
                input_id = input("아이디 입력 : ")
                input_pass = input("비밀번호 입력 : ")
        • 순서3: 조건문
             조건식1: 입력받은 아이디와 비밀번호가 원래 아이디 및 원래 비밀번호와 같으면
                  if input_id == real_id and input_pass == real_pass:

결과1: 참(if 블록) – 입력받은 아이디와 비밀번호가 원래 아이디/비밀번호와 같을 경우 할
작업
→ "로그인 성공"을 화면에 출력
print("로그인 성공")
조건식2: 아이디가 같고 비밀번호가 다르면
elif input_id == real_id and input_pass != real_pass:
결과2: 참(elif 블록) – 아이디가 같고 비밀번호가 다른 경우 할 작업
→ "비밀번호 다름"을 화면에 출력
print("비밀번호 다름")
결과3: 거짓(else 블록) – 아이디가 다른 경우 할 작업
→ "해당 아이디 없음"을 화면에 출력
print("해당 아이디 없음")

 # 7-(2)-3)-3

```
# 7-(2)-3)-3
'''문제해결 7-3-2)'''
# 순서1
real_id = "admin"
real_pass = "#12345be"

# 순서2
input_id = input("아이디 입력 : ")
input_pass = input("비밀번호 입력 : ")

# 순서3
if input_id == real_id and input_pass == real_pass:
    print("로그인 성공")
elif input_id == real_id and input_pass != real_pass:
    print("비밀번호 다름")
else:
    print("해당 아이디 없음")
```

설명) 위의 코드를 실행하고 아이디 입력 : 프롬프트에 아이디 입력 후 Enter , 비밀번호 입력 : 프
롬프트에 비밀번호 입력 후 Enter 눌러서 진행

실행 결과 아이디 입력 : admin
비밀번호 입력 : #12345be
로그인 성공
아이디 입력 : admin
비밀번호 입력 : 1234
비밀번호 다름

아이디 입력 : abcd

비밀번호 입력 : 1234

해당 아이디 없음

문제 해결 7-3-3 요일 값(0~6)을 입력받아 요일 값이 1~4 범위이면 요일설명 변수에 "평일" 저장, 요일 값이 5이면 요일설명 변수에 "불금" 저장, 요일 값이 0 또는 6이면 요일설명 변수에 "주말" 저장 후 입력받은 요일 값과 요일설명 변수를 화면에 출력

조건 • 요일 값 입력 변수명: dow_var, 숫자 – 정수. 입력할 값의 범위 0~6

  – 요일 값 의미 – 0: 일요일, 1: 월요일, 2: 화요일, 3: 수요일, 4: 목요일, 5: 금요일, 6: 토요일

• 요일설명 변수명: dow_des, 문자열

풀이 ① if문(조건식) 개수와 결과

  • if문(조건식) 개수: 3

    – 문제의 특성상 각 결과에 해당하는 각각의 if문이 필요함. 여기서는 else문 사용 안 함

  • 결과: "평일", "불금", "주말"

② 문제 해결 순서

  • 순서1: 요일 값(0~6)을 입력받음

        dow_var = int(input("0~6 사이의 요일 값 입력 : "))

  • 순서2: 조건문

    조건식1: 입력받은 요일 값이 1~4 범위이면

    ▪ 범위 표현: and 연산자 사용

      – 시작범위 and 끝범위 와 같은 형태로 사용: 시작범위보다 크거나 같고 끝범위보다 작거나 같음

      – 1~4 범위: 1보다 크거나 같음 and 4보다 작거나 같음

            if dow_var >= 1 and dow_var <= 4:

    결과1: 참(if 블록) – 입력받은 요일 값이 1~4 범위인 경우 해야 할 작업

        → 요일설명 변수에 "평일" 저장

        dow_des = "평일"

    조건식2: 입력받은 요일 값이 5이면

        elif dow_var == 5:

    결과2: 참(elif 블록) – 입력받은 요일 값이 5인 경우 해야 할 작업

        → 요일설명 변수에 "불금" 저장

        dow_des = "불금"

    조건식3: 입력받은 요일 값이 0 또는 6이면

        elif dow_var == 0 or dow_var == 6:

    결과3: 참(elif 블록)– 입력받은 요일 값이 0 또는 6인 경우 해야 할 작업

→ 요일설명 변수에 "주말" 저장

dow_des = "주말"

· 순서3: 입력받은 요일 값과 요일설명 변수를 화면에 출력

print("요일 값 :", dow_var, dow_des)

 # 7-(2)-3)-4

```
# 7-(2)-3)-4
'''문제해결 7-3-3)'''
# 순서1
dow_var = int(input("0~6 사이의 요일 값 입력 : "))

# 순서2
if dow_var >= 1 and dow_var <= 4:
    dow_des = "평일"
elif dow_var == 5:
    dow_des = "불금"
elif dow_var == 0 or dow_var == 6:
    dow_des = "주말"

# 순서3
print("요일 값 : %d, %s" % (dow_var, dow_des))
```

설명 위의 코드를 실행하고 0~6 사이의 요일 값 입력 : 프롬프트에 0~6 사이의 값을 입력 후
Enter 눌러서 진행

실행 결과 0~6 사이의 요일 값 입력 : 0
요일 값 : 0, 주말
0~6 사이의 요일 값 입력 : 1
요일 값 : 1, 평일
0~6 사이의 요일 값 입력 : 5
요일 값 : 5, 불금

문제 **7-3** 다음의 문제들을 코드로 구현해 보자.

1. 입력받은 숫자 값이 양수이면 "양수"를 화면에 출력, 음수이면 "음수" 출력, 0 값이면 "0" 출력

    조건 숫자 값 변수명: num_val, 숫자 - 정수

2. 재고수량을 입력받아 재고수량이 10개 이상이면 "구매 원할", 재고수량이 1개 이상이면 "품절 임박", 그
렇지 않으면 "구매 불가"를 화면에 출력

    조건 재고수량 변수명: stock_count, 숫자 - 정수

3. 성별코드가 1 또는 3이면 "남자", 성별코드가 2 또는 4이면 "여자"를 출력

  [조건] 성별코드 변수명: g_code, 문자열

4. 요일 값(0~6)을 입력받아 요일 값이 1이면 "월요일"과 "평일" 출력, 요일 값이 2이면 "화요일"과 "평일" 출력, 요일 값이 3이면 "수요일"과 "평일" 출력, 요일 값이 4이면 "목요일"과 "평일" 출력, 요일 값이 5이면 "금요일"과 "불타는 금요일" 출력, 요일 값이 6이면 "토요일"과 "주말" 출력, 요일 값이 0이면 "일요일"과 "주말" 출력

  [조건] 요일 값 입력 변수명: dow_var, 숫자 – 정수. 입력할 값의 범위 0~6

4 인라인 if

① 결과가 2개이고 if문 및 else문의 수행 결과로 특정 변수에 값을 저장하는 경우에 사용됨
  • 조건문 자체가 매우 간결하고 한 줄로 끝나기 때문에 if문/else문 블록에서 수행해야 할 문장이 1개이고 특정 변수에 값을 할당할 경우에 사용

② 문법

> 변수 = 참 if 조건 else 거짓

  • 변수: 결과 값 저장소
  • 참: if문이 참일 경우 할당할 값
  • 조건: 조건식
  • 거짓: if문이 거짓일 경우 할당할 값

  [예] 입력받은 data_int 변수의 값이 10이면 num 변수에 12를 넣음, 그렇지 않으면 13을 num 변수에 넣고 num 변수 값 출력
    – 조건식: data_int 변수의 값이 10이면
            if data_int == 10:
    – 결과: 12, 13

    [풀이] 문제 해결 순서
    • 순서1: data_int 변수 입력받음
            data_int = int(input("값 입력 : "))

- 순서2: 조건문
  조건식: data_int 변수의 값이 10이면, 참 – num 변수에 12, 거짓 – num 변수에 13
          num = 12 if data_int == 10 else 13
- 순서3: num변수를 화면에 표시
          print(num)

 # 7-(2)-4)-1

```
# 7-(2)-4)-1
# 순서1
data_int = int(input("값 입력:"))

# 순서2
num = 12 if data_int == 10 else 13

# 순서3
print(num)
```

[설명] 위의 코드를 실행하고 값 입력 : 프롬프트에 값 입력 후 Enter 눌러서 진행

[실행 결과] 값 입력:10
          12
          값 입력:11
          13

문제 7-4 다음의 문제들을 코드로 구현해 보자.

1. 입력받은 data_int 변수의 값을 2로 나눈 나머지가 1이면 "홀수"를 eo_str 변수에 넣음, 그렇지 않으면 "짝수"를 eo_str 변수에 넣고 data_int 변수와 eo_str 변수 값 출력

   [조건] • data_int 변수: 숫자 – 정수
         • eo_str 변수: 문자열

2. 입력받은 input_id 변수의 값이 "admin"이면 check_id 변수에 0을 넣고, 그렇지 않으면 check_id 변수에 1을 넣고 input_id 변수와 check_id 변수 출력

   [조건] • input_id 변수: 문자열
         • check_id 변수: 숫자 – 정수

반복문 – for, while

1 개요

① 특정 조건을 만족하는 동안 또는 처리 대상의 수만큼 작업을 반복 수행
  - 반복문에 필요한 것: 필수사항 – 반복 대상 또는 조건, 반복 처리할 문장
                         조건으로 반복 시 필요 사항 – 카운터 변수 선언, 카운터 변수 1 증가
    – 반복 대상 또는 조건: 반복의 종료를 제어
    – 카운터 변수: 반복 처리 횟수를 세는 변수
      반복 횟수로 반복문을 제어할 때 카운터 변수가 가진 반복 횟수 값으로 반복문 종료 여부를 결정

② 대표적 반복문에는 for, while이 있음
  - for문: 처리 대상의 수만큼 반복
    – 여러 데이터를 저장하는 리스트 등의 타입에서 데이터의
      수만큼 작업 반복 시 사용
      예 data_list = [1, 2, 3]
         for data in data_list:
  - while문: 특정 조건을 만족하는 동안 반복
    – 조건식이 참일 동안 무한히 반복 수행하는 무한 루프에서 주로 사용
      예 while True:

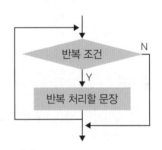

③ 조건문과 반복문의 차이
  - 조건문–if문: 조건을 만족할 경우와 만족하지 않을 경우의 처리를 함
    – 작업 대상: 1건의 데이터
  - 반복문–for/while: 조건을 만족하는 동안 작업 대상 데이터를 반복 처리함
    – 작업 대상: 여러 건의 데이터
  - 여러 데이터에 대해 조건을 만족할 경우의 처리와 만족하지 않을 경우의 처리를 하고 싶은 경우

– 반복문 안에 if문을 넣음

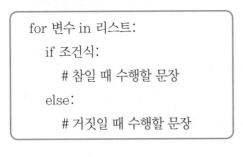

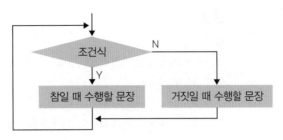

```
for 변수 in 리스트:
    if 조건식:
        # 참일 때 수행할 문장
    else:
        # 거짓일 때 수행할 문장
```

2 for문: for-in

① 값 목록의 데이터 반복 처리에 주로 사용

- 값 목록: 리스트, 튜플, 딕셔너리 뿐만 아니라 실무 데이터 파일 및 파일의 내용 저장한 변수
  - 실무 데이터 파일: 1행이 1건인 데이터를 가진 파일
  - 파일의 내용: 각종 데이터 파일 및 이미지 파일 등

② 값의 목록이 리스트, 튜플, 딕셔너리인 경우: 이들의 내용을 반복 처리

③ 값의 목록이 실무 데이터 파일 및 각종 파일 내용인 경우: 파일 내용을 변수에 넣어 반복 처리

④ 문법

```
for 제어변수 in 값목록:
    #반복 수행할 내용 – 제어변수 값을 갖고 수행
```

⑤ 파이썬에서 for문

- for 제어변수 in 값 목록: 값 목록에서 값을 1개 뽑아 제어변수에 넣는 작업을 값 목록의 데이터 수만큼 반복
  - 제어변수: 1개의 값이 저장됨. 이 값을 처리하거나 횟수 제어로 사용
- for문의 내용: 반복 수행할 내용
  - for 블록 안에는 반복 수행할 코드를 넣고, 값을 반복 시 제어변수 값을 갖고 수행
  - for 블록의 범위는 4칸 들여쓰기로 유지

예 list_leagues 리스트의 인덱스와 값을 하나씩 화면에 출력

풀이

❶ 선수 지식
  • 리스트에서 인덱스와 값 얻어내기: enumerate(리스트명)
❷ 문제 해결 순서
  • 순서1: list_leagues 리스트 생성
          list_leagues = ["LCK", "LPL", "LEC", "LCS"]
  • 순서2: 반복문
    ▪ for문: list_leagues 리스트의 내용 반복
          for my_league in list_leagues:
    ▪ 반복 수행할 내용: 리스트의 인덱스와 값을 하나씩 화면에 출력
                print(my_league)

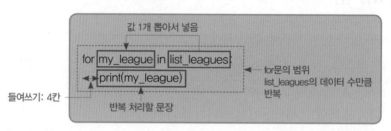

7-(3)-2)-1

```
# 7-(3)-2)-1
# 순서1
list_leagues = ["LCK", "LPL", "LEC", "LCS"]

# 순서2
for i, my_league in enumerate(list_leagues):
    print(i, my_league)
```

설명 list_leagues 리스트에서 인덱스와 값을 뽑아 화면에 출력하는 작업을 반복 수행

실행 결과 0 LCK
        1 LPL
        2 LEC
        3 LCS

예 sys_dat 딕셔너리의 내용에서 원소 1개씩 반복해서 키와 값을 출력

풀이

❶ 선수 지식
  • 딕셔너리에서 키와 값 얻어내기: 딕셔너리.items()

❷ 문제 해결 순서
  • 순서1: sys_dat 딕셔너리 생성

    sys_dat = {"id": ("admin", "root", "dba"),
              "pass": ("1111", "2222", "3333"),
              "roll": (1, 2, 3)}

  • 순서2: 반복문
    ▪ for문: sys_dat 딕셔너리의 내용 반복
      for key, val in sys_dat.items():
    ▪ 반복 수행할 내용: 딕셔너리의 키와 값을 하나씩 화면에 출력
      print(key, val)

 # 7-(3)-2)-2

```
# 7-(3)-2)-2
# 순서1
sys_dat = {"id": ("admin", "root", "dba"),
          "pass": ("1111", "2222", "3333"),
          "roll": (1, 2, 3)}

# 순서2
for key, val in sys_dat.items():
    print(key, val)
```

설명 sys_dat 딕셔너리에서 키와 값을 뽑아 화면에 출력하는 작업을 반복 수행

실행 결과 id ('admin', 'root', 'dba')
pass ('1111', '2222', '3333')
roll (1, 2, 3)

⑥ 반복 횟수 제어 반복문: range()
  • 반복을 횟수로 제어할 때는 range() 함수를 사용해서 숫자 범위를 만들어서 함
    – 이때 숫자 범위가 반복할 횟수 제어 역할
    예 range(5): 0~4까지 5번 반복
    예 1~10까지 값을 1줄에 출력하는 반복문
      for i in range(1, 11):
          print(i, end=' ')

7-(3)-2)-3

```
# 7-(3)-2)-3
for i in range(1, 11):
    print(i, end=' ')
```

설명 range(1, 11)를 사용해서 1~10까지의 값을 화면에 출력하는 작업을 반복 수행

실행 결과 1 2 3 4 5 6 7 8 9 10

문제 해결 7-4-1 "aaaa bbbb cccc"를 입력받아 아이디 리스트에 저장, "1111 2222 3333"을 입력받아 비밀번호 리스트에 저장 후 사용자 딕셔너리 생성 후 출력

조건
- 아이디 리스트 변수명: id_list
- 반복문의 키와 값 저장: key, 문자열. val, 문자열
- 비밀번호 리스트 변수명: pass_list, 입력받을 값 − aaaa bbbb cccc
- 사용자 딕셔너리 변수명: user_dict, 입력받을 값 − 1111 2222 3333

풀이
① 선수 지식
- 빈 딕셔너리 생성: {}
- 여러 문자열 한 번에 입력: input().split()
- 값을 쌍으로 묶음: zip(리스트1, 리스트2)
- 딕셔너리에 키와 값 추가: 딕셔너리[키] = 값
② 문제 해결 순서
- 순서1: 빈 딕셔너리 user_dict 생성
  user_dict = {}
- 순서2: 값을 입력받아 리스트 생성
  − "aaaa bbbb cccc"를 입력받아 id_list에 저장, "1111 2222 3333"을 입력받아 pass_list에 저장
  id_list = input("아이디 입력− 예)aaaa bbbb cccc: ").split()
  pass_list = input("비밀번호 입력− 예)1111 2222 3333: ").split()
- 순서3: 반복문
  − for문: zip(id_list, pass_list) 함수를 사용해서 값을 쌍으로 묶는 작업 반복
  for key, val in zip(id_list, pass_list):
  − 반복 수행할 내용: 딕셔너리의 키와 값으로 하나씩 딕셔너리에 추가
  user_dict[key] = val
- 순서4: user_dict 내용을 화면에 출력
  print(user_dict)

7-(3)-2)-4

```
# 7-(3)-2)-4
'''문제해결 7-4-1)'''
# 순서1
user_dict = {}

# 순서2
id_list = input("아이디 입력 : ").split()
pass_list = input("비밀번호 입력 : ").split()

# 순서3
for key, val in zip(id_list, pass_list):
    user_dict[key] = val

# 순서4
print(user_dict)
```

설명) 여러 아이디와 비밀번호를 입력받아 리스트 생성 후 빈 딕셔너리에 키와 값을 추가하는 작업
을 반복 후 딕셔너리 내용 출력

실행 결과) 아이디 입력 : aaaa bbbb cccc
비밀번호 입력 : 1111 2222 3333
{'aaaa': '1111', 'bbbb': '2222', 'cccc': '3333'}

문제 해결 7-4-2) 5개의 실수(부동소수점) 관측치를 입력받아 관측 값의 합을 계산 후 출력

조건) • 관측치 리스트 변수명: list_val, 입력받을 값 – 7.1 11.3 9.6 8.7 4.2
• 반복문의 값 저장 변수명: val, 숫자 – 부동소수점
• 관측치 합 변수명: sum_val, 숫자 – 부동소수점

풀이) ① 선수 지식
• 값이 누적되는 변수 값 초기화: sum_val = 0
• 여러 실수 값을 한 번에 입력: map(float, input().split())
② 문제 해결 순서
• 순서1: 값이 누적되는 sum_val 변수 0 값으로 초기화: sum_val = 0
        sum_val = 0
• 순서2: 실수 값 5개 입력받아 리스트 생성
  – 7.1 11.3 9.6 8.7 4.2를 입력받아 sum_val에 저장
    list_val = map(float, input("값 입력: ").split())

- 순서3: 반복문
  - for문: list_val 리스트의 내용 반복
    for val in list_val:
  - 반복 수행할 내용: 리스트의 내용을 sum_val 변수에 저장
    sum_val += val
- 순서4: sum_val 내용을 화면에 출력
      print("합계: %.2f" % (sum_val))

 # 7-(3)-2)-5

```
# 7-(3)-2)-5
'''문제해결 7-4-2)'''
# 순서1
sum_val = 0

# 순서2
list_val = map(float, input("값 입력: ").split())

# 순서3
for val in list_val:
    sum_val += val

# 순서4
print("합계: %.2f" % (sum_val))
```

[설명] 여러 실수 값을 입력받아 리스트 생성 후 리스트 값의 합을 구하는 작업을 반복 후 합 출력

[실행 결과] 값 입력: 7.1 11.3 9.6 8.7 4.2
합계: 40.90

[문제 해결 7-4-3] 리스트의 각 문자열의 개수가 짝수이면 "짝수" 출력, 홀수이면 "홀수" 출력을 리스트의 원소
수만큼 반복 수행

[조건] • 리스트 변수명: str_list, 문자열. 내용 – ['Vesemir', 'Geralt', 'Eskel', 'Lambert', 'Berenga']
• 반복문의 값 저장 변수명: val, 문자열
• 출력 형태 예시 – Vesemir, 7개 : 홀수

[풀이] ① 선수 지식
• 문자열의 개수(길이): len(문자열)
• 짝수 판별: len(문자열) % 2 == 0

② 문제 해결 순서
  • 순서1 : 여러 문자열을 가진 str_list 리스트 선언 – str_list = [값 목록]
          str_list = ["Vesemir", "Geralt", "Eskel", "Lambert", "Berenga"]
  • 순서2 : str_list 리스트 내용을 반복하는 반복문 작성 – for 변수 in str_list
          for val in str_list:
  • 순서3 : val 변수의 문자수가 짝수인지 홀수인지 판별하는 조건문과 참/거짓 처리
    – val 변수 문자열의 짝수/홀수 판별 조건문
      if len(val) % 2 == 0:
    – 조건이 참일 때 처리
      print("%s, %d개 : %s" % (val, len(val), "짝수"))
    – 조건이 거짓일 때 처리
      else:
      print("%s, %d개 : %s" % (val, len(val), "홀수"))

7-(3)-2)-6

```
# 7-(3)-2)-6
'''문제해결 7-4-3)'''

# 순서1
str_list = ["Vesemir", "Geralt", "Eskel", "Lambert", "Berenga"]

# 순서2
for val in str_list:
    # 순서3
    if len(val) % 2 == 0:
        print("%s, %d개 : %s" % (val, len(val), "짝수"))
    else:
        print("%s, %d개 : %s" % (val, len(val), "홀수"))
```

설명) str_list의 각 문자열의 짝수/홀수를 판별해 화면에 출력하는 작업을 리스트의 원소 수만큼 반복 수행

실행 결과 Vesemir, 7개 : 홀수
Geralt, 6개 : 짝수
Eskel, 5개 : 홀수
Lambert, 7개 : 홀수
Berenga, 7개 : 홀수

문제 7-5 다음의 문제들을 코드로 구현해보자.

1. 5개의 정수 값을 입력받아 숫자 값이 양수이면 "양수"를 화면에 출력, 음수이면 "음수" 출력, 0 값이면 "0"
   출력하는 작업을 반복 수행

   조건 • 숫자 값 입력 리스트 변수명: num_val, 숫자 – 정수
   　　　• 반복문의 값 저장 변수명: val, 숫자 – 정수

2. 3개의 상품코드(문자열)와 3개의 상품가격(정수)을 입력받아 상품정보 딕셔너리 생성 후 출력

   조건 • 상품코드 입력 리스트 변수명: product_code, 문자열
   　　　• 상품가격 입력 리스트 변수명: product_price, 숫자 – 정수
   　　　• 상품정보 딕셔너리 변수명: product_dict
   　　　• 반복문의 키와 값 저장: key, 문자열. val, 정수

3. 3명의 랭크점수(rank_jum)를 입력받아 랭크점수가 90점 이상이면 rank_str 변수에 "골드", 70점 이상
   이면 rank_str 변수에 "실버", 그렇지 않으면 rank_str 변수에 "브론즈"를 저장 후 rank_str 변수와 임의
   의 보상상품을 화면에 출력

   조건 • 랭크점수 입력 리스트 변수명: rank_jum, 숫자 – 정수
   　　　• 반복문의 값 저장 변수명: val, 숫자 – 부동소수점
   　　　• 보상상품 리스트: rew_list, 문자열, 리스트 값 – "뉴스킨", "울트라스킨", "어썸스킨"
   　　　• 임의의 보상상품: 난수를 사용해서 지급, 보상상품 리스트의 값 중 1개를 임의로 지급

   화면 출력 힌트: 0~2 사이의 정수 난수를 구해서 해결
   　　　• 선수 지식
   　　　　－0~2 사이의 정수 난수 구하기: from random import randrange
   　　　　　　　　　　　　　　　　　　　randrange(3)
   　　　　－보상상품 리스트의 값 중 1개를 임의로 지급: rew_list[randrange(3)]

❸ while문: while 조건식

① 조건을 만족하는 동안 반복 작업을 수행하는 반복문
   • 조건을 만족하는 동안: 조건이 참인 경우

② 문법

제어변수 선언 - 반드시 초기화
while 조건식: # 조건을 만족하는 동안 실행
　　반복 수행할 내용
　　제어변수 누적 - 횟수 제어

- 제어변수 선언: 반복 횟수를 제어해서 반복문을 중단시킬 조건을 만드는 변수
  - 반드시 while문 위에서 제어변수를 초기화하고 사용해야 함
    예 제어변수 c를 선언하고 1로 초기화
    　　c = 1
- while 조건식: 조건을 만족하는 동안 수행
  - 조건은 제어변수를 사용해서 작성
    예 조건식 - 제어변수가 5보다 작거나 같을 때까지 수행: c <= 5
    　　while 조건식: 제어변수가 5보다 작거나 같을 때까지 반복 수행
    　　while c <= 5:
    　　따라서 반복 중단 조건은 c 값이 6이 되는 순간
- 반복 수행할 내용: 조건이 만족되는 동안 반복 수행할 문장
  예 화면에 c 값 출력
  　　print("c =", c)
- 제어변수 누적: 반복문의 횟수를 제어하기 위해 제어변수 누적
  - 조건을 중단시킬 값으로 만드는 과정
    예 제어변수 c의 값 1 증가
    　　c += 1
    　　반복 중단 조건인 c 값을 6으로 만드는 과정

예 **c의 값을 1에서 5까지 증가시키고 출력하는 반복문**

　　풀이 문제 해결 순서
　　- 순서1: 제어변수 c 선언 및 초기화
　　　　　　c = 1
　　- 순서2: 반복문
　　　▪ while문: 조건이 만족되는 동안 수행
　　　　- c 값이 5보다 작거나 같다는 조건이 만족되는 동안 내용 반복
　　　　　while c <= 5:
　　　▪ 반복 수행할 내용
　　　　- c 변수의 내용을 화면에 출력
　　　　　print("c =", c)

- 제어변수 c의 값을 1 증가

    c += 1

 # 7-(3)-3)-1

```
# 7-(3)-3)-1
c = 1

# 순서2
while c <= 5:
    print("c =", c)
    c += 1
```

[설명] 여러 실수 값을 입력받아 리스트 생성 후 리스트의 값의 합을 구하는 작업을 반복 후 합
출력

[실행 결과] c = 1
        c = 2
        c = 3
        c = 4
        c = 5

③ while문은 반복 횟수를 알 수 없는 경우 선호하기 때문에 무한루프 작성에 사용

- 무한루프: 무한히 반복하는 반복문으로 반복 중 특정 상황이 발생하면 반복문을 탈출하는
  구조

④ 무한루프는 while True:와 같이 조건을 True로 지정해서 무한히 반복될 수 있는 상황을
만듦

- 무한히 반복되는 조건: while True 또는 while 1을 지정

  [예] while True: 또는 while 1:

⑤ 무한히 실행되는 구조는 특정 조건이 되는 경우에는 반복문을 탈출하는 구조로 if문 사용

- 무한 반복 탈출조건: if 탈출조건 과 같이 조건문 작성

  - 조건을 만족하는 경우 break 제어문을 사용해서 탈출

    [예] while True:

        if 탈출조건:

            break

문제 해결 **7-5-1** 무한히 문자열 값을 입력받아 문자열을 결합하는 반복문을 수행하다가 "quit"가 입력되면 반복문을 중단하고 결합된 문자열을 화면에 출력

조건 • 문자열 입력받는 변수명: input_str, 입력받을 값 – "protoss", "zerg", "terran", "quit"
　　　 – 문자열 값을 직접 입력할 때: 큰따옴표 없이 문자열 입력. 변수와 구별하기 위해서 큰따옴표를 붙였음
　　　• 결합된 문자열 변수명: result_str

풀이 ① 선수 지식
　　　• 문자열이 누적되는 변수 값은 ""(공백)으로 초기화: result_str = ""
　　　② 문제 해결 순서
　　　　• 순서1 : 문자열이 누적되는 결과 문자열 변수 ""(공백)으로 초기화: result_str = ""
　　　　　　　result_str = ""
　　　　• 순서2 : 반복문
　　　　　▪ while문: 조건을 True(1)로 지정해서 무한히 수행. True는 1 값으로 표현 가능
　　　　　　– 무한루프
　　　　　　while 1 :
　　　　　▪ 반복 수행할 내용
　　　　　　– 문자열 입력받음
　　　　　　input_str = input("문자열 입력: ")
　　　　　　– 입력받은 문자열이 "quit"이면 반복문 탈출
　　　　　　if input_str == "quit":
　　　　　　　break
　　　　　　– 결과 문자열에 입력받은 문자열 결합(누적)
　　　　　　result_str += input_str
　　　　• 순서3: result_str 내용을 화면에 출력
　　　　　　　print(result_str)

 # 7-(3)-3)-2

```
# 7-(3)-3)-2
'''문제해결 7-5-1)'''
# 순서1
result_str = ""

# 순서2
while 1 :
    input_str = input("문자열 입력: ")
    if input_str == "quit":
        break
```

```
        result_str += input_str

    # 순서3
    print(result_str)
```

설명 문자열을 입력받아 문자열을 누적하는 작업을 무한히 수행하다가 "quit"가 입력되면 반복문을
탈출하고 누적된 문자열을 출력

실행 결과 문자열 입력: protoss

문자열 입력: zerg

문자열 입력: terran

문자열 입력: quit

• 출력 – protosszergterran

⑥ break문은 반복문 내에서 특정 조건일 때 반복문 탈출

• 무한루프 및 일반적인 반복문에서도 사용 가능

예 값의 목록(0~9)에서 값의 출력을 반복하다가 값이 5인 경우 "값이 5여서 탈출"을 출력 후 반복문 탈출

풀이

❶ 선수 지식

• 0~9까지 값의 목록(범위) 생성: range(10)

❷ 문제 해결 순서

• 순서1: 반복문

▪ for문: 주어진 값의 범위 반복

–0~9 사이의 값 범위 반복. 값 범위에서 뽑은 1개의 값은 x 변수에 저장

for x in range(10):

▪ 반복 수행할 내용

–x 변수의 값이 5이면 "값이 5여서 탈출"을 출력하고 반복문 탈출

if x == 5:

print("값이 5여서 탈출")

break

–x 변수의 값이 5가 아니면 x 변수의 값 출력

print("x =", x)

 # 7-(3)-3)-3

```
# 7–(3)–3)–3
# 순서1
for x in range(10):
    if x == 5:
```

```
            print("값이 5여서 탈출")
            break
    print("x =", x)
```

설명 0~9 범위의 숫자를 출력하는 작업을 반복하다가 숫자 값이 5이면 "값이 5여서 탈출"을
출력하고 반복 탈출

실행 결과 x = 0
x = 1
x = 2
x = 3
x = 4

문제 해결 7-5-2 입력받은 전사의 초기체력이 특정 물체에 부딪히면 50씩 감소하다가 체력이 0이 되면
"game over!!"를 출력하고 반복 처리 중단. 반복 처리 내에서 특정 물체에 부딪혔을 때 남
은 체력도 출력

조건 • 입력받는 체력 변수명: health_val, 숫자 − 정수
• 충돌 상태 변수명: crush_stu, 불리언. 기본 값 True로 지정
• 충돌 값 상수명: CRUSH_VAL = 50

풀이 ① 선수 지식
• 상수명은 모두 대문자로 지정하고 반드시 초기 값 할당: CRUSH_VAL = 50
• 체력은 음수 값이 될 수 없기 때문에 음수 값이 되는 경우 0으로 보정하는 인라인 if
– 체력이 0보다 크거나 같으면 원래의 체력 값을 그대로 사용하고 0보다 작은 경우 0 값으로
보정
health_val if health_val >= 0 else 0
② 문제 해결 순서
• 순서1: 충돌 값 상수와 충돌 상태 변수 선언
– 충돌 값 상수 선언
CRUSH_VAL = 50
– 충돌 상태 변수 선언. 무조건 충돌하도록 True 값 지정
crush_stu = True
• 순서2: 초기체력을 입력받아 health_val 변수에 넣음. 초기체력에 음수 값 입력 시 0으로
보정
– 초기체력을 입력받아 health_val 변수에 넣음
health_val = int(input("초기체력 입력: "))
– 초기체력에 음수 값 입력 시 0으로 보정

health_val = health_val if health_val >= 0 else 0
- 순서3: 반복문
  - while문: 조건을 True로 지정해서 무한히 수행
    - 체력이 있는 한 무한히 동작되는 반복문
      while True:
  - 반복 수행할 내용1: 체력이 0이면 "game over!!"를 출력하고 반복문 탈출
    - health_val 변수의 값이 0이면
      if health_val == 0:
    - "game over!!"를 출력
      print("game over!!")
    - 반복문 탈출
      break
  - 반복 수행할 내용2: 충돌 상태이면 체력 50 감소 후 남은 체력 출력. 체력이 음수면 0으로 보정
    - 충돌 상태이면
      if crush_stu:
    - 체력 50 감소: health_val 변수에서 50 감소해서 다시 health_val 변수에 저장
      health_val -= CRUSH_VAL
    - 체력이 음수면 0으로 보정 - 남은 체력이 0보다 크거나 같으면 원래의 health_val 유지, 그렇지 않으면 0 값으로 보정
      health_val = health_val if health_val >= 0 else 0
    - 남은 체력 출력 - health_val 변수 출력
      print("남은 체력: ", health_val)

7-(3)-3)-4

```
# 7-(3)-3)-4
'''문제해결 7-5-2)'''
# 순서1
CRUSH_VAL = 50
crush_stu = True

# 순서2
health_val = int(input("초기체력 입력: "))
health_val = health_val if health_val >= 0 else 0

# 순서3
while True:
    if health_val == 0:
        print("game over!!")
```

```
        break
    if crush_stu:
        health_val -= CRUSH_VAL
        health_val = health_val if health_val >= 0 else 0
        print("남은 체력: ", health_val) >= 0 else 0
        print("남은 체력: ", health_val)
```

설명 초기체력을 입력받아 충돌해서 체력을 50씩 감소하는 작업을 무한히 수행하다가 체력이 0이
되는 순간 반복을 중단하고 프로그램을 끝냄. 프로그램 내에서 충돌 시 남은 체력을 출력하고,
체력이 음수이면 0으로 보정하고 프로그램 중단

실행 결과 초기체력 입력: 310
남은 체력: 260
남은 체력: 210
남은 체력: 160
남은 체력: 110
남은 체력: 60
남은 체력: 10
남은 체력: 0
game over!!

문제 7-6 다음의 문제들을 코드로 구현해보자.

1. 정수 값을 입력받아 값이 양수이면 양수합계 변수에 누적, 음수이면 음수합계 변수에 누적하는 작업을
반복함. 입력받은 값이 0이면 반복문을 탈출하고 양수합계 변수의 값과 음수합계 변수 값을 화면에 출력
    조건 • 숫자 값 입력 변수명: num_val
        • 양수합계 변수명: sum_plus
        • 음수합계 변수명: sum_minus
    선수 지식 누적변수 0으로 초기화: sum_plus = 0, sum_minus = 0

2. 입력받은 문자열 리스트에 "bear" 단어가 있는 경우 "bear"를 출력하고 for문 탈출하는 작업을 무한히
반복 수행하다가 반복 제어 문자열이 "q"이면 무한 반복 작업을 중단
    조건 • 문자열 입력 리스트 변수명: input_str, 문자열
        • 반복 제어 문자열 변수명: data, 문자열
    힌트 무한루프 안에 입력받은 문자열 리스트가 for문으로 반복됨. 입력받은 문자열이 "q"이면 무한 반
        복 중단, 그렇지 않으면 입력받은 문자열을 리스트로 변환
        while True:
            # 여기서 문자열 입력

```
# 입력받은 문자열이 "q"이면 무한 반복 중단, 그렇지 않으면 입력받은 문자열을 리스트로 변환
for data in input_str:
```

3. 문제 해결 7-5-2 의 문제에서 충돌 값을 0~499 사이의 난수로 발생시켜 처리하는 문제로 수정

   조건 • 충돌 값 상수 CRUSH_VAL = 50 는 변수로 변경: crush_val, 숫자 – 정수 값은 난수 사용:
     0~499

     • 결과 출력 예시 – 충돌: 16, 남은 체력: 983

   선수 지식 0~499 사이의 난수 값

     from random import randrange
     randrange(500)

▣4 반복문의 성능 비교

① 리스트 컴프리헨션, for문, while문은 모두 값의 목록을 반복 수행

② 같은 작업을 수행하는 코드 중 수행 속도가 가장 빠른 것을 선택
   • 프로그램의 성능이 좋아짐

③ 수행 속도의 빠름: 리스트 컴프리헨션 〉 for문 〉 while문 순서
   • 값의 목록을 만들 경우: 리스트 컴프리헨션, for문, while문의 사용이 모두 가능
    – 이 경우 리스트 컴프리헨션 사용이 권장. 일반적으로 리스트 컴프리헨션이 속도가 가장
    빠름. 단, 실행 속도는 시스템의 상황에 따라 다르고 실행할 때마다 다름

```
In [6]: %%timeit
   ...: mylist = [2 * x * x for x in range(5)]
   ...:
   ...:
698 ns ± 17.3 ns per loop (mean ± std. dev. of 7 runs, 1000000
loops each)

In [7]: %%timeit
   ...: mylist = []
   ...: for x in range(5):
   ...:     mylist.append(2*x*x)
   ...:
751 ns ± 7.89 ns per loop (mean ± std. dev. of 7 runs, 1000000
loops each)

In [8]: %%timeit
   ...: x = 0
   ...: mylist = []
   ...: while x < 5:
   ...:     mylist.append(2*x*x)
   ...:     x += 1
   ...:
721 ns ± 17.4 ns per loop (mean ± std. dev. of 7 runs, 1000000
loops each)
```

▲ [Spyder] 통합 개발 환경의 ipython 창에서 실행한 결과

예 %%timeit 셀 매직으로 리스트 컴프리헨션의 실행 속도 측정

%%timeit

mylist = [2 * x * x for x in range(5)]

- %%timeit: 여러 줄로 이루어진 코드의 실행 속도 측정에 사용

    ◐ %%로 시작하는 명령어: 매직 커맨드(magic command) 중 셀 매직(cell magic)으로 ipython 창에서만 실행 가능. 주피터 노트북이나 에디터에서는 실행 안 됨

- mylist = [2 * x * x for x in range(5)]: 실행 속도를 측정할 코드

④ ipython 창은 [Spyder] 통합 개발 환경을 사용하거나 [Anaconda Prompt]에서 ipython을 실행 후 사용

- [Spyder] 통합 개발 환경
  - [시작]–[Anaconda3 (64bit)]–[Spyder (Anaconda3)] 메뉴
  - [ipython] 명령 창에 코드 직접 입력 또는 복사 붙여넣기 후 Enter 2~3번

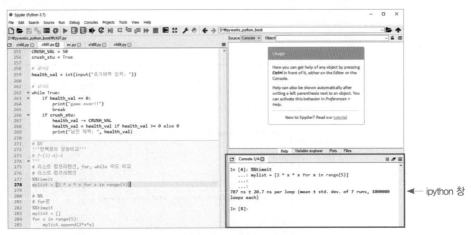

▲ [Spyder] 통합 개발 환경의 ipython 창

- [Anaconda Prompt] 환경
  - [Anaconda3 (64bit)]–[Anaconda Prompt(Anaconda3)] 메뉴
  - ipython 입력 후 Enter
  - 코드 복사 후 ipython 명령 창에서 오른쪽 마우스 버튼 클릭 후 Enter 2~3번

▲ [Anaconda Prompt] 환경의 ipython 창

```
# 리스트 컴프리헨션
%%timeit
mylist = [2 * x * x for x in range(5)]

# for문
%%timeit
mylist = []
for x in range(5):
    mylist.append(2*x*x)

# while문
%%timeit
x = 0
mylist = []
while x < 5:
    mylist.append(2*x*x)
    x += 1
```

```
Console 1/A

In [6]: %%timeit
   ...: mylist = [2 * x * x for x in range(5)]
   ...:
   ...:
698 ns ± 17.3 ns per loop (mean ± std. dev. of 7 runs, 1000000
loops each)

In [7]: %%timeit
   ...: mylist = []
   ...: for x in range(5):
   ...:     mylist.append(2*x*x)
   ...:
751 ns ± 7.89 ns per loop (mean ± std. dev. of 7 runs, 1000000
loops each)

In [8]: %%timeit
   ...: x = 0
   ...: mylist = []
   ...: while x < 5:
   ...:     mylist.append(2*x*x)
   ...:     x += 1
   ...:
721 ns ± 17.4 ns per loop (mean ± std. dev. of 7 runs, 1000000
loops each)
```

▲ [Spyder] 통합 개발 환경의 ipython 창에서 실행한 결과

```
IPython: C:Users/KEO                                      —  □  ×
Type 'copyright', 'credits' or 'license' for more information
IPython 7.13.0 -- An enhanced Interactive Python. Type '?' for help.

In [1]: %%timeit
   ...: mylist = [2 * x * x for x in range(5)]

693 ns ± 8.72 ns per loop (mean ± std. dev. of 7 runs, 1000000 loops each)

In [2]: %%timeit
   ...: mylist = []
   ...: for x in range(5):
   ...:     mylist.append(2*x*x)

756 ns ± 18.7 ns per loop (mean ± std. dev. of 7 runs, 1000000 loops each)

In [3]:

In [3]: %%timeit
   ...: x = 0
   ...: mylist = []
   ...: while x < 5:
   ...:     mylist.append(2*x*x)
   ...:     x +=

713 ns ± 11.1 ns per loop (mean ± std. dev. of 7 runs, 1000000 loops each)
```

▲ Anaconda Prompt의 ipython에서 실행한 결과

- 반복문 기능 수행: for문 또는 while문을 사용
  - 리스트의 값을 하나씩 출력하는 반복문의 경우 for문이 속도가 더 빠름. for문 사용 권장

 # for와 while 속도 비교

```
# for
%%timeit
mylist = [1, 2, 3, 4, 5]
for x in mylist:
    x

# while
%%timeit
mylist = [1, 2, 3, 4, 5]
x = 0
while x < 5:
    mylist[x]
    x += 1
```

```
Console 1/A

In [12]: %%timeit
    ...: mylist = [1, 2, 3, 4, 5]
    ...: for x in mylist:
    ...:     x
    ...:
163 ns ± 4.48 ns per loop (mean ± std. dev. of 7 runs, 10000000
loops each)

In [13]: %%timeit
    ...: mylist = [1, 2, 3, 4, 5]
    ...: x = 0
    ...: while x < 5:
    ...:     mylist[x]
    ...:     x += 1
    ...:
387 ns ± 9.67 ns per loop (mean ± std. dev. of 7 runs, 1000000
loops each)
```

▲ [Spyder] 통합 개발 환경의 ipython 창에서 실행한 결과

▲ [Anaconda Prompt] 환경의 ipython에서 실행한 결과

SECTION 04. 에러 제어 – try~except

✔ 에러 제어는 에러가 발생하더라도 프로그램이 중단되지 않고 실행되도록 코드를 구성

1 개요

① 에러가 발생하면 프로그램은 에러 메시지를 표시하고 중단됨

② 에러 제어의 목적은 에러를 제어해서 프로그램의 수행이 중단되는 것을 방지

③ 파이썬에서 에러 제어는 try~except문 사용

④ 문법

```
try:
    # 에러 유발 문장 A
except 발생한에러제어클래스: #에러발생시에만 실행됨
    # 발생한 에러 처리 문장 B
else:
    # 정상 동작 시 실행되는 문장 C
finally:
    # 에러발생과 무관하게 항상 실행되는 문장 – 리소스 해제 D
```

- 에러발생 시 수행되는 문장: A – B – D
- 정상실행 시 수행되는 문장: A – C – D

▪ try 블록: 에러 유발 문장이 위치
  • 에러 유발 문장: 잘못된 코드, 없는 라이브러리 로드 등으로 발생

- except 발생한에러제어클래스 블록: 에러가 발생할 때만 실행. 발생한 에러를 처리하는 문장이 위치
  - 발생한에러제어클래스: 해당 에러를 잡아서 처리하는 클래스. 다른 에러는 처리 못 함
    → 발생한 에러를 잡을 수 있는 정확한 발생한 에러 제어 클래스를 사용해야 함
    - 예 except ZeroDivisionError: 0으로 나눈 에러 발생 시 처리. 다른 에러는 처리 못 함
    - 발생한 에러 처리 문장: 에러 발생 시 실행할 작업 등으로 완곡한 에러 표시 메시지나 에러 추적 코드 기술
- else 블록: 정상 동작될 때만 실행되는 문장이 위치. 에러 발생 시에는 동작되지 않음
  - 정상 동작 시 실행되는 문장: 에러 발생 시에는 실행 안 됨
- finally 블록: 에러 발생 유무와 관계없이 항상 실행되는 문장이 위치
  - 예외 발생과 무관하게 항상 실행되는 문장: 리소스 해제
    → 리소스 해제: 변수나 객체 등이 가지고 있는 메모리 자원 해제. 에러가 발생하면 리소스를 점유한 상태에서 프로그램이 중단됨. 이것을 반드시 해제(회수)해서 다른 프로그램이 쓸 수 있도록 해야 함

예 1/0과 같이 숫자를 0으로 나누면 에러가 발생. 이것을 제어한 try except 사용 예

```
try:
    answer = 1 / 0  # 에러 발생
    print(answer)
except ZeroDivisionError:
    print("오류발생")
print("에러가 처리되면 나머지 작업도 제대로 수행됨")
```

풀이 문제 해결 순서

❶ 순서1: try except문
  - try: 예외가 발생할 수 있는 문장들을 기술
    - answer = 1 / 0: 여기서 에러가 발생 – 0으로 나누는 에러
    - print(answer): 윗줄의 문장에서 에러가 발생되지 않은 정상 실행 시에만 수행됨
  - except ZeroDivisionError: 예외 발생 시 예외를 잡는 클래스와 처리할 문장 기술
    - 에러를 잡는 클래스: ZeroDivisionError 클래스는 0으로 나누는 에러를 처리함
    - 예외 발생 시 처리할 문장: print("오류발생")은 화면에 완곡한 에러 메시지인 "오류발생" 출력
❷ 순서2: 에러가 처리된 후의 나머지 작업
  - 에러가 처리되고 나면 에러 발생 유무와 관계없이 나머지 코드가 실행됨
    - print("에러가 처리되면 나머지 작업도 제대로 수행됨")

 # 7-(4)-1)-1

```
# 7-(4)-1)-1
# 순서1
try:
    answer = 1 / 0  # 에러 발생
    print(answer)
except ZeroDivisionError:
    print("오류발생")

# 순서2
print("에러가 처리되면 나머지 작업도 제대로 수행됨")
```

설명 1/0을 하면 0으로 나누는 에러가 발생해서 except 블록으로 이동해서 "오류발생" 출력. 이 때 에러를 처리하는 클래스가 0으로 나누는 에러를 처리하는 ZeroDivisionError이므로 에러를 잡아서 처리 가능. 에러가 발생했더라도 에러를 처리했기 때문에 print("에러가 처리되면 나머지 작업도 제대로 수행됨")가 실행됨

실행 결과 오류발생

에러가 처리되면 나머지 작업도 제대로 수행됨

○ 만일 answer = 1 / 10이라면 0으로 나누지 않아서 정상 실행으로 print(answer)가 실행되어 1.0이 출력되고 "에러가 처리되면 나머지 작업도 제대로 수행됨"이 출력됨

② except pass – 예외(에러)가 발생해도 아무런 처리 안 함

외부 인터럽트에 의한 실행 중단 시 사용

• 외부 인터럽트: 명령 창에서 Ctrl + C 눌러 실행을 중단시키는 작업 등

예 0으로 나눠서 발생하는 예외를 pass를 사용해서 아무런 처리를 하지 않음. 아무런 처리를 하지 않아도 에러가 처리된 것이기 때문에 나머지 코드가 실행됨

```
try:
    answer = 1 / 0  # 에러 발생
    print(answer)
except:
    pass
print("에러가 처리되면 나머지 작업도 제대로 수행됨")
```

풀이 문제 해결 순서

❶ 순서1: try except문
- ▪ try: 예외가 발생할 수 있는 문장들을 기술
  - – answer = 1 / 0: 여기서 에러가 발생 – 0으로 나누는 에러
  - – print(answer): 윗줄의 문장에서 에러가 발생되지 않은 정상 실행 시에만 수행됨
- ▪ except: 예외 발생 시 예외를 잡는 클래스와 처리할 문장 기술
  - – pass: 예외 발생 시 아무런 처리를 하지 않음

❷ 순서2: 에러가 처리된 후의 나머지 작업
- ▪ 예외 발생 시 아무런 처리를 하지 않아도 에러가 처리된 것이기 때문에 나머지 코드가 실행됨
  - – print("에러가 처리되면 나머지 작업도 제대로 수행됨")

7-(4)-2)-1

```
# 7-(4)-2)-1
# 순서1
try:
    answer = 1 / 0  # 에러 발생
    print(answer)
except:
    pass

# 순서2
print("에러가 처리되면 나머지 작업도 제대로 수행됨")
```

설명 1/0을 하면 0으로 나누는 에러가 발생해서 except 블록으로 이동하나 pass를 사용해서 아무런 처리도 하지 않음. 에러를 처리했기 때문에 print("에러가 처리되면 나머지 작업도 제대로 수행됨")가 실행됨

실행 결과 에러가 처리되면 나머지 작업도 제대로 수행됨

❸ 파이썬 버전에 따라 임포트할 라이브러리 이름이 다른 경우에도 try except 를 사용해서 제어

try except문은 파이썬 버전에 따라 로드하는 라이브러리가 다른 경우에도 응용 가능

① GUI 화면을 만들 때 사용하는 라이브러리는 파이썬2와 파이썬3이 다름
- • 파이썬2: Tkinter, 파이썬3: tkinter

• tkinter 라이브러리: 내장 라이브러리로 간단하게 GUI 화면을 만들 때 사용

② 라이브러리명이 다른 경우 try except문을 사용해서 버전에 따라 맞는 라이브러리를 로드
할 수 있음

예 파이썬3에서 tkinter 라이브러리 로드, 파이썬2에서 Tkinter 라이브러리 로드해서 GUI 창에 "test" 문자
열 출력

```
try:
    from tkinter import *  #파이썬3에서 로드
except ImportError:
    from Tkinter import *  #파이썬2에서 로드
```

풀이 문제 해결 순서

❶ 순서1: try except문을 사용한 라이브러리 로드
  ▪ try: 예외가 발생할 수 있는 문장들을 기술
    – import tkinter as tk: 파이썬3인 경우 tkinter 라이브러리 로드, 에러가 발생하면 파이썬2
    – 파이썬3에서는 에러 없이 tkinter 라이브러리가 로드됨
  ▪ except ImportError: 파이썬2인 경우 라이브러리 임포트(로드) 시 에러 발생
    – import Tkinter as tk: 파이썬2인 경우 Tkinter 라이브러리 로드
❷ 순서2: GUI 화면 작성
  ▪ GUI 창을 만들어서 "test" 문자열 표시
    – root = tk.Tk(): GUI 창 만듦
    – lbl_info = tk.Label(root, text="test"): "test" 문자열을 표시하는 Label 컴포넌트를 만들어서
      GUI 창에 붙임
    – lbl_info.grid(row=0, column=0): "test" 문자열을 표시하는 Label 컴포넌트 배치 위치
      지정
    – root.mainloop(): GUI 창 기동

7-(4)-3)-1

```
# 7-(4)-3)-1
# 순서1
try:
    import tkinter as tk
except ImportError:
    import Tkinter as tk

# 순서2
root = tk.Tk()
```

```
lbl_info = tk.Label(root, text="test")
lbl_info.grid(row=0, column=0)
root.mainloop()
```

설명 파이썬 버전에 따라 다른 GUI 라이브러리 로드를 try except문을 사용해서 제어. 라이브러
리를 로드 후 GUI 창에 "test" 문자열을 표시 후 GUI 창을 기동시킴

실행 결과

리소스 해제 – with

✔ 파일을 사용한 작업에서 리소스 해제를 자동으로 할 때 사용

1 with 사용

(1) with문은 파일을 여는 작업을 수행 후 닫는 작업을 보장함

① 자동으로 닫는 작업을 함. 에러가 발생해도 닫힘

② 파일을 여는 작업은 파일 객체가 메모리 할당을 받음
   • 파일 사용 후 파일을 닫아서 객체 해제가 필요

③ 파일을 여는 작업에 with를 같이 사용하면 with문이 종료되면 자동으로 파일이 닫힘

(2) 문법

> with 파일오픈함수 as 파일정보저장변수:
>   파일정보저장변수.작업처리함수()

• 파일오픈함수: 텍스트 파일 또는 바이너리 파일을 읽기용, 쓰기용으로 엶
• 파일정보저장변수: 읽은 파일 정보를 저장하는 변수
• 파일정보저장변수.작업처리함수(): 읽기용인 경우 readlines() 메소드
                              쓰기용인 경우 write() 메소드

예 'Khalani.txt' 파일을 읽기용으로 연 후, 내용을 읽어 화면에 출력

```
with open("Khalani.txt", "r") as f:
    print(f.readlines())
```

풀이

❶ with문을 붙여서 텍스트 파일을 읽기용으로 열어 f 변수에 저장
 - 텍스트 파일을 읽기용으로 엶: open('Khalani.txt', 'r') 코드에서 텍스트 파일 읽기용은 "r" 옵션 사용
    ```
    with open("Khalani.txt", "r") as f:
    ```
❷ 파일의 정보를 저장한 f 객체에 readlines() 메소드를 사용해서 읽은 후 화면 출력
    ```
    print(f.readlines())
    ```
❸ 화면에 파일의 내용이 모두 출력되고 나면, 파일을 모두 읽어서 파일의 끝에 도달함. 이때 with문 블록 밖으로 프로그램 제어가 이동되고 열어놓은 파일 객체는 자동으로 닫힘

7-(5)-1

```
# 7-(5)-1
with open("Khalani.txt", "r") as f:
    print(f.readlines())
```

설명 텍스트 파일 'Khalani.txt'을 "r" 옵션을 주어서 읽기용으로 열어 f 변수에 저장. f 변수는 파일 객체로 readlines() 메소드를 사용해서 파일의 내용을 읽은 후 화면 출력. with 블록을 벗어난 후 읽기 위해 열어놓은 파일은 자동으로 닫힘

실행 결과 ['Ankh laranas : Me with you. \n', 'En Aiur! : For Aiur! \n', 'En harudim Raszagal! : For the memory of Raszagal! \n', "En taro Adun! : For Adun's name! \n", "En taro Tassadar! : For Tassadar's name! \n", 'En var 이하 생략~.

예 'bearlist.txt' 파일을 쓰기용으로 연 후, 지정한 문자열을 파일의 내용으로 씀

```
with open("bearlist.txt", "w") as f:
    f.write("4 o'clock\nscenery\nwinter bear\nsweet night\nsnow flower\n")
```

풀이

❶ with문을 붙여서 텍스트 파일을 읽기용으로 열어 f 변수에 저장
 - 텍스트 파일을 쓰기용으로 엶: open('bearlist.txt', 'w') 코드에서 텍스트 파일 쓰기용은 "w" 옵션 사용
    ```
    with open("bearlist.txt", "w") as f:
    ```
❷ 지정한 문자열을 쓰기용 파일 f 객체에 write() 메소드를 사용해서 씀
    ```
    f.write("4 o'clock\nscenery\nwinter bear\nsweet night\nsnow flower\n")
    ```

❸ 'bearlist.txt' 파일에 내용을 다 쓴 후 with문 블록 밖으로 프로그램 제어가 이동되고 열어놓은 파일 객체는 자동으로 닫힘

 # 7-(5)-2

```
# 7-(5)-2
with open("bearlist.txt", "w") as f:
    f.write("4 o'clock\nscenery\nwinter bear\nsweet night\nsnow flower\n")
```

설명) 텍스트 파일 "bearlist.txt"을 "w" 옵션을 주어서 쓰기용으로 열어 f 변수에 저장. 쓰기용 파일 객체 f 변수에 write( ) 메소드를 사용해서 파일의 내용을 씀. with 블록을 벗어난 후 쓰기 위해 열어놓은 파일은 자동으로 닫힘. 화면에 표시되는 내용 없음. 파일 탐색기 등에서 "bearlist.txt" 파일 생성 확인

실행 결과

☑ 정리

- if문은 주어진 조건식에 따라 결과가 2개로 분기되는 경우에 사용됨
  - if문의 사용 형태는 if 단독문, if–else문, 인라인 if문 등이 있음

- 일반적인 형태의 if문은 if–else문으로 구조는 다음과 같음

  if 조건:

    # 조건 만족할 경우 수행 – 조건: 참

  else:

    # 조건 만족 안 할 경우 수행 – 조건: 거짓

  - if 조건: 문은 조건을 만족하는 경우, 다음에 나오는 문장 수행
  - 조건을 만족하지 않는 경우 else:문 다음의 문장 수행

- 처리할 결과가 3개 이상인 경우 if–elif–else문을 사용
  - if의 개수는 결과의 수 –1

  if 조건1:

    # 조건1 만족할 경우 수행 – 조건1: 참

  elif 조건2:

    # 조건2 만족할 경우 수행 – 조건2: 참

  else:

    # 조건 만족 안 할 경우 수행 – 조건: 거짓

- 인라인 if문은 if나 else문에서 처리할 문장이 1개이고, 이 문장이 특정 변수에 값을 넣는 구조에 사용

  변수 = 참 if 조건 else 거짓

- 조건을 비교 후 반복하는 조건비교 반복문에는 for–in문, while문이 있음

for 변수 in 값 목록: 　# 처리할 문장	제어변수 while 조건: 　# 처리할 문장 　제어변수 증감

- 파이썬에서는 여러 건의 데이터가 저장된 변수를 반복 처리하는 경우가 많기 때문에 for-in문을 많이 사용. 리스트의 원소 값에 접근해서 처리하는 반복문의 경우 for-in문의 수행 속도가 while보다 더 빠름

- while문은 while True:와 break문을 같이 사용한 무한 반복문에 주로 사용됨. 이때 if와 break문을 같이 사용해서 무한 반복을 탈출함

```
while True:
    if 조건:
        break
```

- 에러 발생 시 프로그램이 중단되는 것을 방지하기 위해, try~except문을 사용해서 에러 제어
  – 에러 제어는 에러 제어 클래스를 사용해서 하며, 에러 제어 클래스는 발생한 해당 에러만 처리 가능

- 파이썬에서 기본 제공하는 파일 입출력을 사용하는 경우, 파일 객체의 사용이 끝나면 자동으로 닫아주는 with문을 함께 사용해서 리소스를 해제함

1 가장 알맞은 제어문을 (   ) 안에 찾아 넣으시오.

if, else. elif, with, for, while, break

① (   ) a == 1:
    print(a)

② (   ) True:
    if 탈출 조건:
      (   )

③ (   ) val in ["A", "B", "C"]:
    print(val)

④ if a > 0:
    print(a)
(   ) a < 0:
    print(abs(a))
(   ):
    print("0")

2 a = 5일 때, a 값이 10보다 크면 b 변수에 10, 그렇지 않으면 1을 b 변수에 넣는 if문을 작성하시오.

항목	코드
인라인 if문으로 작성	①
일반 if문으로 작성	②

3 다음 코드의 실행 결과로 갖는 var_val 변수의 값을 기입하시오.

```
a = 1995
var_val = 12 if a >= 1990 else 30
```

var_val : (   )

4 다음 코드의 실행 결과로 갖는 a_sum 변수의 값을 기입하시오.

```
a_list = [1, 0, 5, -3, 7]
a_sum = 0
if var in a_list:
    if var > 0:
        a_sum += var * 2
    else:
        a_sum += var
print(a_sum)
```

a_sum : (   )

5 5개의 정수 값을 입력받아 값이 양수이면 출력하고 합계 변수에 누적하는 작업을 반복.
반복문이 끝나면 합계 변수의 값을 화면에 출력

조건 • 숫자 값 입력 변수명: num_val, 숫자 – 정수
• 합계 변수명: sum_val, 숫자 – 정수

선수 지식 누적 변수 0으로 초기화: sum_val = 0

6 3개의 재고 수량을 입력받아, 재고 수량이 1개 이상이면 "구매가능", 그렇지 않으면 "구매불가"를 구매 리스트 변수에 추가하는 작업을 반복. 반복문이 끝나면 구매 리스트 변수 화면에 출력

> 조건 • 재고 수량 변수명: stock_count, 숫자 – 정수
> • 구매 리스트 변수명: purchase_list, 문자열

7 5개의 문자열을 입력받아 sta_list 리스트에 저장 후 인덱스 번호와 값을 얻어내서 빈 딕셔너리에 추가하는 작업을 반복. 반복문이 끝나면 딕셔너리 화면에 출력

> 조건 • sta_list 리스트: 문자열. 입력받을 값 – 강남 잠실2 홍대입구 신림 구로디지털단지
> • station_dict 딕셔너리: 빈 딕셔너리로 생성

8 성별을 입력받아 "남"이면 1, "여"이면 2를 g_list 리스트에 추가하는 작업을 무한히 반복하다가 "q"를 입력하면 무한 반복을 중단하고 g_list 리스트 출력

> 조건 • g_list 리스트 변수: 빈 리스트로 생성, 숫자 – 정수
> • 성별 입력 변수: g_str, 문자열

9   8번 문제에서 생성한 g_list 리스트에서 1의 개수와 2의 개수를 구해서 화면에 표시

> 조건 • 1의 개수 변수: one_val, 숫자 – 정수
>   • 2의 개수 변수: two_val, 숫자 – 정수

10 점수를 입력받아, 변수가 90 이상이면 평가에 "A"를 넣음, 점수가 80 이상이면 평가에 "B"를 넣음, 점수가 70 이상이면 평가에 "C"를 넣음, 점수가 60 이상이면 평가에 "D"를 넣음, 그렇지 않으면 평가에 "F"를 넣은 후 점수와 평가를 화면에 출력하는 작업을 반복하다가 "q"를 입력하면 무한 반복 중단

> 조건 • 점수 변수: input_val, 숫자 – 정수
>   • 평가 변수: rating, 문자열

MEMO

CHAPTER

08.

함수와 모듈

문제를 해결하다보면 코드들 중 공통으로 사용되는 기능들이 있는데, 이들은 따로 모아 재사용할 수 있다. 이렇게 재사용하는 기능은 함수로 작성하고 특정 목적을 구현하는 같은 그룹의 함수들은 모듈로 작성한다. 즉, 모듈은 연관된 함수들의 모임으로 파일로 작성된다. 특정 작업을 구현하기 위해서 사용자가 직접 만드는 함수와 모듈도 있지만, 공통적인 문제를 해결하기 위해 시스템이 제공하는 함수와 모듈도 있다. 이번 장에서는 시스템이 제공하는 함수와 모듈과 사용자가 만들어 사용하는 함수와 모듈에 대해서 학습한다.

① 시스템이 제공하는 내장 함수와 사용자가 만드는 사용자 정의 함수에 대해서 알
   아보자.

② 시스템이 제공하는 모듈을 사용하는 방법과 모듈을 만들어서 사용하는 방법에
   대해서 알아보자.

▪▪ 이 장의 핵심

✅ 함수는 특정 작업을 수행하도록 미리 작성된 코드

✅ 내장 함수는 파이썬 시스템이 제공하는 함수로 공통적인 작업을 위해 제공됨

✅ 사용자 정의 함수는 특정 문제를 해결하기 위해서 사용자가 직접 만드는 함수로 def문으로
   선언
   – def 함수명(매개변수 리스트):

✅ 변수에는 함수 밖에서 선언되어 공유되는 전역변수와 함수 내에서 선언되어 해당 함수
   에서만 사용하는 지역변수가 있음

✅ 람다식은 익명 함수를 만들 때 사용

✅ 모듈은 라이브러리라고도 불리며, 특정 작업 수행에 필요한 기능을 모아서 제공

✅ 설치가 필요한 라이브러리는 pip install 패키지명과 같이 설치해서 추가

01. 함수 개요

1 함수 개요

① 함수는 특정 작업을 수행하도록 미리 작성된 코드

② 함수를 사용하려면 사용하기 전에 메모리로 로드해야 함

기본 라이브러리 함수는 자동 로드, 그 외의 함수는 사용 전에 라이브러리(모듈) 로드가 필요함

예 기본 라이브러리 함수 사용: 절댓값 구하는 함수

abs(−123) → 결과: 123

예 math 라이브러리가 제공하는 함수 사용: 제곱근 구하는 함수

import math

math.sqrt(4) → 결과: 2

③ 함수는 반드시 함수명 다음에 소괄호()가 나옴. 이름과 소괄호가 함께 있으면 함수

예 input("값 입력") : 함수명 − input

④ 함수는 특정 작업을 처리, 함수명은 하는 일을 의미

예 print(내용) 함수 : 화면에 print() 함수의 내용을 출력

➡ 내용: 출력할 값을 가진 변수명 또는 출력할 문자열

⑤ 함수의 구조

> 함수명(인수리스트)

- 함수명, 여는 소괄호 (, 인수리스트, 닫는 소괄호)
- 인수리스트: 함수가 작업을 할 때 필요한 값. 인수는 0개 이상 지정하며, 유동형 인수도 있음

- 인수 0개: 인수가 없는 함수
  예 오늘날짜와 현재시간을 구하는 datetime.datetime.now() 함수

```
import datetime
datetime.datetime.now() → 결과: 오늘날짜와 현재시간
```

 # 8-(1)-1

```
# 8-(1)-1
import datetime

print("오늘날짜와 현재시간 :", datetime.datetime.now())
```

설명) 오늘날짜와 현재시간을 구하는 datetime.datetime.now() 함수는 datetime 라이브러리에서 제공하는 함수로 실행한 날짜와 시간에 따라 결과 값이 달라짐.
사용 전에 import datetime을 사용해서 라이브러리를 로드 후 사용

실행 결과 오늘날짜와 현재시간 : 2020-12-25 16:52:05.321664

- 인수 1개: 예 input("값 입력")
- 여러 개의 인수: 인수가 2개 이상이면 ,(쉼표)를 사용해서 나열 예 math.pow(3, 4)
- 유동형 인수: 필수 구현 인수 외에 나머지 인수는 선택형. print(필수인수1, 선택인수…) 함수는 유동형 인수를 가짐 예 print(x), print(x, y)
  - print(필수인수1): 필수인수는 반드시 넣어야하는 인수. print() 함수는 내용을 출력하는 함수로 반드시 출력할 내용을 가진 인수 1개는 있어야 함
    예 print(x): 인수 1개
  - print(필수인수1, 선택인수…): 선택인수가 있는 경우에는 ,(쉼표)를 사용해서 나열
    예 print(x, y): 인수 2개

 # 8-(1)-2

```
# 8-(1)-2
input_data = input("숫자값 입력: ")

print("입력값 : " + input_data)
print("입력값 * 2 :", float(input_data) * 2)
```

설명) 문자열 타입 숫자값("7")을 입력해서 화면에 입력값을 출력하고 입력한 문자형 숫자값("7")을 float() 함수를 사용해서 실수로 변환 후 값에 2를 곱한 후 결과 출력

실행 결과 숫자값 입력: 7
입력값 : 7
입력값 * 2 : 14.0

⑥ 함수에서는 함수명, 인수의 개수와 타입, 반환되는 결과 값의 타입이 중요

- 함수명: 함수가 하는 일
- 인수의 개수와 타입: 함수가 일을 할 때 필요한 값의 개수와 타입
  - 함수가 일을 할 때 필요한 값이 숫자 값인지 문자열 값인지, 몇 개가 필요한지
- 반환되는 결과 값의 타입: 함수가 일을 수행 후 결과 값이 있는지 없는지, 결과 값이 있다면 숫자인지, 문자인지
  - 결과 값의 타입이 중요한 이유: 함수의 결과 값은 다시 다른 함수의 인수나 식의 값으로 사용되기 때문

예 int(input("숫자값 입력: ")) 코드에서

❶ input("숫자값 입력: ") 함수는 값을 입력받아, 입력받은 값을 문자열 타입으로 반환
- 함수명: input, 하는 일 – 값 입력
- 인수의 개수와 타입: 1개, 문자열
- 반환되는 결과 값의 타입: 문자열
❷ int(input("숫자값 입력: ")) 함수는 문자열 타입 숫자를 정수로 변환: "5" → 5
- 함수명: int, 하는 일 – 정수로 변환
- 인수의 개수와 타입: 1개, 문자열 또는 부동소수점
- 반환되는 결과 값의 타입: 정수

 # 8-(1)-3

```
# 8-(1)-3
input_val = int(input("숫자값 입력: "))
print(input_val)
```

설명 숫자값을 입력받아 문자열 타입("5")으로 반환하는 input( ) 함수를 int( ) 함수의 인수로 사용해서 정수로 변환 후 결과 출력

실행 결과 숫자값 입력: 5
5

⑦ 함수에는 시스템이 제공하는 내장 함수(built-in function)와 사용자가 직접 만드는 사용자 정의 함수(user-defined function)가 있음

내장 함수

1 내장 함수

파이썬 시스템이 제공하는 함수로 공통적인 작업을 위해 제공됨
- 공통적인 작업: 입력/출력 작업, abs() 함수와 같은 수학 계산 함수 등

예 input(), print(), abs(), max(),⋯

2 파이썬이 제공하는 주요 기본 내장 함수

함수	설명	예
abs()	절댓값 반환	abs(−5) 결과: 5
all()	값 목록의 값이 모두 True이면 True 반환	all([True, True]) 결과: True
any()	값 목록의 값 중 True가 있으면 True 반환	any([True, False]) 결과: True
ascii()	none−ascii 문자를 이스케이프(escape) 문자로 반환	ascii("tes□□") 결과: 'tes\u3141\u3141'
bin()	2진 값 반환	bin(15) 결과: 0b1111
bool()	부울 값 반환	bool(1) 결과: True
bytearray()	주어진 크기의 바이트 배열 반환	bytearray(2) 결과: bytearray(b'\x00\x00')
bytes()	바이트 객체 반환	byte(2) 결과: b'\x00\x00'
callable()	특정 변수나 함수 등을 호출 가능하면 True 반환 호출: 참조, 사용	x = 3 callable(x) # x 변수 결과: True

		callable(abs) # abs( ) 함수 결과: True
chr( )	유니코드 값을 문자로 반환	chr(65) 결과: 'A'
complex( )	복소수 값 반환	complex(3, 2) 결과: (3+2j)
dict( )	딕셔너리 타입으로 반환. 딕셔너리 생성	dict(id="aaaa", passd="1234") 결과: {'id': 'aaaa', 'passd': '1234'}
divmod( )	인수1을 인수2로 나눈 몫과 나머지 반환	divmod(7, 2) 결과: (3, 1)
enumerate( )	주어진 값의 목록에서 인덱스와 값을 쌍으로 반환	list(enumerate(('A', 'B', 'C'))) 결과: [(0, 'A'), (1, 'B'), (2, 'C')]
eval( )	주어진 문자열을 코드로 변환하고 실행	eval("print('hello')") 결과: hello
exec( )	문자열로 주어진 코드 블록을 실행	exec("id = 'aaaa'\nprint(id)") 결과: aaaa
float( )	실수(부동소수점) 값으로 반환	float(5) 결과: 5.0
format( )	주어진 값을 포맷 형식에 맞춰 변환 후 값 반환	format(12345, ",d") 결과: 12,345
hex( )	16진수 값으로 반환	hex(100) 결과: 0x64
id( )	객체(변수) 값의 id 반환. id는 같은 값(객체)인지를 비교할 때 사용. id는 값이 저장된 메모리 주소와 같은 역할	x = 5 print(id(x)) 결과: 140708432683536 결과 값은 실행 시스템마다 다름
input( )	화면 입력받은 값을 반환	x = input("값 입력: ")
int( )	정수 값으로 반환	x = int(input("값 입력: "))
iter( )	값의 목록을 이터레이터(iterator) 타입으로 반환. next( ) 함수를 사용해서 값을 얻어냄	data = iter(["t1", "t2", "t3"]) next(data) 결과: "t1"
len( )	값의 목록에서 값의 개수(원소 수)를 얻어냄	list_a = ["t1", "t2", "t3"] len(list_a) 결과: 3
list( )	리스트 타입으로 반환. 리스트 생성	tup_a = ("t1", "t2", "t3") list(tup_a) 결과: ["t1", "t2", "t3"]
map( )	값의 목록의 값을 하나씩 지정한 함수에 적용한 결과 값을 반환	list(map(float, (1, 2, 3))) 결과: [1.0, 2.0, 3.0]

max()	값의 목록에서 가장 큰 값을 반환	max((1, 2, 3)) 결과: 3
min()	값의 목록에서 가장 작은 값을 반환	min((1, 2, 3)) 결과: 1
next()	이터레이터(iterator) 타입에서 다음 값을 얻어냄	data = iter(["t1", "t2", "t3"]) next(data) next(data) 결과: "t1" 　　　"t2"
oct()	8진수 값으로 반환	print(oct(100)) 결과: 0o144
open()	파일을 열고 파일 객체를 반환	f = open("bearlist.txt", "r")
ord()	1개의 문자를 유니코드 값으로 반환	print(ord("t")) 결과: 116
pow()	인수1의 값을 인수2 만큼 반복해서 곱한 값을 반환	print(pow(5, 3)) 결과: 125
print()	주어진 값을 화면에 출력	print("test") 결과: test
range()	값의 범위를 반환	range(5) # 0~4 range(1, 5) # 1~4
reversed()	값의 목록을 역순으로 반환	list_a = ["t1", "t2", "t3"] list(reversed(list_a)) 결과: ['t3', 't2', 't1']
round()	주어진 숫자를 반올림한 값을 반환	round(123.4567, 2) 결과: 123.46
set()	세트 타입으로 반환. 세트 생성	set(("a", "a", "b","c", "c")) 결과: {'a', 'b', 'c'}
slice()	값의 목록에서 일부의 값을 반환함. 추출할 일부 값은 slice(시작인덱스번호, 끝번호, 증가번호)로 이뤄짐. 끝번호-1까지 반환 대상이며, 시작번호, 증가번호는 생략 가능	a = ("a", "b", "c", "d", "e") x = slice(3) #0~2인덱스번호 값 a[x] 결과: ("a", "b", "c")
sorted()	정렬된 리스트 반환	sorted(['z', 'a', 'q']) 결과: ['a', 'q', 'z']
str()	문자열로 반환	str(100) 결과: "100"
sum()	값 목록의 합을 반환	sum([1, 2, 3]) 결과: 6
tuple()	튜플 타입으로 반환. 튜플 생성	tuple(["t1", "t2", "t3"]) 결과: ('t1', 't2', 't3')

type()	값의 타입을 반환	type(["t1", "t2", "t3"]) 결과: ⟨class 'list'⟩
zip()	여러 개 값의 목록을 쌍으로 묶어서 1개의 값의 목록으로 반환	x=zip(("a", "b", "c"), range(3)) list(x) 결과: [('a', 0), ('b', 1), ('c', 2)]

▲ 파이썬 주요 기본 내장 함수 목록

❸ 실무에서 자주 사용하는 내장 함수

위의 기본 내장 함수들 중 타입 변환 함수, 값 목록을 다루는 주요 함수, 문자 값/숫자 변환 함수 등은 실무에서 자주 사용함

① 타입 변환/확인 함수: 앞의 장들에서 많이 학습했던 함수로 실무에서도 자주 사용됨
- 값 1개 타입 변환: int(), float(), str()
- 값 목록 타입 변환: list(), tuple(), dict(), set()
- 값 목록의 각각의 값 타입 변환: map()
- 값의 타입 확인: type()

② 값 목록을 다루는 주요 함수: 실무에서 값의 목록을 주로 다루기 때문에 자주 사용됨
- 목록 값의 개수 및 합 계산: len(), sum()
- 목록의 일부 얻어내기, 정렬, 역순: slice(), sorted(), reversed()
- 여러 값의 목록을 쌍으로 묶어 처리: zip()
- 값의 범위 생성: range()

③ 문자 값/숫자 변환함수: chr(값) – 숫자 값을 문자 1개로 변환, ord('값') – 문자 1개를 숫자 값으로 변환
- 숫자 값: 아스키코드/유니코드 값. 'A' → 65, 97 → 'a'와 같이 문자 1개에는 고유의 코드 값이 있음. 아스키코드(ASCII code)는 영문자만을 제공, 후에 나온 유니코드(unicode)는 모든 문자 제공. 아스키(ASCII)는 American Standard Code for Information Interchange의 약어
- ord('값') 함수: ord('a') 함수는 결과 값 97을 반환. ord() 함수는 머신러닝/딥러닝 등에서 인공지능에 데이터를 학습시킬 때 볼 수 있음

－참고로 인공지능 학습은 숫자만 가능하기 때문에 문자를 숫자로 바꾸는 작업이 필요

4 함수 실습

앞의 장들에서 실습을 하지 않았던 함수들 중에서 실무에서 자주 사용하는 함수들 위주로 실습해보자.

① id(), chr(), ord() 함수 사용

 # 8-(2)-1

```
# 8-(2)-1
# id(), chr(), ord() 함수 사용
var1 = 1230
print(var1, "값의 id :", id(var1))

print("A의 코드 값 :", ord("A"))
print("97코드의 문자 값 :", chr(97))
```

설명 변수의 값의 id 확인 및 ord("A") 함수를 사용한 문자 값을 코드 값 65로 변환. 코드 값 97을 chr(97))을 사용한 문자 변환 후 출력

실행 결과 1230 값의 id : 2384252703248
A의 코드 값 : 65
97코드의 문자 값 : a

② sum(), len() 함수 사용

 # 8-(2)-2

```
# 8-(2)-2
# sum(), len() 함수 사용
val_list = [1995, 12, 30]
print(val_list)
print("리스트의 원소수:", len(val_list), ", 원소값의 합:", sum(val_list))
```

설명 sum() 함수로 리스트 원소의 합 및 len() 함수를 사용해서 리스트 원소의 개수 출력

실행 결과 [1995, 12, 30]
리스트의 원소수: 3 , 원소값의 합: 2037

③ slice(), sorted(), reversed() 함수 사용

 # 8-(2)-3

```
# 8-(2)-3
# slice(), sorted(), reversed() 함수 사용
bear_list = ["네시", "scenery", "winter bear", "sweet night", "snow flower"]
print("원래 리스트:", bear_list)
pos = slice(2, 5)
print("2번째 원소부터 끝까지 슬라이스: ", bear_list[pos])

print("₩n원래 리스트:", bear_list)
print("리스트 정렬:", sorted(bear_list))

print("₩n원래 리스트:", bear_list)
print("리스트 역순:", list(reversed(bear_list)))
```

설명   slice() 함수는 slice(2, 5)과 같이 시작번호를 기술하면 끝번호는 꼭 작성. 마지막 인덱스번호까지 얻어내려면 마지막 인덱스번호+1로 지정. bear_list의 원소번호는 0∼4까지만 존재, 마지막 원소값을 얻어내려면 끝번호는 5로 기술해서 slice(2, 5)임
    • sorted(bear_list) 함수는 주어진 bear_list 리스트를 오름차순 정렬시킴
    • reversed(bear_list) 함수는 bear_list 리스트를 역순으로 표시함

실행 결과   원래 리스트: ['네시', 'scenery', 'winter bear', 'sweet night', 'snow flower']
    2번째 원소부터 끝까지 슬라이스: ['winter bear', 'sweet night', 'snow flower']

    원래 리스트: ['네시', 'scenery', 'winter bear', 'sweet night', 'snow flower']
    리스트 정렬: ['scenery', 'snow flower', 'sweet night', 'winter bear', '네시']

    원래 리스트: ['네시', 'scenery', 'winter bear', 'sweet night', 'snow flower']
    리스트 역순: ['snow flower', 'sweet night', 'winter bear', 'scenery', '네시']

5 내장 함수와 사용자가 만든 함수가 같은 기능을 하는 경우: 내장 함수 사용

① 내장 함수가 처리 속도가 더 빠름

6 고속 처리를 해주는 라이브러리와 일반 함수에서 같은 기능을 하는 함수가 있는 경우: 고속 처리 라이브러리의 함수 사용

① 고속 처리 라이브러리가 처리 속도가 더 빠름

② 고속 처리 라이브러리: numpy, scipy 등

7 고속 처리 라이브러리는 실무에서 학습함. 여기서는 기본 문법 위주로 학습

① 실무 문법: 기본 문법을 기반으로 성능과 보안에 중점을 둬서 코딩하는 문법
   – 따라서 초보자는 기본 문법을 모르면 실무 문법 기반의 실무 코딩을 할 수 없음. 이 책은 실무 문법을 사용하기 전에 기본 문법을 배우는 것이 목적임

문제 8-1 grade_list 리스트를 갖고, 다음의 문제들을 코드로 구현해보자.
grade_list = ["3학년", "1학년", "2학년", "4학년", "3학년", "2학년"]

1. grade_list 리스트의 원소 개수를 화면에 출력
2. grade_list 리스트를 정렬한 결과를 sorted_list에 저장 후 화면에 출력
3. sort_list 리스트를 역순으로 화면에 출력

문제 8-2 val_list 리스트를 갖고, 다음의 문제들을 코드로 구현해보자.
val_list = [10, 20, 30, 40, 50]

1. val_list 리스트의 합을 화면에 출력
2. val_list 리스트의 최대값과 최소값을 화면에 출력
3. val_list 리스트의 인덱스번호 2부터 4까지를 part_list에 저장 후 출력

문제 8-3 c_list = ["x", "s", "n", "t", "p", "t", "c", "n"]일 때 리스트의 원소 값을 숫자로 변환하여 i_list 리스트의 원소로 추가해보자.

조건 i_list 변수: 리스트 컴프리헨션 사용, 숫자 – 정수

03. 사용자 정의 함수 작성 및 사용

✔ **사용자가 원하는 기능을 직접 만들어서 사용**

- 시스템이 제공할 수 없는 특수 기능을 만들어 사용
  - 시스템이 제공할 수 없는 특수 기능: 실무 처리
    - 예 성과급 계산: 회사마다 계산 방식이 다름

✔ **사용자 정의 함수를 코딩할 때는 함수 위와 아래에 빈 2줄을 주는 것이 권장 사항**

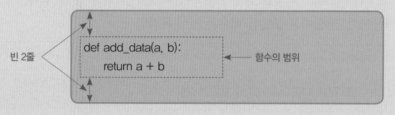

1 사용자 정의 함수 작성: def

① 사용자 정의 함수는 def, 함수명, 여는 소괄호 (, 매개변수리스트, 닫는 소괄호), :(콜론)을 사용해서 정의

- 함수 정의 다음 줄부터 함수의 내용 기술
- 함수의 실행 결과 값을 함수를 호출한 곳으로 리턴(반환)할 경우 return문 기술

② 문법

```
def 함수명(매개변수리스트):
    # 함수 내용
    # return문 필요 시 기술
```

▪ 함수명: 하는 일을 알 수 있게 명명. 동사_대상() 형태로 이름을 줌
  예 레코드 삽입 함수명: insert_record()

▪ 함수 내용: 함수가 처리할 작업
▪ 매개변수리스트: 0개 이상의 매개변수(인수)
  예 test(): 매개변수 없는 함수
    add_data(a, b): 매개변수 2개인 함수
▪ return문 필요 시 기술
  • return문이 있는 경우
    – 함수의 수행 결과를 함수 호출한 곳으로 반환이 필요한 경우
      예 ans = add_data(3, 4)

예 **2개의 매개변수 값을 더한 후 값을 반환하는 함수 작성**

  조건 함수명: add_data(a, b), 매개변수 개수와 타입 – 2개, 정수, 반환 타입 – 정수

  풀이
  • 순서1: 사용자 정의 함수 작성
    ▪ 2개의 인수 값을 더한 후 값을 반환하는 함수
      – 함수명: add_data()
      – 매개변수 개수 및 타입: 매개변수 – 2개, 타입 – 정수
      – 반환되는 결과 값 및 타입: 결과 값 – 두 인수 합, 타입 – 정수
      – 함수 내용: 두 매개변수의 합 계산
        def add_data(a, b):
            return a + b

 # 8-(3)-1)-1

```
# 8–(3)–1)–1
# 2개의 매개변수 값을 더한 후 값을 반환하는 함수 작성


def add_data(a, b):
    return a + b
```

설명 add_data(a, b) 함수 정의. 이 함수는 두 개의 매개변수(a, b) 값을 받아서 합을 계산하고
결과 값을 반환. 이 셀을 실행해서 add_data() 함수를 메모리에 로드해야 사용 가능

실행 결과 함수 로드, 결과 값 없음

• return문이 없는 경우

  – 함수의 수행 결과를 반환할 필요 없이 작업만 처리하는 경우

    예 test()

예 **매개변수 없고 반환 없이 함수 내의 변수 값을 출력하는 함수 작성**

  조건 함수명: test(), 매개변수 – 없음, 값 반환 – 없음

풀이

• 순서1: 사용자 정의 함수 작성

  ▪ 매개변수 없고 결과 값 반환 없이 처리만 하는 함수

    – 함수명: test()

    – 매개변수 개수 및 타입: 매개변수 – 없음

    – 반환되는 결과 값 및 타입: 결과 값 – 없음

    – 함수 내용: 함수 내의 변수를 출력

```
def test():
    var1 = 20
    print(var1)
```

 # 8-(3)-1)-2

```
# 8-(3)-1)-2
# 매개변수없고 반환 값도 없는 함수 작성


def test():
    var1 = 20
    print(var1)
```

설명 test() 함수 정의. 이 함수는 함수 내의 변수 값을 출력. 이 셀을 실행해서 test() 함수를 메모리에 로드해야 사용 가능

실행 결과 함수 로드, 결과 값 없음

리스트변수를 매개변수로 받아서 리스트의 내용을 제곱해서 결과를 1줄로 출력하는 함수 작성. 결과 값은 소수점 2번째 자리까지 표현

조건 • 함수명: square_val
• 매개변수 개수 및 타입: 매개변수 – 1개, 타입 – 리스트
• 반환되는 결과 값 및 타입: 결과 값 – 없음
• 매개변수명: list_val

풀이 문제 해결 순서
• 순서1: 사용자 정의 함수 작성 – 리스트의 내용을 제곱해서 결과를 출력하는 함수
  ▪ 함수 인터페이스 작성: def square_val(list_val):
    – 함수명: square_val()
    – 매개변수 개수 및 타입: 매개변수 – 1개, 타입 – 리스트
    – 반환되는 결과 값 및 타입: 결과 값 – 없음
  ▪ 함수 내용: 리스트의 내용을 제곱해서 결과를 출력
    – for문을 사용해서 리스트의 원소 수만큼 반복
      for val in list_val:
    – for문의 내용으로 얻어낸 리스트의 원소 값을 제곱해서 1줄로 출력. 소수점 2번째 자리까지 표현
      print("%.2f" % (val * val), end=" ")

8-(3)-1-3

```
# 8-(3)-1-3
'''문제해결 8-1-1)'''
# 순서1


def square_val(list_val):
    print("원래 리스트 :", list_val)
    print("원래 값 제곱한 결과 : ", end=" ")
    for val in list_val:
        print("%.2f" % (val * val), end=" ")
```

설명 square_val(list_val) 함수 정의. 이 함수는 매개변수로 넘어오는 list_val 리스트의 값을 제곱해서 출력. 이 셀을 실행해서 square_val() 함수를 메모리에 로드해야 사용 가능

실행 결과 함수 로드, 결과 값 없음

조건
- 함수명: make_dict
- 매개변수 개수 및 타입: 매개변수 – 2개, 타입 – 튜플, 리스트
- 반환되는 결과 값 및 타입: 결과 값 – 값 목록, 타입 – 딕셔너리
- 매개변수명: key_val, list_val
- key_val 값 형태 예시: ("v1", "v2", "v3")
- list_val의 값 형태 예시: [[1, 2, 3], [4, 5, 6], [7, 8, 9]]
- 반환될 딕셔너리 변수: result_dict, 빈 딕셔너리로 생성

풀이
문제 해결 순서
- 순서1: 사용자 정의 함수 작성 – 튜플과 리스트를 매개변수로 받아서 딕셔너리 반환 함수
  - 함수 인터페이스 작성: def make_dict(key_val, list_val):
    - 함수명: make_dict()
    - 매개변수 개수 및 타입: 매개변수 – 2개, 타입 – 튜플, 리스트
    - 반환되는 결과 값 및 타입: 결과 값 – 값 목록, 타입 – 딕셔너리
  - 함수 내용: 튜플과 리스트로 딕셔너리 생성
    - 빈 딕셔너리 생성
      result_dict = {}
    - for문을 사용해서 튜플과 리스트의 쌍을 만든 후 반복
      for key, val in zip(key_val, list_val):
    - for문의 내용으로 얻어낸 리스트의 원소 값 제곱해서 출력
      result_dict[key] = val
    - 결과 값 반환: result_dict 딕셔너리 반환
      return result_dict

8-(3)-1-4

```
# 8-(3)-1-4
'''문제해결 8-1-2)'''
# 순서1


def make_dict(key_val, list_val):
    result_dict = {}
    for key, val in zip(key_val, list_val):
        result_dict[key] = val
    return result_dict
```

설명 make_dict(key_val, list_val) 함수 정의. 이 함수는 매개변수로 넘어오는 key_val 튜플과 list_vallist_val 리스트의 값을 사용해서 result_dict 딕셔너리 작성 후 반환. 이 셀을 실행해서 make_dict() 함수를 메모리에 로드해야 사용 가능

실행 결과 함수 로드, 결과 값 없음

문제 8-4 매개변수로 넘어오는 리스트의 값 중 짝수만 추출해서 2배 값을 갖는 리스트 작성 후 정렬시키는 함수 작성. 결과 값으로 정렬된 리스트 반환

조건 • 함수명: sorted_list
   • 매개변수 개수 및 타입: 매개변수 – 1개, 타입 – 값 목록
   • 반환되는 결과 값 및 타입: 결과 값 – 값 목록, 타입 – 리스트
   • 매개변수명: list_val

문제 8-5 매개변수로 넘어오는 정수 리스트를 곱해서 새로운 리스트를 반환하는 함수 작성

조건 • 함수명: new_list
   • 매개변수 개수 및 타입: 매개변수 – 2개, 타입 – 값 목록, 값 목록
   • 반환되는 결과 값 및 타입: 결과 값 – 값 목록, 타입 – 리스트
   • 매개변수명: list_val1, list_val2

2 사용자 정의 함수 사용

① 사용자 정의 함수를 사용할 때는 함수명()과 같이 함수를 호출해서 사용

② 문법

> 함수명(인수리스트)

예 ans = add_data(3, 4)

예 test()

예 입력받은 2개의 매개변수 값을 더한 후 값을 반환하는 함수를 호출해서 사용

   조건 • 호출 함수명: add_data(input_x, input_y), 매개변수 타입 – 정수, 반환 타입 – 정수
      • 입력받는 변수명: input_x, input_y, 변수 타입 – 정수

(풀이) ❶ 선수 지식
    • 정수 값 입력: int(input("정수 값 입력1 :"))
  ❷ 선수 작업
    • 사용자 정의 함수 작성: add_data(a, b)
  ❸ 문제 해결 순서
    • 순서1 : 사용자 정의 함수 호출 – add_data()
          add_data(input_x, input_y)

 # 8-(3)-2)-1

```python
'''2) 사용자 정의 함수 사용'''
# 8-(3)-2)-1
# add_data(x, y) 사용자 정의 함수 호출해서 사용

# 순서1
input_x = int(input("정수 값1 입력: "))
input_y = int(input("정수 값2 입력: "))

# 순서2
print("add_data(input_x, input_y) 함수실행 결과:", add_data(input_x, input_y))
```

(설명) 정의된 add_data(input_x, input_y) 함수를 호출해서 사용. 이때 매개변수 input_x, input_y의 값은 입력받으며, 합을 계산할 매개변수이므로 정수로 변환해서 사용

(실행 결과) 정수 값1 입력: 5
정수 값2 입력: 4
add_data(input_x, input_y) 함수실행 결과: 9

(예) 매개변수 없고 반환 없이 함수 내의 변수 값을 출력하는 함수를 호출해서 사용

(조건) 호출 함수명: test(), 매개변수 – 없음, 값 반환 – 없음

(풀이) ❶ 선수 작업
    • 사용자 정의 함수 작성: test()
  ❷ 문제 해결 순서
    • 순서1 : 사용자 정의 함수 호출 – test()
          test()

 # 8-(3)-2)-2

```python
# 8-(3)-2)-2
# test() 사용자 정의 함수 호출해서 사용
```

```
# 순서1
test()
```

설명 정의된 test() 함수를 호출해서 사용

실행 결과 20

문제 해결 8-2-1 square_val() 함수를 사용하여 주어진 리스트를 매개변수로 받아서 리스트의 내용을 제곱해서 결과를 출력

조건 • 호출 함수명: square_val(list_org), 매개변수 타입 – 리스트, 반환 타입 – 리스트
• 주어진 리스트 변수명: list_org, 리스트 값 예시 – [10.1, 7.3, 9.6, 5.2, 6.8]

풀이 ① 선수 작업
    • 사용자 정의 함수 작성: square_val(list_val)
② 문제 해결 순서
    • 순서1: 주어진 리스트 작성 – list_org
        list_org = [10.1, 7.3, 9.6, 5.2, 6.8]
    • 순서2: 사용자 정의 함수 호출 – square_val()
        square_val(list_org)

 # 8-(3)-2)-3

```
# 8-(3)-2)-3
'''문제해결 8-2-1)'''
# square_val(list_org) 사용자 정의 함수 호출해서 사용

# 순서1
list_org = [10.1, 7.3, 9.6, 5.2, 6.8]

# 순서2
square_val(list_org)
```

설명 리스트 값을 넘겨받아서 제곱하는 square_val(list_org) 함수를 호출해서 사용. 이때 매개변수 list_org 리스트변수는 리스트 값을 넘겨받아 함수 내에서 처리됨

실행 결과 원래 리스트: [10.1, 7.3, 9.6, 5.2, 6.8]
원래 값 제곱한 결과: 102.01 53.29 92.16 27.04 46.24

문제 해결 (8-2-2) make_dict() 함수를 사용하여 주어진 1개의 튜플과 1개의 리스트를 매개변수로 받아서 딕셔너리로 반환하고 결과 출력

조건
- 호출 함수명: make_dict(tuple_org, list_org), 매개변수 – 튜플, 리스트, 반환 타입 – 딕셔너리
- 주어진 1개의 튜플 변수명: key_val, 튜플 값 예시: ("v1", "v2", "v3")
- 주어진 1개의 리스트 변수명: list_val, 리스트 값 예시: [[1, 2, 3], [4, 5, 6], [7, 8, 9]]

풀이 ① 선수 작업
- 사용자 정의 함수 작성: make_dict(tuple_org, list_org)

② 문제 해결 순서
- 순서1: 주어진 튜플과 리스트 작성
  - 주어진 튜플 작성 – tuple_org
    tuple_org = ("v1", "v2", "v3")
  - 주어진 리스트 작성 – list_org
    list_org = [[1, 2, 3], [4, 5, 6], [7, 8, 9]]
- 순서2: 사용자 정의 함수 호출 후 결과 출력 – make_dict()
    print(make_dict(tuple_org, list_org))

 # 8-(3)-2)-4

```
# 8-(3)-2)-4
'''문제해결 8-2-2)'''
# make_dict(tuple_org, list_org) 사용자 정의 함수 호출해서 사용

# 순서1
tuple_org = ("v1", "v2", "v3")
list_org = [[1, 2, 3], [4, 5, 6], [7, 8, 9]]

# 순서2
print(make_dict(tuple_org, list_org))
```

설명 튜플과 리스트 값을 넘겨받아서 딕셔너리를 반환하는 make_dict(tuple_org, list_org) 함수를 호출해서 화면에 결과 출력. 이때 매개변수 tuple_org, list_org는 튜플과 리스트 값을 넘겨받아 함수 내에서 처리됨

실행 결과 {'v1': [1, 2, 3], 'v2': [4, 5, 6], 'v3': [7, 8, 9]}

문제 8-6 1~20 사이의 범위 값을 생성 후 sorted_list 함수의 매개변수로 넘겨서 짝수만 추출하여 2배 값을 갖는 리스트 작성 후 정렬된 리스트를 반환해서 출력

조건 • 호출 함수명: sorted_list, 매개변수 – 값 목록, 반환 타입 – 리스트
 • 매개변수로 넘길 1~20 사이의 범위 값을 생성: range(1, 21)

문제 8-7 같은 개수의 2개의 범위 값을 생성 후 new_list() 함수의 매개변수로 넘겨서 둘을 곱하여 새로운 리스트를 반환해서 출력

조건 • 호출 함수명: new_list, 매개변수 – 값 목록, 값 목록, 반환 타입 – 리스트
 • 정수 범위 값1: range(1, 11, 2)
 • 정수 범위 값2: range(2, 11, 2)

3 가변 인수와 키워드 인수

(1) 인수의 개수가 가변적인(유동적인) 함수 작성 시 *args 사용

① *args: 가변 길이 인수를 튜플로 받음
 • * 자체가 튜플로 가변 길이 인수를 받는다는 것을 알려줌: 넘겨받는 인수는 튜플로 표현
 예 (5, 31.4)
② 인수의 개수가 가변적인 함수 예 print(x), print(x, y)

(2) 키워드 인수를 갖는 함수 작성 시 **kwargs 사용

① **kwargs(키워드 인수를 딕셔너리로 받음) 사용
 • ** 자체가 키워드 인수를 딕셔너리로 받는다는 것을 알려줌: 넘겨받는 인수는 딕셔너리로 표현 예 {'v': 2, 'h': 'test'}
② 키워드 인수를 갖는 메소드(함수) 예: pd.read_csv("data/ozone_data.csv", encoding='cp949')에서 encoding='cp949'가 키워드 인수

예 가변 인수와 키워드 인수를 갖는 함수 정의
```
def func_varg(x, y, *args, **kwargs):
    print(x, y, args, kwargs)
```

 # 8-(3)-3-1

```
# 8-(3)-3-1


def func_varg(x, y, *args, **kwargs):
    print(x, y, args, kwargs)
```

설명 func_varg(x, y, *args, **kwargs) 함수 정의. 이 함수는 x, y, 가변 인수, 키워드 인수를 매개
변수로 넘겨받음. 가변 인수는 튜플로 받고, 키워드 인수는 딕셔너리로 받아서 처리 후 화면에
출력. 이 셀을 실행해서 func_varg() 함수를 메모리에 로드해야 사용 가능

실행 결과 함수 로드, 결과 값 없음

예 가변 인수와 키워드 인수를 갖는 함수 사용
```
func_varg(7, 'key', 5, 31.4, v=2, h='test')
```

 # 8-(3)-3-2

```
# 8-(3)-3-2
func_varg(7, 'key', 5, 31.4, v=2, h='test')
```

설명 func_varg(x, y, *args, **kwargs)로 정의된 함수를 func_varg(7, 'key', 5, 31.4, v=2,
h='test')와 같이 호출. x가 7 값을 받고 y가 'key'를 받음. *args가 5, 31.4 두 값을 튜플 (5,
31.4)로 받음. **kwargs가 v=2, h='test' 두 값을 딕셔너리 {'v': 2, 'h': 'test'}로 받음.

실행 결과 7 key (5, 31.4) {'v': 2, 'h': 'test'}

변수의 유효 범위: 전역변수와 지역변수

(1) 변수의 구분

변수에는 함수 밖에서 선언되어 공유되는 전역변수와 함수 내에서 선언되어 해당 함수에서만 사용하는 지역변수가 있음

(2) 변수는 가급적이면 함수 안에서 선언된 지역변수 사용을 권장

① 메모리에서 빨리 제거되어 프로그램이 가벼워지고 보안상 좋음

② 전역변수: 함수 밖에서 선언된 변수

- 함수들 간에 공유됨: 변수 값이 공유될 수 있기 때문에 보안상 좋지 않음. 보안을 요구하는 변수는 전역변수로 사용하지 않는 것이 좋음
- 프로그램이 수행되는 동안 메모리 영역에 상주함: 이 리소스 점유 문제를 발생시키는 것은 권장 안 함
- 꼭 필요한 경우를 제외하고는 사용하지 않는 것이 좋음

③ 지역변수: 함수 안에서 선언된 변수

- 해당 함수 안에서만 사용되고 함수 밖으로 나가면 자동 제거
- 사용 권장

(3) 전역변수와 지역변수 선언 예

```
전역변수 var1의 영역    var1 = 10  # 전역변수 var1
                      def test_var():
                          var1 = 20  # 지역변수 var1
                      지역변수 var1의 영역
```

① 전역변수명이 var1, 지역변수명도 var1인 경우 test_var() 함수 영역에서는 지역변수 var1 사용

② test_var() 함수 영역 밖에서는 전역변수명 var1이 사용됨
  • 지역변수는 함수의 영역 밖에서는 사용할 수 없음
  • 이유: 메모리에서 자동 제거되기 때문

 # 8-(4)-1

```
# 8-(4)-1

var1 = 10  # 전역변수 var1


def test_var():
    var1 = 20  # 지역변수 var1
    print("지역변수 var1 출력")
    print("함수안에서 var1변수 출력:", var1)


test_var()
print("\n전역변수 var1 출력")
print("함수밖에서 var1변수 출력:", var1)
```

설명 전역변수 var1 = 10을 선언 후 test_var() 함수 안에서 지역변수 var1 = 20을 선언하고,
     test_var() 함수 안에서 지역변수 var1을 출력하면 20이 화면에 표시됨. test_var() 함수
     밖에서 var1을 출력하면 전역변수 값 10이 화면에 출력됨

실행 결과 지역변수 var1 출력
        함수안에서 var1변수 출력: 20

        전역변수 var1 출력
        함수밖에서 var1변수 출력: 10

람다(lambda)식: 익명 함수 작성 기능

(1) 람다(lamda)식

람다식은 익명 함수를 만들 때 사용

① 익명 함수: 이름이 없는 함수

② 익명 함수는 이름만 없을 뿐이지 작성 방법이나 사용 방법은 일반 함수와 거의 같음

(2) 람다식 사용 이유: 빠른 메모리 해제, 유연한 사용, 보안

① 빠른 메모리 해제: 이름, 즉 함수명이 없다는 것은 이 함수를 한 번 사용하고 바로 메모리에서 해제한다는 의미. 이름이 있다는 것은 재사용한다는 의미
  • 재사용하지 않을 변수 값이나 함수: 이름을 주지 않는 것이 권장

② 유연한 사용: 함수명이나 함수의 내용이 정해진 것이 아니라서 사용하는 곳에서 자유롭게 줄 수 있음

③ 보안: 중요한 값들이 메모리에서 빨리 제거되어 보안상 좋음
  • 다른 프로그래밍 언어에서도 많이 사용하는 것으로 익명 함수를 이용해 중요한 값을 지역 변수로 선언해 전역변수처럼 쓰는 방법도 있음

(3) 람다식 작성 방법: (lambda 매개변수리스트 : 함수내용)

① 단독으로 람다식을 만들 경우 (람다식)과 같이 괄호를 생략하지 않는 것이 좋음
  예 (lambda x, y: x * x + y)
    ◎ 생략해도 실행되나 ()를 생략한 람다식이 실행되지 않는 경우도 있음. 단, 함수의 매개변수로 사용할 때는 () 생략
  예 lambda x, y: x * x + y

② 매개변수리스트: 일반 함수와 같이 함수가 일을 할 때 필요한 값들을 지정

③ 함수내용: 일반 함수와 같이 함수가 하는 일

(4) 람다식 사용 방법1: 특정 변수명에 람다식을 넣어서 사용

① 함수 변수명 = (lambda 매개변수리스트 : 함수내용)

  • 함수 변수명: 변수명으로 함수가 저장되는 변수여서 함수 변수명으로 지칭함

  예 lam_func1 = (lambda x, y: x * x + y)

    lam_func1(5, 7)

      ◐ return문을 쓰지 않아도 결과 값 반환. x * x + y가 내용이자 반환 값

8-(5)-1

```
# 8-(5)-1

lam_func1 = (lambda x, y: x * x + y)
print(lam_func1(5, 7))
```

설명 익명 함수인 (lambda x, y: x * x + y) 람다식을 lam_func1 변수에 저장. lam_func1 변
수가 함수명과 같은 역할을 해서 lam_func1(5, 7)과 같이 사용 가능. 5 값이 x, 7 값이 y
매개변수로 넘어가서 x * x + y을 수행한 결과 값 32를 반환

실행 결과 32

(5) 람다식 사용 방법2: 함수의 인수로 사용

특정 함수를 사용할 때 함수의 인수로 함수를 사용할 수 있음. 간단한 내용을 가진 함수의 경
우 함수의 내용만을 전달해서 사용. 사용하는 곳에서 매개변수에 함수의 내용이 전달됨

  예 def lam_test1(lam_func2):

  lam_test1(lambda x, y: x * x + y)

    ◐ 함수의 내용 lambda x, y: x * x + y이 lam_test1 함수의 lam_func2 매개변수로 전달됨

    ◐ lam_func2 = (lambda x, y: x * x + y)와 같은 의미

8-(5)-2

```
# 8-(5)-2

def lam_test1(lam_func2):
```

```
      print(lam_func2(5, 7))


  lam_test1(lambda x, y: x * x + y)
```

설명 lam_test1(lambda x, y: x * x + y)을 사용해서 호출하면 lam_test1(lam_func2) 함수의 매
개변수 lam_func2에 lambda x, y: x * x + y가 넘어가서 lam_func2 = lambda x, y: x *
x + y과 같은 형태가 됨. lam_func2(5, 7)을 넣으면 32 값이 반환됨

실행 결과 32

(6) 람다식 사용 방법3: 함수의 리턴 값으로 사용

경우에 따라 다른 작업을 수행하는 유연한 함수 작성에 사용

예 어떤 경우에는 값을 2배로 하고, 어떤 경우에는 3배로 하는 작업을 모두 할 수 있는 유연한 함수 작성

```
def multiple_func(n):
    return lambda x: x * n


mul_dbl = multiple_func(2)
mul_dbl(10)
```

   ⊙ mul_dbl = multiple_func(2)을 사용하면 mul_dbl = lambda x: x * 2 함수를 선언한 것과 같음. 따라서
      mul_dbl() 함수는 주어진 x의 값을 2배로 하는 함수
   ⊙ mul_dbl(10)으로 호출하면 10을 2배해서 20을 반환

```
mul_trp = multiple_func(3)
mul_trp(10)
```

   ⊙ mul_trp = multiple_func(3)을 사용하면 mul_trp = lambda x: x * 3 함수를 선언한 것과 같음
   ⊙ mul_trp() 함수는 주어진 x의 값을 3배로 하는 함수
   ⊙ mul_trp(10)으로 호출하면 10을 3배해서 30을 반환

 # 8-(5)-3

```
# 8-(5)-3


def multiple_func(n):
    return lambda x: x * n


mul_dbl = multiple_func(2)
print("원래값 2배함수 사용 :", mul_dbl(10))

mul_trp = multiple_func(3)
print("원래값 3배함수 사용 :", mul_trp(10))
```

> **설명** lmultiple_func(2) 함수는 lambda x: x * 2을 반환해서 mul_dbl 변수에 저장하면 mul_dbl() 함수는 값을 2배로 하는 함수가 됨. multiple_func(3) 함수는 lambda x: x * 3을 반환해서 mul_trp() 함수는 주어진 x의 값을 3배로 하는 함수가 됨. 따라서 mul_dbl(10)를 사용하면 20, mul_trp(10)을 사용하면 30을 반환함

> **실행 결과** 원래값 2배함수 사용 : 20
> 원래값 3배함수 사용 : 30

모듈(라이브러리, 패키지) 로드: import 라이브러리명

✔ **모듈은 '라이브러리'라고도 불리며 특정 작업 수행에 필요한 기능을 모아서 제공**
- 특정 작업 수행에 필요한 기능: 특정 작업을 쉽게 수행하기 위해서 묶음으로 제공되는 함수들
- 모아서 제공: 함수들은 하나의 모듈 파일로 제공. 모듈 파일은 py 파일로 만들어짐
  ▪ py 파일: 파이썬 스크립트 파일. 파이썬 스크립트를 파일로 저장하면 하나의 모듈이 됨
    – 파이썬 스크립트 파일: 파이썬 소스코드 파일
    – 1개의 파이썬 소스코드 파일은 1개의 모듈

✔ **모듈을 사용하려면 import 라이브러리명(모듈명) 문을 사용**
- 라이브러리(기능)를 사용하기 위해서 로드(가져옴)
- 모듈 안에 있는 함수 등을 사용하는 것이 목적
- 기본적으로 import 다음에 사용할 모듈명을 사용
- 기본 제공 라이브러리가 아닌 경우 설치(pip 사용) 후 import문을 사용해서 라이브러리 로드

1 모듈 로드 및 사용 방법

(1) 임포트 방법에 따른 라이브러리의 객체(함수, 클래스, 프로퍼티…) 사용

(2) 방법1: [import 모듈명]을 사용해서 모듈 내용 전체 임포트

① 모듈 내용 전체 임포트: 해당 모듈의 모든 함수, 클래스, 프로퍼티
② 모듈 임포트 후 모듈명.객체명으로 함수, 클래스, 프로퍼티 등에 접근
- 프로퍼티: 전역변수, 상수 **예** math.pi
  – 순서1: import 모듈명
  – 순서2: 모듈명.객체명

예 random 모듈을 임포트 후 1~6 사이의 난수 생성. random 모듈은 난수 작업에 사용

import random

random.randrange(1, 7)

○ random 모듈을 로드 후 1~6 사이의 난수를 생성하기 위해서 random.randrange(1, 7) 함수 사용

 # 8-(6)-1)-1

```
# 8-(6)-1)-1

import random

print(random.randrange(1, 7))
```

설명) random 모듈을 로드 후 random.randrange(1,7) 함수를 사용해서 1~6 사이의 난수를 생성

실행 결과) 1 주의) 1~6 사이의 난수, 실행할 때마다 난수 값이 달라짐

(3) 방법2: [import 모듈명 as 별명]을 사용해서 모듈 내용 전체 임포트. 모듈은 약어로 사용

① 모듈(라이브러리)명이 길고 복잡한 경우 또는 자주 사용하는 모듈의 경우 약어가 정해짐

예 import random as r

○ random이라는 이름 대신 짧고 간결한 r 사용

import matplotlib.pyplot as plt

○ matplotlib.pyplot 모듈의 경우 plt라는 약어를 주로 사용

② 모듈 임포트 후 별명으로 함수, 클래스, 프로퍼티 등에 접근

· 순서1: import 모듈명 as 별명

· 순서2: 별명.객체명

예 random 모듈을 별명으로 임포트 후 1~6 사이의 난수 생성

import random as r

r.randrange(1, 7)

 # 8-(6)-1)-2

```
# 8-(6)-1)-2

import random as r
```

```
print(r.randrange(1, 7))
```

설명) random 모듈을 약어 r로 로드 후 r.randrange(1,7) 함수를 사용해서 1∼6 사이의 난수를
생성

실행 결과) 6 주의) 1∼6 사이의 난수, 실행할 때마다 난수 값이 달라짐

(4) 방법3: [from 모듈명 as 객체]를 사용해서 필요한 객체만 임포트

① 모듈명이나 약어 없이 직접 객체명을 쓸 수 있음

② 모듈의 객체 중 필요한 1∼2개 정도만 사용할 때 씀

- 순서1: from 모듈명 import 객체명
  ▪ 객체명에 지정한 객체(함수나 클래스)만 임포트
  − 여러 객체명: 함수1, 함수2,.. 와 같이 나열
  − 전체 함수와 클래스 모두 임포트 시: * 사용. 이 방법은 권장 안 함
- 순서2: 객체명
  ▪ 모듈 없이 객체명(함수명, 클래스명…)만 사용

예) random 모듈의 randrange() 함수 임포트 후 1∼6 사이의 난수 생성

```
from random import randrange
randrange(1, 7)
```

8-(6)-1)-3

```
# 8-(6)-1)-3

from random import randrange

print(randrange(1, 7))
```

설명) random 모듈들 중 randrange() 함수만 로드. 로드 후 모듈명이나 약어 없이 randrange(1,7)
함수를 사용해서 1∼6 사이의 난수를 생성

실행 결과) 5 주의) 1∼6 사이의 난수, 실행할 때마다 난수 값이 달라짐

2 자신만의 모듈(라이브러리) 작성 및 사용

– 여러 사용자 정의 함수를 만들어서 .py로 저장

(1) 자신만의 모듈 정의 lib_test.py 작성: 사용자 정의 모듈

① 이 모듈은 my_val(), my_mul(a, b) 사용자 정의 함수를 가짐

예 def my_val():
　　　return 10

　　def my_mul(a, b):
　　　return a * b

```
# 8-(6)-2)-1

# -*- coding: utf-8 -*-

# 8-(6)-2)-1
# 사용자 정의 모듈


def my_val():
    return 10



def my_mul(a, b):
    return a * b
```

설명 my_val(), my_mul(a, b) 함수를 가진 사용자 정의 모듈. 파일명: lib_test.py

실행 결과 없음

(2) 사용자 정의 모듈 사용: 다른 파이썬 모듈(파일)에서 사용

① 사용자 정의 모듈 로드 후 함수 사용
  • 순서1: 사용자 정의 모듈 로드

        from lib_test import my_mul, my_val

  • 순서2: 사용자 정의 모듈의 함수 사용

        my_mul(val1, val2)

```
'''2) 자신만의 모듈(라이브러리) 작성 및 사용'''
# 8-(6)-2)-2

from lib_test import my_mul, my_val

val1 = int(input("값1 입력: "))
val2 = int(input("값2 입력: "))

print(my_mul(val1, val2) + my_val())
```

설명 from lib_test import my_mul, my_val로 lib_test 모듈의 my_mul(), my_val() 함수 로드.
두 개의 정수 값을 입력해서 my_mul(val1, val2) 함수의 인수로 전달 후 실행 결과 값과 my_val() 함수의 실행 결과 값을 더해서 화면 출력

실행 결과 값1 입력: 3
값2 입력: 2
출력 – 16

3 파이썬의 주요 라이브러리

① 파이썬으로 어떤 문제를 해결할 때 기본 문법 기반에서 해당 문제 해결에 필요한 라이브러리 사용
- 문제 해결: 파이썬 기본 사용 문법 + 문제 해결에 필요한 라이브러리
  - 파이썬 기본 사용 문법: 이 책에서 다루는 부분
  - 문제 해결에 필요한 라이브러리: 특정 문제 해결에 필요한 고속 처리 함수를 제공. 라이브러리에 내장된 함수가 내가 만든 사용자 정의 함수보다 성능이 뛰어남
    - 이유: 내가 만든 함수 파이썬으로 작성됨. 라이브러리 제공 함수는 고속 처리를 위한 C 언어로 작성됨

② 기본 제공되는 라이브러리 외에 추가로 필요한 라이브러리는 패키지 설치함
- 패키지: 라이브러리는 패키지로 제공. 패키지 설치 후 프로그램에서 지칭할 때는 라이브러리 또는 모듈로 부름
- 기본 제공되는 라이브러리: 아나콘다를 설치한 경우 기본 라이브러리 및 데이터 과학과 관련된 대부분이 미리 설치되어 있음

• 설치된 패키지 확인: pip list

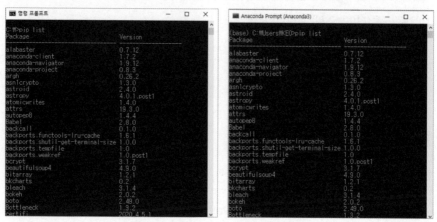

▲ pip list 명령어를 사용한 설치된 패키지 확인

• [Anaconda prompt]에서 설치된 패키지 확인: conda list 또는 conda search 패키지명

 − conda list로는 설치 여부를 확인할 수 없는 경우 conda search 패키지명 으로 확인

▲ conda list 또는 conda search 패키지명 명령어를 사용한 설치된 패키지 확인

③ 기본 제공되지 않는 라이브러리는 pip을 사용해서 설치

■ 명령 프롬프트 또는 [Anaconda3]−[Anaconda prompt]

■ 라이브러리 설치 방법: 먼저 pip 버전 업그레이드를 확인 후 설치

• pip 업그레이드 확인: python −m pip install −−upgrade pip

• pip으로 라이브러리 설치: pip install 설치할패키지

예 pip install tweepy

 −tweepy 패키지: 트위터에 접근해서 트윗 데이터 얻어내기 등의 작업에 사용

주의 트윗 데이터나 포털 사이트 검색어 등을 얻어내려면 먼저, 해당 사이트의 개발자 센터에서 개발자 키를 받아야 함

• 리눅스나 Mac에서 설치할 경우: sudo 관리자 권한 사용

sudo pip install 설치할패키지명

▲ pip install 명령어를 사용한 패키지 설치

④ 주요 라이브러리

라이브러리	기능	설명
numpy(넘파이)	고속 처리 제공	배열 처리에 특화된 라이브러리로 고속 배열 처리를 제공하는 패키지
scipy(사이파이)	과학 계산용 함수 고속 처리	과학 기술 컴퓨팅 알고리즘을 제공하는 패키지
matplotlib(맷플롯립)	시각화	데이터 플롯팅 제공 라이브러리
pandas(판다스)	데이터 프레임 처리	실무 데이터 로드 및 처리
opencv(오픈cv)	이미지 표시	증강 현실, 딥러닝에서 이미지 처리
tensorflow(텐서플로), keras(케라스)	딥러닝 라이브러리	• 딥러닝 라이브러리: 인공지능 학습 라이브러리 • 케라스: 텐서플로를 쉽게 사용할 수 있게 해줌
konlpy(코엔엘피와이)	한글 자연어 처리	한글 텍스트 마이닝, 한글 자연어 처리에 사용
tkinter(tk인터)	GUI 화면 구현 라이브러리	기본 제공되는 GUI 라이브러리로 간단하게 화면 구현
RPi.GPIO	라즈베리파이 GPIO(General Purpose Input Output) – 전자기기 제어	라즈베리파이 컴퓨터에서만 사용 가능. 드론, 3D 프린터 제작 등의 사물인터넷기기 제어 등에 사용

☑ 정리

- 함수는 특정 작업을 수행하도록 미리 작성된 코드. 함수에는 시스템이 제공하는 내장 함수와 사용자가 직접 만드는 사용자 정의 함수가 있음
  - 내장 함수: 공통의 기능 제공
  - 사용자 정의 함수: 특별한 기능을 직접 만듦
  - 내장 함수와 사용자 정의 함수가 같은 기능을 하는 경우 내장 함수를 사용하는 것이 속도가 빠름

- 사용자 정의 함수는 def 함수명(매개변수리스트): 로 선언해서 사용. 함수의 실행 결과 값을 리턴해야 하는 경우 return문 사용

- 변수에는 함수 밖에서 선언되어 공유되는 전역변수와 함수 내에서 선언되어 해당 함수에서만 사용하는 지역변수가 있음
  - 전역변수: 여러 함수가 공통으로 사용해서 프로그램 작성이 쉬우나 보안이 좋지 않고 리소스 관리도 나쁨. 프로그램 외부에서 접근 가능
  - 지역변수: 해당 함수 내에서만 사용되고 메모리에서 사라짐. 기본적으로 프로그램 외부에서 접근 불가

- 람다식은 익명 함수를 만들 때 사용하는 것으로 사용되고 메모리에서 바로 해제되며, 유연한 함수의 사용이 가능

- 모듈은 라이브러리라고도 불리며, 특정 작업 수행에 필요한 기능을 모아서 제공. import문을 사용해서 필요한 라이브러리를 로드해서 사용
  - 라이브러리 로드 후 라이브러리의 함수, 클래스, 프로퍼티 등을 사용할 수 있음
  - 모듈을 직접 만들 경우: 파일명에 .py 확장자 사용

- 설치가 필요한 라이브러리는 pip install 패키지명과 같이 먼저 설치 후 사용

☑ 연습 문제

1 무엇에 대한 설명인지 (　　) 안에 알맞은 것을 찾아 넣으시오.

지역변수, 모듈, 전역변수, 람다식

① (　　　　　): 익명 함수

② (　　　　　): 함수 내에서만 사용하는 변수

③ (　　　　　): 함수들 간에 공유되는 변수

④ (　　　　　): 라이브러리

2 다음 코드의 출력 결과 값을 넣으시오.

코드	출력 결과
print(ord("A"))	①
print(sorted([167, 21, 18, 7, 1]))	②
print(sum([3, 4, 5, 6, 7]))	③
print(list(reversed([3, 4, 5, 6, 7])))	④

3 작업 항목에 대해 알맞은 코드를 작성하시오.

작업 항목	작성할 코드
x, y 값을 입력받아 두 값의 합을 리턴하는 람다식	①
add_fun1 변수에 람다식 넣기	②
add_fun1(12, 30) 함수를 호출해서 결과 출력	③

4 card_face 리스트에서 카드 무늬를 무작위로 선택하고 반환하는 choice_face() 함수를 정의하고, card_num 리스트에서 카드의 숫자를 무작위로 선택하고 반환하는 choice_num() 함수를 정의하시오.

조건 • card_face = ["Hearts", "Diamonds", "Clubs", "Spades"]
 • card_num = ["Ace", "Deuce", "Three", "Four", "Five", "Six",
  "Seven", "Eight", "Nine", "Ten", "Jack", "Queen", "King"]

선수 지식 리스트에서 무작위로 값 추출: from random import choice
 choice(리스트)

5 4번 문제에서 정의한 choice_num() 함수와 choice_face() 함수를 호출해서 뽑은 카드를
화면에 표시하시오.

조건 결과 형태 예시 – 선택된 카드: Ace of Clubs

6 1~45까지 값을 갖는 리스트 생성 후 리스트에서 5개의 숫자를 임의의 비복원 추출한 결
과를 리스트로 반환하는 five_nums() 함수를 정의하시오.

조건 • 1~45까지 값을 갖는 리스트: lo_list
• 5개의 숫자를 비복원 추출한 결과 리스트: c_list
• 임의의 비복원 추출: 난수 사용, 비복원 – 한 번 뽑은 값은 빼고 사용

선수 지식 임의의 비복원 추출: from random import randint
r_idx = randint(0, 45)
lo_list.pop(r_idx)

7 6번 문제에서 정의한 five_nums() 함수를 호출해서 뽑은 숫자를 화면에 표시하시오.

조건 결과 형태 예시 – 임의의 5개의 수 비복원 추출: [5, 37, 41, 42, 44]

09.

클래스

클래스는 실무에서 1건의 실무 데이터의 구조를 정의하거나 로봇청소기와 같은 작업 대상 객체를 정의할 때 사용한다. 클래스를 사용하는 이유는 작업 대상을 체계적으로 처리하고 제어하기 위해서이다. 이것을 위해서 하는 일인 동작과 갖는 값인 속성을 정의해서 작업 대상 객체에 접근한다. 간단한 계산 등의 작업을 할 때는 클래스를 사용하지 않아도 되나, DB와 연동하거나 특정 대상을 제어하는 등의 작업을 할 때는 클래스를 사용하는 것이 좋다. 클래스를 처음 배우는 입장에서 클래스의 다양한 기능을 배우고 이해하는 것은 매우 힘든 일이다. 하지만 현재 대부분의 프로그래밍 언어와 DB 설계가 객체 지향이기 때문에 기본적인 사항을 알아두는 것이 좋다. 따라서 이번 장에서는 모든 프로그램에서 공통으로 알고 있어야 하는 기본 지식 수준의 클래스와 객체를 학습한다.

■■ 이 장의 핵심

☑ 클래스는 실무 데이터를 다루는 타입을 작성하거나 작업 대상 객체를 정의할 때 사용

☑ 클래스가 가진 값은 변수에 저장하고 클래스가 하는 일은 함수로 정의함

☑ 클래스를 사용하려면 클래스를 정의하고 객체를 생성함
 – 클래스: 클래스에 필요한 프로퍼티(값), 메소드(동작) 작성
 – 객체: 클래스 사용

☑ 클래스를 정의할 때는 class 키워드, 정의할 클래스명을 순서대로 기술

☑ 객체는 객체(변수) = 클래스명(인수리스트)으로 생성하고, 다 사용한 객체는 del 객체변수를 사용해서 제거

☑ 정보 은닉은 보안상 중요한 객체의 값을 저장하는 변수가 외부로부터 함부로 접근되는 것을 방지

개요

(1) 클래스는 실무 데이터를 다루는 타입을 작성하거나 작업 대상 객체를 정의할 때 사용

① 실무 데이터를 다루는 타입을 작성: 1건의 데이터를 저장하고 얻어내는 작업을 위한 객체 정의

예 회원 관리 시스템의 회원 정보, 게시판의 글

② 작업 대상 객체를 정의: 특정 객체의 특징 값과 동작에 대해 정의

예 로봇청소기, 자동차

(2) 클래스가 가진 값은 변수에 저장하고 클래스가 하는 일은 함수로 정의함

① 클래스가 가진 값을 저장하는 변수: 프로퍼티(멤버 변수, 멤버 필드)

예 아이디 저장, 자동차 바퀴수 저장

② 클래스가 하는 일을 정의하는 함수: 메소드

예 속도 올림, 속도 내림

• 메소드: 해당 클래스나 객체에서만 동작되는 함수. 객체 종속

cf) 일반 함수: 필요한 곳 어디서나 사용하는 있는 동작 처리. 객체 독립   예 print() 함수

(3) 프로퍼티와 메소드는 클래스의 멤버

① 프로퍼티: 클래스가 가진 값

② 메소드: 클래스가 하는 동작

(4) 클래스의 멤버는 클래스명 또는 객체명으로 접근

① 클래스명.프로퍼티, 클래스명.메소드 또는 객체명.프로퍼티, 객체명.메소드

클래스 정의 및 객체 생성

✔ **클래스를 사용하려면 클래스를 정의하고 객체를 생성함**
- 클래스: 클래스에 필요한 프로퍼티(값), 메소드(동작) 작성
- 객체: 클래스 사용

1 클래스 정의

(1) 클래스 정의 방법

클래스를 정의할 때는 class 키워드, 정의할 클래스명을 순서대로 기술

```
class 클래스명(기반클래스):
    클래스 내용 – 프로퍼티, 메소드()
```

(2) 클래스명(기반클래스)

① 첫 글자를 대문자로 작성. 단어가 바뀌면 바뀐 단어의 첫 글자 대문자. 카멜 표기법 사용

예 class MemberInfo:

② (기반클래스): 기반클래스(base class)는 상속해주는 클래스. 부모(parent)클래스 또는 상위(super)클래스라고도 부름

예 class Car(SuperCar):

- 기반클래스는 생략 가능하며, 생략 시 암묵적으로 object 클래스가 자동 상속
  - object: 모든 클래스의 부모클래스인 최상위 클래스
  - 기반클래스 생략 시 class MemberInfo: 또는 class MemberInfo(object): 과 같은 형태로 작성
- 상속해주는 클래스가 부모클래스, 상속을 받는 클래스가 자식클래스

─ 자식클래스(child class)는 파생클래스(derived class) 또는 하위(sub)클래스라고도 부름

예 class Car(SuperCar):에서 Car ─ 파생 클래스, SuperCar ─ 기반 클래스

• 상속: 기반(부모) 클래스의 프로퍼티, 메소드를 상속받아 사용

(3) 메소드

① 함수와 같은 방법으로 클래스 안에 선언(작성). 매개변수 self는 반드시 가짐

② 메소드명(self)과 같이 self 매개변수를 넣어서 클래스의 멤버임을 알리고 다른 함수와 구분함

③ 방법

> def 메소드명(self, 그 외의 매개변수 리스트):

• 메소드명: 첫 글자는 소문자. 단어가 바뀌면 바뀐 단어의 첫 글자 대문자. 카멜 표기법

예 def getMember(self):

• self: 현 클래스의 객체(자기 자신 객체)를 가리키는 레퍼런스. 메소드의 매개변수에 꼭 기술

• 그 외의 매개변수 리스트: 필요한 경우 사용. 생략 가능

④ 생성자 메소드: 생성자라 부르며, 객체 생성 시 자동으로 실행됨

• 주로 프로퍼티에 초기 값 할당, GUI 프로그램의 화면 설계에 사용

• def __init__(self, 그 외의 매개변수 리스트):와 같은 형태로 정의

(4) 프로퍼티

① 변수를 선언하는 것과 같은 방식. 생성자에 self. 접두어를 붙여서 만듦

② self.을 붙여서 클래스의 멤버임을 알리고 다른 변수와 구분함

③ 방법

> def __init__(self, 파라미터):
>   self.프로퍼티 = 파라미터

• self.프로퍼티: 프로퍼티(속성)

- 파라미터(매개변수): 객체 생성 시 넘어온 값을 저장하는 변수. 지역변수

  예 def __init__(self, name):

     self.name = name

     ○ self.name: 프로퍼티(속성), name: 파라미터(매개변수)

예 아이디, 비밀번호, 이름 데이터를 갖는 클래스를 정의. 특정 기반 클래스는 없으며 이 클래스는 메소드도 가짐

- 클래스명: MemberInfo
- 메소드
  - __init__(self, idx, passd, name) 생성자 메소드: 프로퍼티 값 세팅
  - getMember(self): 아이디, 비밀번호, 이름 데이터 값을 얻어냄

    ○ return문이 있음

    ○ 함수나 메소드 이름이 get으로 시작하는 경우, 값을 반환하는 일을 하기 때문에 반드시 return문이 있음

  - 프로퍼티: idx – 아이디, passd – 비밀번호, name – 이름

    ○ __init__(self, idx, passd, name) 생성자 메소드 안에 작성

    ○ 사용 형태: self.idx, self.passd, self.name과 같이 self.을 붙임

④ 클래스를 정의할 때도 함수를 정의할 때와 같이 위 아래로 2줄의 빈 줄을 줘서 작성

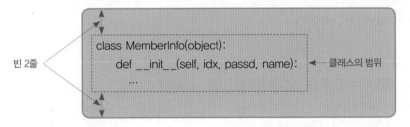

```
# 9-(2)-1-1

class MemberInfo(object):
    def __init__(self, idx, passd, name):
        self.idx = idx
        self.passd = passd
        self.name = name

    def getMember(self):
```

```
        return self.idx + ', ' + self.passd + ', ' + self.name
```

설명 MemberInfo 클래스를 만드는 데 object 클래스로부터 상속받아서 만듦. MemberInfo 클래스는 3개의 프로퍼티와 프로퍼티의 값을 반환하는 getMember(self) 메소드로 구성됨. 3개의 프로퍼티는 __init__(self, idx, passd, name) 생성자에서 self.idx, self.passd, self.name과 같이 self를 붙여서 정의하고 사용할 때도 self를 붙여서 사용. getMember(self) 메소드는 return self.idx + ', ' + self.passd + ', ' + self.name과 같이 프로퍼티의 값을 문자열로 만들어 반환

실행 결과 ▶ 클래스 정의여서 실행 결과 값이 없음

문제 해결 **9-1-1** 배기량, 구동 방식 데이터를 갖는 Car 클래스 정의. 특정 기반 클래스는 없으며 이 클래스는 메소드도 가짐

조건 • 클래스명: Car
• 메소드
  − __init__(self, displ, drv) 생성자 메소드: 프로퍼티 값 세팅
  − info(self): 배기량, 구동 방식 데이터 값을 화면에 출력. return문 없음
• 프로퍼티: displ − 배기량, drv − 구동 방식
  − 사용 형태: self.displ, self.drv

풀이 문제 해결 순서
• 순서1: Car 클래스 정의. 특정 기반 클래스는 없음 − object
        class Car(object):
• 순서2: 생성자 정의 __int__(self, displ, drv)
        def __init__(self, displ, drv):
            self.displ = displ
            self.drv = drv
• 순서3: info(self) 메소드 정의 − 배기량, 구동 방식 데이터 값을 화면에 출력
        print("자동차 정보 : ({0}, {1}구동)".format(self.displ, self.drv))

 # 9-(2)-1-2

```
'''문제해결 9-1-1)'''
# 9-(2)-1-2
```

```
class Car(object):  # 순서1
    def __init__(self, displ, drv):  # 순서2
        self.displ = displ
        self.drv = drv

    def info(self):  # 순서3
        print("자동차 정보 : ({0}, {1}구동)".format(self.displ, self.drv))
```

설명) Car 클래스를 만드는데 object 클래스로부터 상속받아서 만듦. Car 클래스는 2개의 프로퍼
티와 프로퍼티의 값을 출력하는 info(self) 메소드로 구성됨. 2개의 프로퍼티는 __init__(self,
displ, drv) 생성자에서 self.displ, self.drv로 정의. info(self) 메소드는 print()문과 포맷팅을
사용해서 self.displ과 self.drv를 출력

실행 결과) 클래스 정의여서 실행 결과 값이 없음

문제 해결 9-1-2) 아이디, 비밀번호 데이터를 갖는 IdInfo 클래스 정의. 특정 기반 클래스는 없으며, 이 클래스
는 메소드도 가짐

조건) • 클래스명: IdInfo
• 메소드
   – _init_(self, idx, passd) 생성자 메소드: 프로퍼티 값 세팅
   – getIdInfo(self): 아이디, 비밀번호 데이터 값을 딕셔너리로 리턴. return문 있음
• 프로퍼티: idx – 아이디, passd – 비밀번호
   – 사용 형태: self.idx, self.idx

풀이) 문제 해결 순서
• 순서1: IdInfo 클래스 정의. 특정 기반 클래스는 없음 – object
        class IdInfo(object):
• 순서2: 생성자 정의 __init__(self, idx, passd)
        def __init__(self, idx, passd):
            self.idx = idx
            self.passd = passd
• 순서3: getIdInfo(self) 메소드 정의 – 아이디, 비밀번호 데이터 값을 딕셔너리로 리턴
        return dict(idx=self.idx, passd=self.passd)

```
'''문제해결 9-1-2)'''
# 9-(2)-1)-3


class IdInfo(object):    # 순서1
    def __init__(self, idx, passd):    # 순서2
        self.idx = idx
        self.passd = passd

    def getIdInfo(self):    # 순서3
        return dict(idx=self.idx, passd=self.passd)
```

설명 idx, passd 프로퍼티와 getIdInfo( ) 메소드를 갖는 IdInfo 클래스를 만듦. getIdInfo( ) 메소드
는 2개의 프로퍼티 값을 딕셔너리로 리턴

실행 결과 클래스 정의여서 실행 결과 값이 없음

문제 9-1 글번호, 비밀번호, 제목, 글쓴이, 글 내용의 데이터를 갖는 ArticleInfo 클래스를 정의. 특정 기반
클래스는 없으며, 이 클래스는 메소드도 가짐

조건 • 클래스명: ArticleInfo
  • 메소드
    − __init__(self, id_num, passd, title, writer, content) 생성자 메소드: 프로퍼티 값 세팅
    − getArticle(self): 글번호, 비밀번호, 제목, 글쓴이, 글 내용을 딕셔너리로 리턴. return문이 있음
  • 프로퍼티
    − id_num: 글번호, 숫자 − 정수 예 1, 2,…
    − passd: 비밀번호, 문자열 예 "1234"
    − title: 제목, 문자열 예 "테스트"
    − writer: 글쓴이, 문자열 예 "관리자"
    − content: 글 내용, 문자열 예 "테스트 입니다."

문제 9-2 로봇을 정의하는 Robot 클래스를 정의. 특정 기반 클래스는 없으며, 이 클래스는 메소드도 가짐

조건 • 클래스명: Robot
  • 메소드

- __init__(self, shape, position, direction, speed) 생성자 메소드: 프로퍼티 값 세팅
- move(self, direction, move_pos, speed): 방향, 이동 위치, 속도를 넘겨받아 딕셔너리로 리턴. return문이 있음
- 프로퍼티
  - shape: 로봇 형태, 문자열 예 구형, 인간형, 곤충형…
  - direction: 이동 방향, 정수 값을 갖는 리스트 예 [x, y, z]와 같은 리스트로 제공
  - position: 위치, 정수 값을 갖는 리스트 예 [x, y, z]와 같은 리스트로 제공
  - speed: 속도, 숫자 – 정수 예 정수 값으로 제공

2 객체 생성 및 사용

(1) 클래스를 사용하려면 반드시 객체로 생성해서 사용

① 클래스는 객체의 모양을 정의, 클래스에 실제 값을 넘겨받아 객체를 생성

(2) 객체 생성 방법: 객체(변수) = 클래스명(인수리스트)

① 객체(변수): 객체가 저장된 곳의 주소를 가짐. 객체가 저장된 곳을 가리키는 변수
   - 객체변수 또는 그냥 객체라고 부름

② 클래스명: 객체로 생성할 클래스의 이름

③ (인수리스트): 객체를 생성할 때 생성할 객체에 넘겨줄 값
   - 생성할 때 넘겨받은 값은 생성자(__init__()) 안에 정의된 프로퍼티에 저장

④ 클래스명(인수리스트): __init__() 생성자 메소드를 자동 호출해서 넘겨받은 파라미터 값으로 프로퍼티의 값을 세팅

예 my_member = MemberInfo('kingdora', '123456', '김대붕')

   - my_member: MemberInfo 클래스의 객체변수
   - MemberInfo('kingdora', '123456', '김대붕')은 생성할 객체로 MemberInfo 객체는 'kingdora', '123456', '김대붕' 값을 넘겨받아 생성. 생성된 객체의 주소는 my_member에 저장
     - MemberInfo 객체가 생성되면 __init__(self, idx, passd, name)가 호출됨
     - 파라미터 idx에 'kingdora', passd에 '123456', name에 '김대붕'을 넘겨받아서 self.idx, self.passd, self.name 프로퍼티에 값이 저장됨

○ 프로퍼티 = 파라미터: 파라미터(매개변수) 값을 프로퍼티에 넣으라는 의미

self.idx = idx

self.passd = passd

self.name = name

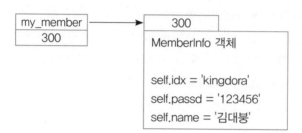

(3) 객체 사용 방법: 객체변수.멤버와 같은 형태로 프로퍼티와 메소드에 접근

– 멤버: 프로퍼티, 메소드

예 my_member 객체의 getMember( ) 메소드 사용

my_member.getMember( )

예 my_member 객체의 idx 프로퍼티 사용

my_member.idx

○ idx 프로퍼티를 클래스 밖에서 사용할 때는 self를 붙이지 않음. self는 클래스 내에서 프로퍼티와 다른 변수들을 구분하기 위한 목적

예 정의된 MemberInfo 클래스의 객체를 생성하고 사용

조건 MemberInfo 클래스의 멤버

• 메소드

–_init_(self, idx, passd, name) 생성자 메소드: 프로퍼티 값 세팅

–getMember(self) 메소드: 아이디, 비밀번호, 이름 데이터 값을 얻어냄

• 프로퍼티: idx – 아이디, passd – 비밀번호, name – 이름

풀이

❶ 선수 사항: MemberInfo 클래스 정의

❷ 문제 해결 순서

• 순서1: MemberInfo 클래스의 객체 생성

– 객체명: my_member

my_member = MemberInfo("kingdora", "123456", "김대붕")

• 순서2: my_member 객체 사용 – my_member.멤버

– my_member 객체의 getMember( ) 메소드 호출

　　print("사용자 정보:", my_member.getMember())
– my_member 객체의 idx 프로퍼티 사용

　　print("사용자 아이디:", my_member.idx)

 # 9-(2)-2)-1

```
# 9-(2)-2)-1

# 순서1
my_member = MemberInfo("kingdora", "123456", "김대붕")

# 순서2
print("사용자 정보:", my_member.getMember())
print("사용자 아이디:", my_member.idx)
```

설명　MemberInfo 클래스의 객체 my_member 생성. 객체 생성 시 MemberInfo("kingdora", "123456", "김대붕")과 같이 3개의 인수 값이 __init__(self, idx, passd, name) 생성자의 파라미터 idx, passd, name로 넘어감. __init_() 생성자 안에서 파라미터 값을 프로퍼티 값으로 저장. 객체 생성이 완료되면 my_member.getMember(), my_member.idx과 같이 객체명.멤버로 객체의 값과 메소드에 접근해서 사용

실행 결과　사용자 정보: kingdora, 123456, 김대붕
　　　　　사용자 아이디: kingdora

문제 해결　9-2-1　정의된 Car 클래스의 객체를 생성하고 사용

조건　Car 클래스의 멤버
　• 메소드
　　– __init__(self, displ, drv) 생성자 메소드: 프로퍼티 값 세팅
　　– info(self): 배기량, 구동 방식 데이터 값을 화면에 출력
　• 프로퍼티: displ – 배기량, drv – 구동 방식

풀이　① 선수 사항: Car 클래스 정의
　　② 문제 해결 순서
　　　• 순서1: Car 클래스의 객체 생성
　　　　– 객체명: car_obj
　　　　　car_obj = Car(3000, "4륜")
　　　• 순서2: car_obj 객체 사용 – car_obj.멤버
　　　　– car_obj 객체의 info( ) 메소드 호출
　　　　　car_obj.info()

 # 9-(2)-2)-2

```
# 9-(2)-2)-2

# 순서1
car_obj = Car(3000, '4륜')

# 순서2
car_obj.info()
```

설명 Car 클래스의 객체 car_obj 생성. 객체 생성 시 Car(3000, "4륜")과 같이 2개의 인수 값이 __
init__(self, displ, drv) 생성자의 파라미터 displ, drv로 넘어가서 프로퍼티 값 세팅. 객체 생
성이 완료되면 car_obj.info()과 같이 객체의 메소드에 접근해서 사용

실행 결과 자동차 정보 : (3000, 4륜구동)

문제 해결 9-2-2 정의된 IdInfo 클래스의 객체를 생성하고 사용

조건 Car 클래스의 멤버
  • 메소드
    – __init__(self, idx, passd) 생성자 메소드: 프로퍼티 값 세팅
    – getIdInfo(self): 아이디, 비밀번호 데이터 값을 딕셔너리로 리턴. return문 있음
  • 프로퍼티: idx – 아이디, passd – 비밀번호

풀이 ① 선수 사항: IdInfo 클래스 정의
     ② 문제 해결 순서
       • 순서1: IdInfo 클래스의 객체 생성
         – 객체명: idinfo_obj
           idinfo_obj = IdInfo("winterbear", "19951230")
       • 순서2: idinfo_obj 객체 사용 – car_obj.멤버
         – idinfo_obj 객체의 getIdInfo() 메소드 호출
           print(idinfo_obj.getIdInfo())

 # 9-(2)-2)-3

```
# 9-(2)-2)-3

# 순서1
idinfo_obj = IdInfo('winterbear', '19951230')
```

```
# 순서2
print(idinfo_obj.getIdInfo())
```

설명 IdInfo 클래스의 객체 idinfo_obj를 생성 후 getIdInfo( ) 메소드 호출해서 idinfo_obj 객체가 가진 값 출력

실행 결과 {'idx': 'winterbear', 'passd': '19951230'}

문제 9-3 문제 9-1 에서 정의한 ArticleInfo 클래스의 객체를 use_article 생성하고, getArticle() 메소드를 호출해서 객체의 값을 출력

조건 ArticleInfo 클래스의 멤버
  • 메소드
    − __init__(self, id_num, passd, title, writer, content) 생성자 메소드: 프로퍼티 값 세팅
    − getArticle(self): 글번호, 비밀번호, 제목, 글쓴이, 글 내용을 딕셔너리로 리턴. return문이 있음
  • 프로퍼티: id_num − 글번호, passd − 비밀번호, title − 제목, writer − 글쓴이, content − 글 내용
  • 객체 생성 예: use_article = ArticleInfo(1, "123", "테스트", "관리자", "테스트입니다")

문제 9-4 문제 9-2 에서 정의한 Robot 클래스의 객체 use_robot을 생성하고 move() 메소드를 호출해서 객체의 값 출력

조건 Robot 클래스의 멤버
  • 메소드
    − __init__(self, shape, position, direction, speed) 생성자 메소드: 프로퍼티 값 세팅
    − move(self, direction, move_pos, speed): 방향, 이동 위치, 속도를 넘겨받아 딕셔너리로 리턴. return문 있음
  • 프로퍼티: shape − 로봇 형태, direction − 이동 방향, position − 위치, speed − 속도
  • 객체 생성 예: use_robot = Robot("구형", [0, 0, 0], [0, 0, 0], 0)

3 객체 제거

생성한 객체는 del 객체변수를 사용해서 제거

예 **del my_member**

① my_member 객체변수 자체가 제거되므로 향후 my_member 객체의 존재 여부는 확인 불가

② my_member = ''과 같이 사용하면 변수는 존재하고 내용만 사라진 것이기 때문에 my_member
객체의 존재 여부를 확인할 수 있음

③ 객체 자체를 메모리에서 제거하려면 반드시 del을 사용해서 제거

 # 9-(2)-3)-1

```
# 9-(2)-3)-1


def is_exist_obj(obj):
    if obj:
        print("객체 있음")
    else:
        print("객체 없음. 생성 필요")


is_exist_obj(my_member)

# del my_member  # 객체 자체 제거
my_member = ""
is_exist_obj(my_member)
```

설명) 클래스의 객체가 있는지 여부를 확인하는 is_exist_obj(obj) 함수를 정의한 후 이 함수를 호출
시 is_exist_obj(my_member)과 같이 사용해서 특정 객체가 메모리에 존재하는지 여부 확인.
my_member = ''는 객체변수의 값을 공백으로 클리어해서 객체변수가 가리키는 객체와의 연
결점을 끊음. 연결점이 끊어진 객체는 메모리에서 제거 대상. 연결점이 끊어진 객체는 다시 is_
exist_obj(my_member)를 사용하면 해당 객체가 없다고 출력됨

실행 결과) 객체 있음
객체 없음. 생성 필요

정보은닉

1 정보은닉과 프로퍼티

① 프로퍼티는 객체의 값을 저장하는 변수로 보안상 중요한 값을 저장할 수 있음
- 보안상 중요한 값: 신용카드번호, 주민등록번호 등
- 보안상 중요한 값은 클래스 외부에서 함부로 접근하지 못하게 막음
  → 이것이 정보은닉

② 파이썬에서 정보를 은닉하는 방법은 프로퍼티나 메소드의 이름 앞에 _(언더스코어 1개), __(언더스코어 2개)을 붙임
- _(언더스코어 1개)보다 __(언더스코어 2개)가 보안이 더 좋음: 이름 앞에 __를 붙인 프로퍼티나 메소드는 클래스 외부에서 접근하지 못함
- 정보은닉은 주로 값을 저장하는 프로퍼티에 붙임

  예 displ, drv 프로퍼티의 정보은닉
  ```
  self.__displ = displ
  self.__drv = drv
  ```
  ➡ 클래스 외부에서 __displ과 같이 정보은닉된 프로퍼티에 접근 불가. 에러 발생

③ __displ과 같이 정보은닉된 프로퍼티는 같은 클래스 내의 메소드를 사용한 우회 접근 방법으로 사용

  예 def info(self):
  ```
      print("자동차 정보 : ({0}, {1}구동)".format(self.__displ, self.__drv))
  ```
  ➡ 같은 클래스 내에 있는 info() 메소드에서 self.__displ, self.__drv 프로퍼티에 접근

```
# 9-(3)-1


class IHCar(object):
    def __init__(self, displ, drv):
        self.__displ = displ
        self.__drv = drv

    def move(self, speed):
        print("자동차 이동 속도 : 시속 {0}km".format(speed))

    def info(self):
        print("자동차 정보 : ({0}, {1}구동)".format(self.__displ, self.__drv))



car1 = IHCar(3000, "4륜")
car1.info()
car1.move(60)
print(car1.__displ)  # 에러 발생. 정보은닉된 프로퍼티에 접근
```

설명 IHCar 클래스 정의 후 car1 = IHCar(3000, '4륜')로 car1 객체 생성 IHCar 클래스의 self.__displ, self.__drv 프로퍼티는 정보은닉. 이 프로퍼티에 접근하려면 car1.info()과 같이 메소드를 통해 우회해서 사용. print(car1.__displ)와 같이 클래스 밖에서 __displ 프로퍼티에 직접 접근하면 존재하지 않는 프로퍼티라고 에러 발생

실행 결과 자동차 정보 : (3000, 4륜구동)
자동차 이동 속도 : 시속 60km

AttributeError   Traceback (most recent call last)
⟨ipython-input-9-106f61942c2c⟩ in ⟨module⟩
     18 car1.info()
     19 car1.move(60)
→ 20 print(car1.__displ) # 에러 발생. 정보은닉된 프로퍼티에 접근

AttributeError: 'IHCar' object has no attribute '__displ'

☑ 정리

- 클래스는 실무 데이터 타입을 정의하거나 작업 대상 객체를 정의할 때 사용하며, 클래스가 가진 값은 프로퍼티 저장하고 클래스가 하는 일은 메소드로 정의함

- 클래스를 사용하려면 클래스를 정의하고 객체를 생성함

- 클래스를 정의할 때는 class 키워드, 정의할 클래스명을 순서대로 기술
  예 class 클래스명: 또는 class 클래스명(object):

- 상속해주는 기반 클래스가 있는 경우 class 클래스명(기반클래스): 와 같이 정의

- 객체는 객체(변수) = 클래스명(인수리스트)으로 생성

- 객체 생성 시 __init__(self, 파라미터) 생성자가 자동 실행함. 생성자는 주로 프로퍼티 값 세팅, GUI 프로그램에서 화면 구성에 사용됨

- 객체가 가진 값에 접근은 객체.프로퍼티, 객체의 메소드에 접근은 객체.메소드()로 사용

- 프로퍼티는 클래스 내에서 사용될 때는 self.프로퍼티명과 같이 사용

- 메소드는 def 메소드명(self, 파라미터): 와 같이 정의

- 사용한 객체를 제거할 때는 del 객체변수를 사용해서 제거

- 정보은닉은 보안상 중요한 객체의 값을 저장하는 변수가 외부로부터 함부로 접근되는 것을 방지

- 정보은닉을 하려면 __을 붙여서 정의. 정보은닉된 프로퍼티는 self.__프로퍼티와 같이 정의

1 무엇에 대한 설명인지 (   ) 안에 알맞은 것을 찾아 넣으시오.

클래스, 프로퍼티, 메소드, 생성자

① (   ): 실무 데이터 정의, 작업 대상 객체 정의

② (   ): 클래스가 하는 일

③ (   ): 객체 생성 시 자동 실행되어 프로퍼티 값 세팅

④ (   ): 클래스가 가진 값

2 다음 코드에 알맞은 것을 찾아 넣으시오.

class, def, self.model, self.price

코드
(①   ) cleaner(object):
(②   ) __init__(self, model, price):
(③   ) = model
(④   ) = price

3 GameCharacter 클래스 정의. 상속해주는 클래스 없음

조건 • 메소드

- __init__(self, c_name, c_health, c_mana, role, haved_items) 생성자: 프로퍼티 세팅

- getCharacter(self): 캐릭터이름, 체력, 역할, 마나, 아이템목록/값을 딕셔너리로 리턴

• 프로퍼티

- c_name: 캐릭터이름, 문자열 예 "연탄왕자"

- c_health: 체력, 숫자 – 정수 예 300

- c_mana: 마나, 숫자 – 정수 예 100

- role: 역할, 문자열 예 "영웅"

- haved_items: 아이템목록/값, 딕셔너리 예 {"armor": 1, "healing": 1}

4 GameCharacter 클래스의 객체 user_chae를 캐릭터이름, 기본 체력, 역할, 기본 마나, 기본 아이템목록/값을 줘서 생성 후 getCharacter() 메소드를 호출하고 출력

조건 객체 생성 예: user_chae = GameCharacter("연탄왕자", 300, 100, "영웅", {})

5 CustomerInfo 클래스 정의. 상속해주는 클래스 없음

[조건] • 메소드
- __init__(self, cus_no, cus_name, cus_grade) 생성자: 프로퍼티 세팅
- getCustomer(self): 고객번호, 이름, 등급을 딕셔너리로 리턴
• 프로퍼티: 모두 정보 은닉해서 정의
- cus_no: 고객번호, 문자열 예 "c1021"
- cus_name: 이름, 문자열 예 "홍길동"
- cus_grade: 등급, 문자열 예 "A"

6 CustomerInfo 클래스의 객체 cust를 고객번호, 이름, 등급을 줘서 생성 후 getCustomer (self) 메소드를 호출하고 출력

[조건] 객체 생성 예: cust = CustomerInfo("c1021", "홍길동", "A")

10.

파일 입출력

데이터 건수가 많은 경우 input() 함수를 사용해서 화면으로 입력 받는 것은 매우 힘들고 비효율적이다. 하물며 실무에서는 1줄(1 레코드)이 1건의 데이터이며, 1건은 여러 값으로 이루어져 있다. 이런 것들이 수백만 건 있는 데이터는 보통 파일로 제공되며, 파일을 프로그램으로 읽어 들여서 사용하는 방식이다. 또한 파일은 문자로 구성된 텍스트 파일과 이진 데이터로 구성된 이미지, 동영상 등의 바이너리 파일이 있으며, 이들은 파일 입출력 방법이 다르다. 이번 장에서는 기본적으로 제공되는 텍스트 파일과 바이너리 파일 입출력, 라이브러리를 사용하는 방법을 학습한다.

개요

(1) 파일 사용을 위한 준비

파일을 프로그램에서 사용하기 위해서는 먼저, 파일을 연 후 읽거나 쓰는 동작이 필요

① 먼저 파일을 엶: 읽기용 또는 쓰기용으로 엶

예 파일을 읽기용으로 열기

f = open("myfile.txt", "r")

예 파일을 쓰기용으로 열기

f = open("myfile.txt", "w")

② 읽거나 쓰는 동작: 읽기용으로 연 경우 읽기 동작. 쓰기용으로 연 경우 쓰기 동작

예 파일 내용 읽기: readline() 메소드 또는 for문 사용

f.readline() 또는 for line in f:

예 파일 내용 쓰기: write() 메소드

f.write("Winter Bear\nSweet Night\nSnow Flower")

(2) 파일 작업 후에는 꼭 파일을 닫음

① 닫는 작업 메소드 사용: close() 메소드

예 f.close()

② with문을 사용해서 연 파일은 모든 처리 후 자동으로 닫힘

예 with open("myfile.txt", "r") as f:

파일 입출력

✓ 파일 입출력은 파일을 열어서 읽고 쓰는 동작이 모두 포함된 작업

✓ 파일 입출력은 파일의 모드나 종류에 따라 다름
  - 파일의 모드: 텍스트 파일, 바이너리 파일
    - 텍스트 파일: 문서 파일, 텍스트 데이터 파일
    - 바이너리 파일: 이미지/동영상 파일, 이진 데이터 파일
  - 파일의 종류: 특수 파일, 범용 파일
    - 특수 파일: 특정 프로그램에서만 열 수 있는 파일 예 xlsx, hwp 등
    - 범용 파일: csv, txt 파일 등

1 with문과 open() 함수를 사용한 텍스트 파일 읽고 쓰기

(1) open(파일명, 모드) 함수: 파일을 모드를 사용해서 엶

① 파일명: 경로를 포함한 파일명

② 모드: 파일 오픈 모드로 텍스트 파일의 경우 "r"/"w"/"a"/"x" 중 1개를 사용
  • "r"-읽기용, "w"-쓰기용, "a"-추가용, "x"-파일 생성용

③ 텍스트 파일 열기
  • 텍스트 파일 읽기용: open(파일명, "r")
    - 읽을 파일이 존재하면 해당 파일을 읽고, 존재하지 않으면 에러 발생
  • 텍스트 파일 쓰기용: open(파일명, "w")
    - 쓸 파일이 존재하면 해당 파일에 내용 씀, 존재하지 않으면 생성 후 씀. 쓰기용 파일은
      원래 내용이 있는 경우 내용을 덮어씀
  • 텍스트 파일 추가용: open(파일명, "a")
    - 추가용 파일이 존재하면 해당 파일에 내용 추가, 존재하지 않으면 생성 후 씀. 쓰기용
      파일은 원래 내용이 있는 경우 내용 아래에 새로운 내용을 추가

- 텍스트 파일 생성용: open(파일명, "x")
  - 새로운 파일을 생성, 생성할 파일이 존재하면 에러 발생

예 winterbear.txt 파일을 읽기용으로 열고 파일 정보를 f 변수에 저장
with open("winterbear.txt", "r") as f:

(2) 텍스트 파일 읽기: for문을 사용해서 1줄씩 읽음

예 for line in f:

- 파일에서 1줄씩 읽는 작업을 반복. 파일에 내용이 있을 때까지 반복
  - f: 읽을 파일 정보
  - line: 파일에서 읽은 1줄의 데이터

10-(2)-1)-1

```
# 10-(2)-1)-1

with open("winterbear.txt", "r") as f:
    for line in f:
        print(line, end="")
```

설명 "winterbear.txt" 파일을 "r" 옵션을 지정해서 읽기 전용으로 연 후 파일의 내용을 읽고 화면에 출력

실행 결과 Good day, good day
Looks like a winter bear
You sleep so happily
I wish you a good night, good night, good night
Good night, good night

(3) 텍스트 파일 쓰기: write( ) 메소드 사용

예 f.write("Fenix\nTassadar\nZeratul\nArtanis\n")

10-(2)-1)-2

```
# 10-(2)-1)-2

with open("protoss_heroes.txt", "w") as f:
    f.write("Fenix₩nTassadar₩nZeratul₩nArtanis₩n")
```

"protoss_heroes.txt" 파일을 "w" 옵션을 지정해서 쓰기 전용으로 연 후 파일의 내용을 씀.

"protoss_heroes.txt" 파일이 없는 경우 생성하고 씀. 생성된 파일은 탐색기에서 확인

화면에 표시되는 내용 없음

(4) 데이터가 저장된 csv 파일을 open( ) 메소드를 사용해서 읽을 수 있음

실무에서는 pandas를 라이브러리의 read_csv( ) 메소드를 사용해서 읽음. 뒤에서 학습함

예 1999~2018년까지 월간 측정된 온실가스 데이터 파일 "20200511_ghg.csv"을 open( ) 메소드를 사용해서 읽음

with open("20200511_ghg.csv", "r") as f:

 # 10-(2)-1)-3

```
# 10-(2)-1)-3

with open("20200511_ghg.csv", "r") as f:
    for line in f:
        print(line, end="")
```

"20200511_ghg.csv" 파일을 open( ) 메소드에 "r" 옵션을 지정해서 읽기용으로 연 후 파일의 내용 화면에 출력

지점,시간,CO2_ppm,CH4_ppm,N2O_ppm,CFC11_ppm,CFC12_ppm,CFC113_ppm,

SF6_ppm

안면도,1999-01,373.1,,,,,,

안면도,1999-02,374,,315.2,266.9,534.1,,

안면도,1999-03,374.9,,314.6,267.5,535.1,,

안면도,1999-04,375.1,1869,314.2,266.7,534.7,,

생략…

텍스트 파일 "data01.txt"을 읽고 화면에 표시

2 with문과 open() 함수를 사용한 바이너리 파일 읽고 쓰기

(1) 바이너리 파일 열기

① 바이너리 파일은 open(파일명, 모드) 함수의 모드에 "b"를 추가해서 엶

② "t"는 텍스트 파일의 모드로 생략 가능

  • "rt"와 "r"은 같으나 보통 "t"를 생략하고 "r"로 많이 씀

③ "b"는 바이너리 파일의 모드로 생략 불가능

④ 바이너리 모드: 파일 오픈 시 "rb"/"wb"/"ab"/"xb" 중 1개를 사용

⑤ 바이너리 파일 열기

  • 바이너리 파일 읽기용: open(파일명, "rb")
  • 바이너리 파일 쓰기용: open(파일명, "wb")

(2) 바이너리 파일을 읽고 쓰는 메소드

① 텍스트 파일을 읽고 쓸 때와 같음

② 바이너리 파일 읽기: read() 메소드 또는 for문 사용

③ 바이너리 파일 쓰기: write() 메소드 사용

(3) 바이너리 파일 읽기 예

① "cover_s.png" 이미지 파일을 읽어서 화면에 출력

② 이미지 파일의 내용을 읽는 것은 2진 표기를 읽는 것으로 여기서는 16진수로 표시한 결과가 나옴. 2진수는 화면에 표기할 때 컴팩트하게 표시하기 위해서 16진수로 표현되는 경우가 많음

 # 10-(2)-2)-1

```
# 10-(2)-2)-1
# 바이너리파일 읽기

with open("cover_s.png", "rb") as f:
    for line in f:
```

```
        print(line)
```

"cover_s.png" 이미지 파일을 "rb" 옵션을 지정해서 이진 읽기 전용으로 연 후 파일의 내용을
읽고 화면에 출력. 출력 결과는 이미지 파일의 2진 표기를 16진수로 변환한 값이 출력됨. 화
면에 이미지 자체를 출력하려면 이미지를 화면에 출력할 수 있는 opencv 같은 라이브러리가
필요

실행 결과 b'\x89PNG\r\n'
          b'\x1a\n'
          b'\x00\x00\x00\rIHDR\x00\x00\x01\x11\x00\x00\x00생략⋯

(4) 바이너리 파일 쓰기 예: 이미지 파일 복사

- "cover_s.png" 이미지 파일을 읽어서 "cover_s_copy.png" 파일에 읽은 내용을 씀
  - 결론적으로 "cover_s.png"의 내용이 "cover_s_copy.png"로 복사됨
- with open("cover_s.png", "rb") as f1, open("cover_s_copy.png", "wb") as f2:
  - "cover_s.png" 이미지 파일 읽기용으로 엶: open("cover_s.png", "rb")
  - "cover_s_copy.png" 파일 쓰기용으로 엶. 없으면 생성됨: open("cover_s_copy.png", "wb")

10-(2)-2)-2

```
# 10-(2)-2)-2
# 바이너리파일 읽고 쓰기

with open("cover_s.png", "rb") as f1, open("cover_s_copy.png", "wb") as f2:
    for line in f1:
        f2.write(line)
```

설명 "cover_s.png" 이미지 파일을 "rb" 옵션을 지정해서 이진 읽기 전용으로 열고 파일 정보
는 f1에 저장. "cover_s_copy.png" 파일을 "wb" 옵션을 지정해서 이진 쓰기 전용으로 열
고 파일 정보는 f2에 저장. for line in f1:을 사용해서 "cover_s.png" 파일의 내용을 읽고,
f2.write(line)을 사용해서 "cover_s_copy.png" 파일의 내용으로 씀. 결론적으로 "cover_
s.png" 파일이 "cover_s_copy.png" 파일로 복사됨. 생성된 파일은 탐색기에서 확인

실행 결과 화면에 출력되는 내용 없음. "cover_s_copy.png" 파일 생성됨

문제 10-2 이미지 파일 "AceofSpades.png" 파일을 읽고 내용 출력

(5) 이미지 자체를 출력

이미지를 화면에 출력할 수 있는 opencv 같은 라이브러리가 필요

① 방법1: 이미지 창에 표시

- 순서❶: opencv 패키지 설치 − 명령 프롬프트 창 또는 [Anaconda Prompt] 창에서 opencv 설치

  pip install opencv−python

▲ [Anaconda Prompt] 창에서 opencv 설치

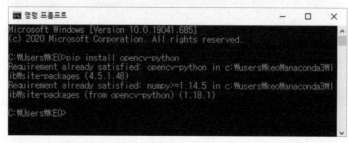

▲ 패키지가 이미 설치된 경우 명령 프롬프트 창에서 다시 설치 안 됨

- 순서❷: opencv 라이브러리 로드 − opencv 라이브러리로 사용 시 이름 − cv2

  import cv2

- 순서❸: 이미지 로드 − opencv 라이브러리로 사용한 이미지 로드

  img = cv2.imread("cover_s_copy.png"): imread() 메소드를 사용한 이미지 로드

- 순서❹: opencv 라이브러리를 사용한 이미지 표시 − 이미지 표시 창에 이미지 표시

  ┌ cv2.imshow("img", img): 이미지 창에 타이틀 "img"과 표시할 이미지 img 지정
  ├ cv2.waitKey(0): 무한 대기로 창을 닫기 전까지 이미지를 계속 이미지 창에 표시함. 닫기 단추를 누르거나 아무 키나 눌러도 창이 닫힘
  └ cv2.destroyAllWindows(): 열린 모든 창을 닫음. cv2.waitKey(0)가 키보드 입력을 받아 종료되면 cv2.destroyAllWindows()이 실행되어 실질적으로 창이 닫히게 됨

위의 3줄의 코드는 이미지를 표시할 때 같이 다니는 코드

 # 10-(2)-2)-3

```
# 10-(2)-2)-3
# 순서1. 패키지 설치
# 순서2
import cv2

# 순서3
img = cv2.imread("cover_s_copy.png")

# 순서4
cv2.imshow("img", img)
cv2.waitKey(0)
cv2.destroyAllWindows()
```

[설명] "cover_s_copy.png" 이미지 파일을 이미지 창에 표시

[실행 결과]

② 방법2: 결과 화면에 표시

opencv와 matplotlib(맷프롯립) 라이브러리를 같이 써야 함

- 순서❶: 패키지 설치 – 아나콘다에 matplotlib 라이브러리가 이미 설치되어 있음. 설치 불필요

  pip install matplotlib: matplotlib이 없는 경우 설치

- 순서❷: opencv, matplotlib 라이브러리 로드 – 그리는 작업과 관련된 하위 라이브러리 matplotlib.pyplot 로드

  import cv2

  import matplotlib.pyplot as plt

- 순서❸: opencv 라이브러리를 사용한 이미지 로드

  img = cv2.imread("cover_s_copy.png", cv2.IMREAD_COLOR): 이미지 로드 시 색상 정보도 가져옴

⌈ opencv는 bgr 색상 체계를 갖고, matplotlib는 rgb 색상 체계를 가짐
⌊ img = cv2.imread("cover_s_copy.png")로 이미지를 읽어서 plt.imshow
(img)로 그대로 출력하면 빨강색 자리에 파란색으로 표시됨

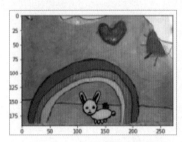

▲ 원래 이미지와 opencv로 읽어 들인 이미지

- 순서❹: 색상 문제 처리 – 이 문제를 해결하려면 img에서 b, g, r 색상 값을 얻어내서 r,
  g, b 순서로 재배치

  b, g, r = cv2.split(img): img에서 b, g, r 색상 값을 얻어냄

  img_cov = cv2.merge([r, g, b]): r, g, b 순서로 재배치해서 cv2에 적용

- 순서❺: matplotlib.pyplot 라이브러리를 사용한 이미지 표시 – imshow() 메소드를
  사용해서 이미지

  plt.imshow(img_cov): imshow() 메소드를 사용해서 이미지 표시

- 순서❻: 이미지에 표시되는 축 눈금 제거 이미지 표시 – 눈금과 같이 이미지가 표시되는
  것 방지

  ⌈ plt.xticks([]): x축 눈금 없앰
  ⊦ plt.yticks([]): y축 눈금 없앰
  ⌊ plt.show(): 이미지 화면에 표시. 생략해도 됨. 생략 시 주피터 노트북 결과에 ([],
  ⟨a list of 0 Text yticklabel objects⟩)가 표시됨

 # 10-(2)-2)-4

```
# 10–(2)–2)–4
# 순서1. 패키지 설치
# 순서2
import cv2
import matplotlib.pyplot as plt

# 순서3
img = cv2.imread("cover_s_copy.png", cv2.IMREAD_COLOR)
```

```
# 순서4
b, g, r = cv2.split(img)
img_cov = cv2.merge([r, g, b])

# 순서5
plt.imshow(img_cov)

# 순서6
plt.xticks([])
plt.yticks([])
plt.show()
```

 "cover_s_copy.png" 이미지 파일을 화면에 표시

문제 10-3 이미지 파일 "AceofSpades.png"을 opencv와 matplotlib을 사용해서 화면에 표시

문제 해결 10-2-1 choice_card와 opencv 라이브러리를 사용해서 임의의 이미지를 이미지 표시 창에 표시

조건 • choice_card 모듈: 임의의 이미지 선택. 사용자 정의 모듈로 소스에서 제공됨 – choice_card.py
  – choice_face(): 임의의 카드 무늬 선택 함수
  – chice_num(): 임의의 카드 번호 선택 함수
• opencv 라이브러리: 화면에 이미지 표시

풀이 문제 해결 순서
• 순서1: 필요한 라이브러리 로드
       import cv2
       import choice_card as card
• 순서2: 화면에 표시할 이미지 얻어냄
  – card.chice_num()로 얻어낸 카드 무늬명과 card.choice_face()로 얻어낸 카드 번호를 경로
    명과 확장자로 합쳐서 로드할 파일명을 얻어냄
    f_name = "img/" + card.chice_num() + "of" + card.choice_face() + ".png"
• 순서3: 이미지 로드
       img = cv2.imread(f_name)

• 순서4: 이미지 표시 창에 이미지 표시

```
cv2.imshow("img", img)
cv2.waitKey(0)
cv2.destroyAllWindows()
```

 # 10-(2)-2)-5

```
# 10-(2)-2)-5
'''문제해결 10-2-1)'''

# 순서1
import cv2
import choice_card as card

# 순서2
f_name = "img/" + card.chice_num() + "of" + card.choice_face() + ".png"

# 순서3
img = cv2.imread(f_name)

# 순서4
cv2.imshow("img", img)
cv2.waitKey(0)
cv2.destroyAllWindows()
```

실행 결과 실행할 때마다 다른 이미지가 표시됨

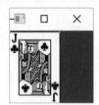

3 데이터 파일 입출력

(1) 데이터 파일을 읽어서 처리하려면 해당 파일을 읽는 라이브러리가 필요

① 이런 라이브러리는 대용량 데이터를 처리할 수 있는 고속 처리를 제공
  • 대표적인 라이브러리에는 pandas가 있음

② 특정 작업을 수행할 때 그 작업을 지원하는 라이브러리의 기능을 사용함

- 머신러닝 라이브러리 사이킷런(scikit-learn) 사용 시: 학습 결과는 이진 파일 pickle(피클)로 저장됨

  - 사이킷런 라이브러리는 sklearn로 사용

    예 학습 결과를 pickle로 저장: joblib.dump(학습결과저장변수, 저장될파일명)

    from sklearn.externals import joblib

    joblib.dump(clf, "minist.joblib")

    예 학습 결과가 저장된 pickle 파일 로드: joblib.load(파일명)

    minist_pre = joblib.load("minist.joblib")

- 딥러닝 라이브러리 텐서플로 사용 시: 학습 결과는 이진 파일 hdf5로 저장됨

  - 텐서플로 라이브러리는 keras를 사용

  - 이진 파일 hdf5는 대용량 파일 고속 처리에 적합

    예 학습 결과를 hdf5로 저장: model.save(저장될파일명)

    from keras.models import Sequential

    model.save("keras_bmi_model.h5")

    예 학습 결과가 저장된 hdf5 파일 로드: load_model(파일명)

    from keras.models import load_model

    bmi_pre = load_model("keras_bmi_model.h5")

(2) pandas 라이브러리는 실무 데이터를 읽을 때 가장 많이 사용됨

① 이 라이브러리로 읽을 수 있는 데이터 파일: csv, json, html, excel, sas, spss, sql, hdf5, pickle 등이 있음

  참고 https://pandas.pydata.org/pandas-docs/stable/user_guide/io.html

- 파일은 read_데이터파일종류() 메소드로 읽음. 읽어온 파일은 변수명 = read_데이터파일종류() 와 같이 변수명에 넣음

    예 csv 파일 읽기: read_csv("a.csv")

    df = read_csv("a.csv"): "a.csv" 파일을 읽어 df 변수에 넣음

② 이 라이브러리로 쓸 수 있는 데이터 파일: csv, json, html, excel, sql, hdf5, pickle 등이 있음

- 파일은 to_데이터파일종류() 메소드로 씀

    예 csv 파일 쓰기: to_csv("b.csv")

    df.to_csv("b.csv"): df 변수의 내용을 "b.csv" 파일로 저장

③ pandas 라이브러리 설치 후 로드

- pandas 라이브러리 설치: 아나콘다는 pandas 라이브러리가 설치되어 있음

  pip install pandas: pandas 패키지 설치

- pandas 라이브러리 로드

  import pandas in pd: pandas 라이브러리는 pd라는 약어를 사용

④ csv 파일은 몇 가지 주의 사항이 있음

- csv 파일의 내용에 한글이 있을 경우 "cp949" 인코딩 파일은 encoding 옵션에 "cp949"를 "utf-8" 인코딩 파일은 encoding 옵션에 "utf-8"을 지정. "utf-8" 인코딩은 기본 값이기 때문에 생략 가능

  예 인코딩이 "utf-8"인 "ozone_data.csv" 파일 읽기

  df_ozone = pd.read_csv("ozone_data.csv")

 # 10-(2)-3)-1

```
# 10-(2)-3)-1
import pandas as pd

df_ozone = pd.read_csv("ozone_data.csv")
print(df_ozone)
```

설명 "utf-8" 인코딩의 "ozone_data.csv" 파일을 읽어 화면에 표시

실행 결과

	지점	일시	평균오존전량(DU)
0	132	2013-02	322
1	132	2013-03	340
2	132	2013-04	329

생략…

- 파일명에 한글이 있는 경우 파일을 읽을 때 engine="python" 옵션 추가

  예 인코딩이 "cp949"인 "20200423_202002_서울지하철승하차인원수.csv" 파일 읽기

  df_subway2 = pd.read_csv("20200423_202002_서울지하철승하차인원수.csv",
                          encoding="cp949", engine="python")

 # 10-(2)-3)-2

```
# 10-(2)-3)-2
df_subway2 = pd.read_csv("20200423_202002_서울지하철승하차인원수.csv",
                        encoding="cp949", engine="python")
print(df_subway2)
```

설명) "cp949" 인코딩의 "20200423_202002_서울지하철승하차인원수.csv" 파일을 읽어 화면
에 표시

	노선명	역ID	역명	승차총승객수	하차총승객수
0	과천선	1451	경마공원	12159	12362
1	과천선	1452	대공원	2761	2916
2	과천선	1453	과천	3607	3224

실행 결과

생략…

⑤ 엑셀파일 읽기: pd.read_excel("엑셀파일명")

• 아나콘다 사용 시 엑셀 관련 xls 파일 읽기용 xlrd, xlsx 파일 읽기용 openpyxl 패키지
가 자동 설치됨. 단, 아나콘다를 사용하지 않는 경우 이 패키지를 개별 설치해야 함

예 "20210104_2020년서울시구별노령화지수.xlsx" 엑셀파일을 읽어 df_ol 변수에 저장

df_ol = pd.read_excel("20210104_2020년서울시구별노령화지수.xlsx")

 # 10-(2)-3)-3

```
# 10-(2)-3)-3
df_ol = pd.read_excel("20210104_2020년서울시구별노령화지수.xlsx")

print(df_ol)
```

설명) "20210104_2020년서울시구별노령화지수.xlsx" 파일을 읽어 화면에 표시

	행정구역별	합계	남자	여자
0	합계	151.9	130.7	174.4
1	종로구	205.7	177.3	234.9
2	중구	217.5	185.4	250.1

실행 결과

생략…

문제 10-4 데이터 파일 "20200521_2017년서울교통공사수송순위.csv" 파일을 pandas를 사용해서 화면
에 표시. encoding="cp949", engine="python" 옵션 사용

☑ 정리

- 파일에는 텍스트 파일과 이미지, 동영상 파일 등의 바이너리 파일이 있으며 이들은 처리 방식이 다름

- with문과 open( ) 함수를 with open(파일명, "모드") as 파일객체변수: 와 같이 사용해서 파일 입출력 작업을 함. "모드"는 텍스트 파일은 읽기용–"r", 쓰기용–"w", 바이너리 파일은 읽기용–"rb", 쓰기용–"wb"을 사용

- 파일의 내용을 읽을 때는 for line in 파일객체변수: 와 같이 for문을 사용해서 1줄씩 읽음

- 파일에 내용을 쓸 때는 파일객체변수.write("내용") 과 같이 write( ) 메소드 사용

- 이미지 자체를 화면에 표시할 때는 이미지를 표시하는 opencv 같은 라이브러리를 사용

- 데이터 파일을 읽어서 처리하려면 해당 파일을 읽는 라이브러리가 필요하며 이런 라이브러리는 대용량 데이터를 처리할 수 있는 고속 처리를 제공

- 데이터 파일을 읽을 때는 주로 pandas 라이브러리가 사용되며, 파일은 read_데이터파일종류( ) 메소드로 읽고 결과를 파일로 쓸 때는 to_데이터파일종류( ) 메소드 사용. csv, json, html, excel, sql, hdf5, pickle 파일을 읽고 쓸 수 있음

- 파일 내용에 한글이 있는 경우, "cp949" 인코딩 파일은 encoding 옵션에 "cp949"를, "utf–8" 인코딩 파일은 encoding 옵션에 "utf–8"을 지정하며 "utf–8"은 기본 값으로 생략 가능

1 파일 입출력 모드를 ( ) 안에 알맞은 것을 찾아 넣으시오.

r, w, rb, rw

① ( ): 텍스트 파일 읽기

② ( ): 바이너리 파일 읽기

③ ( ): 텍스트 파일 쓰기

④ ( ): 바이너리 파일 쓰기

2 다음 코드에 알맞은 것을 찾아 넣으시오.

with, f.write

코드
( )
f.write("name,age\ngeralt,150\nyennefer,100\ncirilla,20\n")

3 다음 코드에서 (   ) 안에 코드를 넣으시오.

코드

with open("w_data.csv", "r") as f:
    (   )
        print(line, end="")

4 pandas 라이브러리를 사용해서 "w_data.csv" 파일을 읽어 화면에 표시

MEMO

03장

3-1 data_val = 5

3-2 data_str = "test"

3-3 data_val, data_str = 5, "test"

3-4 del data_val, data_str

04장

4-1 input_str1 = input("문자열 입력:")

4-2 input_int1 = int(input("정수 값 입력:"))

4-3 input_float1 = float(input("실수 값 입력:"))

4-4 data_name = input("이름 입력:")
data_kor = int(input("국어점수 입력:"))
data_math = int(input("수학점수 입력:"))
data_sci = int(input("과학점수 입력:"))

print(data_name, data_kor, data_math, data_sci)

실행 결과 이름 입력:홍길동
국어점수 입력:100
수학점수 입력:95
과학점수 입력:90
홍길동 100 95 90

4-5 data_name = input("이름 입력:")
data_kor = int(input("국어점수 입력:"))
data_math = int(input("수학점수 입력:"))
data_sci = int(input("과학점수 입력:"))

print(data_kor + data_math + data_sci)
print((data_kor + data_math + data_sci) / 3)

실행 결과 이름 입력:홍길동
국어점수 입력:100
수학점수 입력:95
과학점수 입력:90
285
95.0

4-6 data_strs = input("입력 예)서울 경기 강원: ").split()

print(data_strs)

실행 결과 입력 예)서울 경기 강원: 서울 경기 강원
['서울', '경기', '강원']

4-7 data_ints = map(int, input("입력 예)9 20 15 7 10: ").split())

print(list(data_ints))

실행 결과 입력 예)9 20 15 7 10: 9 20 15 7 10
[9, 20, 15, 7, 10]

4-8 data_floats = map(float, input("입력 예)19.95 12.3: ").split())

print(list(data_floats))

실행 결과 입력 예)19.95 12.3: 19.95 12.3
[19.95, 12.3]

05장

5-1 import math

r = 5

print("원의 둘레 : ", 2 * math.pi * r)
print("원의 넓이 : ", r * r * math.pi)

실행 결과 원의 둘레 : 31.41592653589793
원의 넓이 : 78.53981633974483

5-2 print("최대값 :", max(7, 5, 10, 11, 8))
　　 print("최소값 :", min(7, 5, 10, 11, 8))

실행 결과 최대값 : 11
　　　　 최소값 : 5

5-3 print("4 * 4 * 4 :", pow(4, 3))

실행 결과 4 * 4 * 4 : 64

5-4 print("1995.123의 절대값 :", abs(1995.123))

실행 결과 1995.123의 절대값 : 1995.123

5-5 print("19.95 올림 값 :", math.ceil(19.95))
　　 print("19.95 내림 값 :", math.floor(19.95))

실행 결과 19.95 올림 값 : 20
　　　　 19.95 내림 값 : 19

5-6 print("4와 9의 제곱근 :", math.sqrt(4), math.sqrt(9))

실행 결과 4와 9의 제곱근 : 2.0 3.0

5-7 addr = input("주소 입력: ")

　　 print("주소 :", addr)

실행 결과 이름 입력:홍길동
　　　　 국어점수 입력:100
　　　　 수학점수 입력:95
　　　　 과학점수 입력:90
　　　　 홍길동 100 95 90

5-8 ac_date = input("관측일 입력: ")
　　 ac_place = input("지역 입력: ")
　　 ac_count = int(input("발생수 값 입력: "))

　　 print(ac_date + "," + ac_place + "," + str(ac_count))

실행 결과 관측일 입력: 2021-01-11
　　　　 지역 입력: 서울

5-9 nu_num = input("번호 입력: ")
　　 nu_place = input("지점 입력: ")
　　 nu_tac = int(input("저장용량 입력: "))
　　 nu_ac = int(input("저장량 입력: "))

　　 print(nu_num + "," + nu_place + "," + str(nu_tac)
　　 + "," + str(nu_ac))

실행 결과 번호 입력: 1
　　　　 지점 입력: A
　　　　 저장용량 입력: 9000
　　　　 저장량 입력: 7320
　　　　 1,A,9000,7320

5-10 input_str = input("반복할 문자열 입력: ")
　　　 re_cnt = int(input("횟수 입력: "))

　　　 print(input_str * re_cnt)
　　　 print((input_str * 3) + "app1" + (input_str * 3))
　　　 print(input_str * re_cnt)

실행 결과 반복할 문자열 입력: *
　　　　 횟수 입력: 10
　　　　 **********
　　　　 app1
　　　　 **********

5-11 print("Winter" in "Spring Summer Fall Winter")

실행 결과 True

5-12 input_str = input("문자열 입력: ")

　　　 print(input_str + " :", len(input_str))

실행 결과 문자열 입력: tiger
　　　　 tiger : 5

input_str1 = input("문자열 입력: ")
input_str2 = input("문자열 입력: ")

print(input_str2.join(input_str1))

실행 결과 문자열 입력: bear
문자열 입력: *
b*e*a*r

(5-14) addr = "서울특별시 중구 명동 세종대로 110"

print(addr.split())

실행 결과 ['서울특별시', '중구', '명동', '세종대로', '110']

(5-15) data_str = "서울시 종로구"

data_str.replace("서울시","서울특별시")

실행 결과 서울시 종로구

(5-16) var1 = 5
var2 = 2
print("%d 나누기 %d 한 값의 결과는 %.1f" % (var1,
var2, var1 / var2))
print("{0:d} 나누기 {1:d} 한 값의 결과는 {2:.1f}".
format(var1, var2, var1 / var2))

실행 결과 5 나누기 2 한 값의 결과는 2.5
5 나누기 2 한 값의 결과는 2.5

(5-17) input_local = input("지역 입력: ")
input_val = int(input("값 입력: "))

print("%s : %5d" % (input_local, input_val))
print("{0:s} : {1:5d}".format(input_local, input_
val))

실행 결과 지역 입력: 경기
값 입력: 175
경기 :   175
경기 :   175

06장

(6-1) city_list = ["서울", "경기", "인천"]
pop_list = [1, 1.2, 0.3]

print("city_list 리스트 :", city_list)
print("pop_list 리스트 :", pop_list)

실행 결과 city_list 리스트 : ['서울', '경기', '인천']
pop_list 리스트 : [1, 1.2, 0.3]

(6-2) ol_list = []

ol_list.append(151.9)
ol_list.append(205.7)
ol_list.append(217.5)

print("ol_list_list 리스트 :", ol_list)

실행 결과 ol_list_list 리스트 : [151.9, 205.7, 217.5]

(6-3) age_list = map(int, input("입력 예)150 100 20:
").split())

print("age_list 리스트 :", list(age_list))

실행 결과 입력 예)150 100 20: 150 100 20
age_list 리스트 : [150, 100, 20]

(6-4) city_list = ["서울", "경기", "인천"]
city_list[0] = "서울시"

print("city_list 리스트 :", city_list)

실행 결과 city_list 리스트 : ['서울시', '경기', '인천']

(6-5) pop_list = [1, 1.2, 0.3]

print("pop_list[2]:", pop_list[2])

실행 결과 pop_list[2]: 0.3

6-6) age_list = list(map(int, input("입력 예)150 100 20: ").split()))

print("age_list[0:2]:", age_list[0:2])
print("age_list[1:]:", age_list[1:])

실행 결과 입력 예)150 100 20: 150 100 20
age_list[0:2]: [150, 100]
age_list[1:]: [100, 20]

6-7) ol_list.append(144.5)

print("ol_list_list 리스트 :", ol_list)

실행 결과 ol_list_list 리스트 : [151.9, 205.7, 217.5, 144.5]

6-8) ol_list.insert(3, 169.2)

print("ol_list_list 리스트 :", ol_list)

실행 결과 ol_list_list 리스트 : [151.9, 205.7, 217.5, 169.2, 144.5]

6-9) print("11~19까지의 값의 범위 리스트 :", list(range(11, 20)))

실행 결과 11~19까지의 값의 범위 리스트 : [11, 12, 13, 14, 15, 16, 17, 18, 19]

6-10) print("11~19까지의 값의 범위 리스트 :", list(range(11, 20)))

실행 결과 0~30까지의 3의 배수 값의 범위 리스트 : [0, 3, 6, 9, 12, 15, 18, 21, 24, 27, 30]

6-11) org_list = [1, 2, 3, 5, 8]
power_list = [x * x for x in org_list]

print("org_list을 제곱한 power_list리스트 :", power_list)

실행 결과 org_list을 제곱한 power_list리스트 : [1, 4, 9, 25, 64]

6-12) org_list2 = [1, 2, 3, 4, 5, 6]
mul_list = [x * x * x for x in org_list2 if x % 3 == 0]

print("3의 배수만 3제곱한 mul_list리스트 :", mul_list)

실행 결과 3의 배수만 3제곱한 mul_list리스트 : [27, 216]

6-13) three_times_list = [1, 8, 27, 125, 512]

print(list(enumerate(three_times_list)))

실행 결과 [(0, 1), (1, 8), (2, 27), (3, 125), (4, 512)]

6-14) three_times_list = [1, 8, 27, 125, 512]

print(list(enumerate(three_times_list)))

실행 결과 [(1, 1), (2, 8), (3, 27), (5, 125), (8, 512)]

6-15) # 입력받을 값 예시: 402.1 404.3 408.8 411.8 413.2
co2_list = map(float, input("5개의 실수 입력: ").split())

# 입력받을 값 예시: 1920 1984 1991 1991 1980
ch4_list = map(int, input("5개의 정수 입력: ").split())

print(list(zip(co2_list, ch4_list)))

실행 결과 5개의 실수 입력: 402.1 404.3 408.8 411.8 413.2
5개의 정수 입력: 1920 1984 1991 1991 1980
[(402.1, 1920), (404.3, 1984), (408.8, 1991), (411.8, 1991), (413.2, 1980)]

6-16) ext_tuple = ('.jsp', '.php', '.asp', '.js')

print("ext_tuple튜플 :", ext_tuple)

실행 결과 ext_tuple튜플 : ('.jsp', '.php', '.asp', '.js')

6-17) week_list = ["월", "화", "수", "목", "금", "토", "일"]

print("튜플로 변환 :", tuple(week_list))

실행 결과 튜플로 변환 : ('월', '화', '수', '목', '금', '토', '일')

6-18) sub_list = ["1호선", "2호선", "2호선", "3호선", "2호선", "4호선", "4호선"]

print("중복제거 리스트 :", list(set(sub_list)))

실행 결과 중복제거 리스트 : ['4호선', '1호선', '3호선', '2호선']

6-19) article_dict = {"num": 100, "title": "test", "writer": "admin"}

print("article_dict딕셔너리 :", article_dict)

실행 결과 article_dict딕셔너리 : {'num': 100, 'title': 'test', 'writer': 'admin'}

6-20) article_dict = {"num": 100, "title": "test", "writer": "admin"}
article_dict["writer"] = "관리자"

print("article_dict딕셔너리 :", article_dict)

실행 결과 article_dict딕셔너리 : {'num': 100, 'title': 'test', 'writer': '관리자'}

6-21) article_dict["read_cnt"] = 1

print("article_dict딕셔너리 :", article_dict)

실행 결과 article_dict딕셔너리 : {'num': 100, 'title': 'test', 'writer': '관리자', 'read_cnt': 1}

6-22) print("article_dict딕셔너리 키와 값:", article_dict.items())

실행 결과 article_dict딕셔너리 키와 값: dict_items([('num', 100), ('title', 'test'), ('writer', '관리자'), ('read_cnt', 1)])

6-23) no_list = [1, 2, 3]
game_list = ['SC', 'WOW', 'LOL']
df_list = ['e', 'n', 'd']

fav_dict = dict(no=no_list, game=game_list, df=df_list)

print("fav_dict딕셔너리 :", fav_dict)

실행 결과 fav_dict딕셔너리 : {'no': [1, 2, 3], 'game': ['SC', 'WOW', 'LOL'], 'df': ['e', 'n', 'd']}

07장

7-1

1. ① 조건식: 소지금이 18000 이상이면
   ② 결과: 참 – "스킨구매"
           거짓 – "기본스킨"
   ③ 해당 없음

2. ① 조건식: 재고수량이 1개 이상이면
   ② 결과: 참 – "구매가능"
           거짓 – "구매불가"
   ③ 해당 없음

3. ① 조건식: 성별코드가 1 또는 3이면
   ② 결과: 참 – "남자"
           거짓 – "여자"
   ③ or

4. ① 조건식: 미션 5개 이상을 완수하고 아이템 3개 이상을 획득한 경우
   ② 결과: 참 – "보스 스테이지"
           거짓 – "현 스테이지 유지"
   ③ and

5. ① 조건식: 별 10개를 획득하고 점수가 900 이상이면, 별 5개를 획득하고 점수가 700 이상이면
   ② 결과: 참 – "골드", "실버"
           거짓 – "브론즈"
   ③ and

1.
```
money = int(input("소지금 입력: "))

if money >= 18000:
    print("스킨구매")
else:
    print("기본스킨")
```

실행 결과 소지금 입력: 20000
　　　　　스킨구매

2.
```
stock_count = int(input("재고수량 입력: "))

if stock_count >= 1:
    purchase = "구매가능"
else:
    purchase = "구매불가"

print("재고수량: {0:d}개, {1:s}".format(stock_count,
purchase))
```

실행 결과 재고수량 입력: 1
　　　　　재고수량: 1개, 구매가능

3.
```
stage_stu = False

mission_count = int(input("완수한 미션개수 입력: "))
item_count = int(input("아이템 개수 입력: "))

if mission_count >= 5 and item_count >= 3:
    print("보스 스테이지")
    stage_stu = True
else:
    print("현 스테이지 유지")
```

실행 결과 완수한 미션개수 입력: 5
　　　　　아이템 개수 입력: 7
　　　　　보스 스테이지

4.
```
order_qnt = 100

stock_count = int(input("재고수량 입력: "))
dow_stu = bool(int(input("요일요소 입력예) 1또는
0: ")))

if stock_count < 50 or dow_stu:
    order_qnt *= 2

print("주문수량: %d, 재고수량: %d" % (order_qnt,
order_qnt + stock_count))
```

실행 결과 재고수량 입력: 50
　　　　　요일요소 입력예) 1또는 0: 1
　　　　　주문수량: 200, 재고수량: 250

(7-3)

1.
```
num_val = int(input("숫자값 입력: "))

if num_val > 0:
    print("양수")
elif num_val < 0:
    print("음수")
elif num_val == 0:
    print("0")
```

실행 결과 숫자값 입력: 0
　　　　　0

2.
```
stock_count = int(input("재고수량 입력: "))

if stock_count >= 10:
    print("구매 원할")
elif stock_count >= 1:
    print("품절 임박")
else:
    print("구매 불가")
```

실행 결과 재고수량 입력: 10
　　　　　구매 원할

3.
```
g_code = input("성별 입력예)1~4: ")

if g_code == "1" or g_code == "3":
    print("남자")
elif g_code == "2" or g_code == "4":
    print("여자")
```
실행 결과 성별 입력예)1~4: 4
여자

4.
```
dow_var = int(input("요일 값(0~6) 입력: "))

if dow_var == 1:
    print("월요일", "평일")
elif dow_var == 2:
    print("화요일", "평일")
elif dow_var == 3:
    print("수요일", "평일")
elif dow_var == 4:
    print("목요일", "평일")
elif dow_var == 5:
    print("금요일", "불타는 금요일")
elif dow_var == 6:
    print("토요일", "주말")
elif dow_var == 0:
    print("일요일", "주말")
```
실행 결과 요일 값(0~6) 입력: 5
금요일 불타는 금요일

(7-4)

1.
```
data_int = int(input("정수 입력: "))

eo_str = "홀수" if data_int % 2 == 1 else "짝수"

print("입력 값: %d, %s" % (data_int, eo_str))
```
실행 결과 정수 입력: 6
입력 값: 6, 짝수

2.
```
input_id = input("아이디 입력: ")

check_id = 0 if input_id == "admin" else 1

print("입력 값: %s, %d" % (input_id, check_id))
```
실행 결과 아이디 입력: admin
입력 값: admin, 0

(7-5)

1.
```
num_val = map(int, input("정수 입력: ").split())

for val in num_val:
    if val > 0:
        print("양수")
    elif val < 0:
        print("음수")
    elif val == 0:
        print("0")
```
실행 결과 정수 입력: 0 1 2 -3 -4
0
양수
양수
음수
음수

2.
```
product_dict = {}

product_code = input("상품코드 입력 : ").split()
product_pricet = map(int, input("상품가격 입력 : ").split())

for key, val in zip(product_code, product_pricet):
    product_dict[key] = val

print(product_dict)
```
실행 결과 상품코드 입력 : 101 102 103
상품가격 입력 : 1000 2000 3000
{'101': 1000, '102': 2000, '103': 3000}

3.
```
from random import randrange

rew_list = ["뉴스킨", "울트라스킨", "어썸스킨"]

rank_jum = map(int, input("랭크점수 입력 : ").split())

for val in rank_jum:
    if val >= 90:
        rank_str = "골드"
    elif val >= 70:
        rank_str = "실버"
    else:
        rank_str = "브론즈"

print("등급: %s, 보상상품: %s" % (rank_str, rew_
list[randrange(3)]))
```

실행 결과 랭크점수 입력 : 91
        등급: 골드, 보상상품: 울트라스킨

(7-6)

1.
```
sum_plus = 0
sum_minus = 0

while True:
    num_val = int(input("정수 입력: "))

    if num_val == 0:
        print("양수합계: %d, 음수합계: %d" % (sum_
plus, sum_minus))
        break

    if num_val > 0:
        sum_plus += num_val
    else:
        sum_minus += num_val
```

실행 결과 정수 입력: 3
        정수 입력: 2
        정수 입력: -1
        정수 입력: -2
        정수 입력: 0
        양수합계: 5, 음수합계: -3

2.
```
while True:
    input_str = input("문자열 리스트 입력: ")

    if input_str == "q":
        break
    else:
        input_str = input_str.split()

    for data in input_str:
        if data == "bear":
            print("bear")
            break
```

실행 결과 문자열 리스트 입력: aaa bbb
        문자열 리스트 입력: aaa bear bbb
        bear
        문자열 리스트 입력: q

3.
```
from random import randrange

crush_stu = True

# 순서2
health_val = int(input("초기체력 입력: "))
health_val = health_val if health_val >= 0 else 0

# 순서3
while True:
    if health_val == 0:
        print("game over!!")
        break
    if crush_stu:
        crush_val = randrange(500)
        health_val = crush_val
        health_val = health_val if health_val >= 0
else 0
        print("충돌: %d, 남은 체력: %d" % (crush_
val, health_val))
```

실행 결과 초기체력 입력: 999
        충돌: 21, 남은 체력: 978
        충돌: 23, 남은 체력: 955
        충돌: 320, 남은 체력: 635

충돌: 295, 남은 체력: 340
충돌: 205, 남은 체력: 135
충돌: 337, 남은 체력: 0
game over!!

08장

8-1 grade_list = ["3학년", "1학년", "2학년", "4학년", "3학년", "2학년"]

1.
```
print("grade_list의 원소 개수: %d" % (len(grade_list)))
```
실행 결과 grade_list의 원소 개수: 6

2.
```
sorted_list = sorted(grade_list)
print("sorted_list :", sorted_list)
```
실행 결과 sorted_list : ['1학년', '2학년', '2학년', '3학년', '3학년', '4학년']

3.
```
print("sorted_list역순 :", list(reversed(sorted_list)))
```
실행 결과 sorted_list역순 : ['4학년', '3학년', '3학년', '2학년', '2학년', '1학년']

8-2 val_list = [10, 20, 30, 40, 50]
```
print("val_list의 합: %d" % (sum(val_list)))
```

1.
```
print("val_list의 합: %d" % (sum(val_list)))
```
실행 결과 val_list의 합: 150

2.
```
print("val_list의 최대값: %d, 최소값: %d" % (max(val_list), min(val_list)))
```
실행 결과 val_list의 최대값: 50, 최소값: 10

3.
```
pos = slice(2, 5)
part_list = val_list[pos]
print("part_list :", part_list)
```
실행 결과 part_list : [30, 40, 50]

8-3 c_list = ['x', 's', 'n', 't', 'p', 'f', 'c', 'n']
```
i_list = [ord(x) for x in c_list]

print("c_list :", c_list)
print("i_list :", i_list)
```
c_list : ['x', 's', 'n', 't', 'p', 'f', 'c', 'n']
i_list : [120, 115, 110, 116, 112, 102, 99, 110]

8-4
```
def sorted_list(list_val):
    return sorted([x * 2 for x in list_val if x % 2 == 0])
```

8-5
```
def new_list(list_val1, list_val2):
    return [x * y for x, y in zip(list_val1, list_val2)]
```

8-6 print("sorted_list() 함수 실행:", sorted_list(range(1, 21)))

실행 결과 sorted_list() 함수 실행: [4, 8, 12, 16, 20, 24, 28, 32, 36, 40]

8-7 print("new_list() 함수 실행:", new_list(range(1, 11, 2), range(2, 11, 2)))

실행 결과 new_list() 함수 실행: [2, 12, 30, 56, 90]

9-1

```
class ArticleInfo(object):
    def __init__(self, id_num, passd, title, writer,
content):
        self.id_num = id_num
        self.passd = passd
        self.title = title
        self.writer = writer
        self.content = content

    def getArticle(self):
        return dict(id_num=self.id_num, passd=
self.passd, \
                title=self.title, writer=self.writer,
content=self.content)
```

9-2

```
class Robot(object):
    def __init__(self, shape, position, direction,
speed):
        self.shape = shape
        self.position = position
        self.direction = direction
        self.speed = speed

    def move(self, direction, move_pos, speed):
        return dict(direction=direction, posi
tion=move_pos, speed=speed)
```

9-3

```
use_article = ArticleInfo(1, "123", "테스트", "관리자",
"테스트입니다")

print(use_article.getArticle())
```

실행 결과 {'id_num': 1, 'passd': '123', 'title': '테스트',
'writer': '관리자', 'content': '테스트입니다'}

9-4

```
use_robot = Robot("구형", [0, 0, 0], [0, 0, 0], 0)

print(use_robot.move([100, 10, 20], [30, 70, 40],
10))
```

실행 결과 {'direction': [100, 10, 20], 'position': [30, 70,
40], 'speed': 10}

10-1
```
with open("data01.txt", "r") as f:
    for line in f:
        print(line, end="")
```

실행 결과

시점	총계	충돌	접촉	좌초	전복	화재/폭발		침몰	행방불명	기	관
손상	추진기손상		키손상	속구손상조난		시설물손상			인명사상안전운항저해		
	해양오염기타										
1998	772	147	5	77	14	60	84	4	242	2	4
	10	2	48	4	8	43	0	0			
1999	849	173	2	68생략…							

10-2
```
with open("AceofSpades.png", "rb") as f:
    for line in f:
        print(line)
```

실행 결과
```
b'\x89PNG\r\n'
b'\x1a\n'
b"\x00\x00\x00 생략…
```

10-3
```
import cv2
import matplotlib.pyplot as plt

# 순서3
img = cv2.imread("AceofSpades.png", cv2.IM
READ_COLOR)

# 순서4
b, g, r = cv2.split(img)
img_cov = cv2.merge([r, g, b])

# 순서5
plt.imshow(img_cov)

# 순서6
plt.xticks([])
plt.yticks([])
plt.show()
```

실행 결과

10-4
```
import pandas as pd

df_trns = pd.read_csv("20200521_2017년서울교
통공사수송순위.csv",
                encoding="cp949", engine
="python")
print(df_trns)
```

실행 결과

	순위	역명	일평균
0	1	강남	100672
1	2	잠실(2)	88971
2	3	홍대입구	78563
생략…			

MEMO

CHAPTER ✔ 연습 문제 정답

01장

1. ① 의사 코드
   ② 플로우 차트
   ③ 자료구조

2. ① ○
   ② ○
   ③ ×

02장

1. ① 사용자 정의 함수
   ② 클래스
   ③ utf-8
   ④ import문

2. ① "변수 값 증가 프로그램"
   ② "1 값을 갖는 x 변수 선언"
   ③ "x 값 1 증가"

03장

1. ① 비교(관계) 연산자
   ② 논리 연산자
   ③ 산술 연산자
   ④ 할당(대입) 연산자

2. ① False
   ② False
   ③ True
   ④ False

3. ① 2.5
   ② 1
   ③ 2
   ④ 25

4. ① True
   ② True
   ③ True
   ④ False

5. ①
```
val_float = 123.5
```

②
```
data_a = 1
data_b = 2
```

③
```
data_a, data_b = 1, 2
```

④
```
user_id = "abcd"
user_pass = "123456"
```

04장

1. ①
```
str_val = input("입력:")
print(str_val)
```

②
```
float_val = float(input("입력:"))
print(float_val)
```

③
```
int_val = int(input("입력:"))
print(int_val)
```

2.
```
data_num = input("번호 입력:")
data_name = input("이름 입력:")
data_age = int(input("나이 입력:"))

print(data_num, data_name, data_age)
```

3.
```
data_score = map(float, input("5개의 점수를 입력: ").split())
print(list(data_score))
```

4.
```
data_city = input("4개의 도시명을 입력 예)세종 과천 대구 전주: ").split()
print(data_city)
```

5.
```
data_money = map(int, input("3개월 동안 받은 용돈 입력: ").split())
print(list(data_money))
```

6.
```
data_count = map(int, input("5개 부서의 인원수 입력: ").split())
print(list(data_count))
```

05장

1. ① bool
   ② int
   ③ float
   ④ str

2. ①
```
print("Good " + data_str)
```
   ②
```
print(data_str * 3)
```
   ③
```
print("-".join(data_str))
```

3. ① 167
   ② 1
   ③ 13
   ④ False
   ⑤ 960507-*******
   ⑥ 8
   ⑦ **good day**

4.
```
data_addr = input("주소 입력: ")
print(data_addr[:10])
```

5.
```
input_no = input("번호 입력: ")
input_name = input("이름 입력: ")
input_scr = int(input("점수 입력: "))

print("%s,%s,%d" % (input_no, input_name, input_scr))
print("{0:s},{1:s},{2:d}".format(input_no, input_name, input_scr))
```

6.
```
inupt_fn = input("파일명 입력: ")
file_ext_list = inupt_fn.split(".")

print(file_ext_list)
```

06장

1. ① 리스트
   ② 세트
   ③ 튜플
   ④ 딕셔너리

2. ①
```
print(data_str[:3])
```
   ②
```
print(data_str[5:])
```
   ③
```
print(data_str[2:5])
```

3.
```
data_str2 = ["월", "화", "화", "화", "금", "금"]
print(list(set(data_str2)))
```

4. ①
```
w1_dict[3] = "수"
```
   ②
```
w1_dict[0] = "일요일"
```
   ③
```
print(w1_dict)
```

5. ①
```
print(ch_dict['geralt'])
```
   ②
```
print(tuple(ch_dict.keys()))
```
   ③
```
print(list(ch_dict.items()))
```

6.
```
rank_list = input("5개의 순위입력: ").split()
sta_list = input("5개의 역명입력: ").split()

print("rank_list리스트:", rank_list)
print("sta_list리스트:", sta_list)
```

7.
```
mean_list = list(map(int, input("5개의 수송량입력: ").split()))

print("mean_list리스트:", mean_list)
```

8.
```
tran_rank_dict = dict(rank=rank_list, sta=sta_list, mean=mean_list)

print("tran_rank_dict딕셔너리:", tran_rank_dict)
```

07장

1. ① if
   ② while
   ③ for
   ④ elif, else

2. ①
```
b = 10 if a > 10 else 1
```
   ②
```
if a > 10:
    b = 10
else:
    b = 1
```

3. 12

4. 23

5.
```
sum_val = 0
num_val = list(map(int, input("5개의 정수입력: ").split()))

for val in num_val:
    if val > 0:
        print(val, "양수")
        sum_val += val

print("양수합계:", sum_val)
```
실행 결과
```
5개의 정수입력: 5 2 0 -1 2
5 양수
2 양수
2 양수
양수합계: 9
```

6.
```
purchase_list = []
stock_count = list(map(int, input("3개의 재고수량 입력: ").split()))

for val in stock_count:
    if val >= 1:
```

```
        purchase_list.append("구매가능")
    else:
        purchase_list.append("구매불가")

print(purchase_list)
```
실행 결과
```
3개의 재고수량 입력: 1 0 10
['구매가능', '구매불가', '구매가능']
```

7.
```
station_dict = {}
sta_list = input("5개의 역명입력: ").split()

for index, val in enumerate(sta_list):
    station_dict[index] = val

print("station_dict 딕셔너리:", station_dict)
```
실행 결과
```
5개의 역명입력: 강남 잠실2 홍대입구 신림 구로디지털단지
station_dict 딕셔너리: {0: '강남', 1: '잠실2', 2: '홍대입구', 3: '신림', 4: '구로디지털단지'}
```

8.
```
g_list = []

while True:
    g_str = input("성별 입력: ")
    if g_str == "q":
        print(g_list)
        break
    elif g_str == "남":
        g_list.append(1)
    elif g_str == "여":
        g_list.append(2)
```
실행 결과
```
성별 입력: 남
성별 입력: 여
성별 입력: 남
성별 입력: 여
성별 입력: 여
```

성별 입력: q
[1, 2, 1, 2, 2]

9.
```
one_val = 0
two_val = 0

for val in g_list:
    if val == 1:
        one_val += 1
    else:
        two_val += 1

print("1의 개수: %d, 2의 개수: %d" % (one_val,
two_val))
```

1의 개수: 2, 2의 개수: 3

10.
```
while True:
    input_val = input("값 입력 q를 입력하면 중단: ")

    if input_val == "q":
        break

    input_val = int(input_val)
    if input_val >= 90:
        rating = "A"
    elif input_val >= 80:
        rating = "B"
    elif input_val >= 70:
        rating = "C"
    elif input_val >= 60:
        rating = "D"
    else:
        rating = "F"

    print("점수 : %d, 평가 : %s" % (input_val, rat
ing))
```

실행 결과
값 입력 q를 입력하면 중단: 45
점수 : 45, 평가 : F

값 입력 q를 입력하면 중단: 99
점수 : 99, 평가 : A
값 입력 q를 입력하면 중단: 71
점수 : 71, 평가 : C
값 입력 q를 입력하면 중단: 80
점수 : 80, 평가 : B
값 입력 q를 입력하면 중단: 64
점수 : 64, 평가 : D
값 입력 q를 입력하면 중단: q

08장

1. ① 람다식
   ② 지역변수
   ③ 전역변수
   ④ 모듈

2. ① 65
   ② [1, 7, 18, 21, 167]
   ③ 25
   ④ [7, 6, 5, 4, 3]

3. ①
```
(lambda x, y: x + y)
```
   ②
```
add_fun1 = (lambda x, y: x + y)
```
   ③
```
print(add_fun1(12, 30))
```

4.
```
from random import choice


def choice_face():
    card_face = ["Hearts", "Diamonds", "Clubs",
"Spades"]
    return choice(card_face)


def chice_num():
    card_num = ["Ace", "Deuce", "Three", "Four",
"Five", "Six",
                "Seven", "Eight", "Nine", "Ten",
"Jack", "Queen", "King"]
    return choice(card_num)
```

5.
```python
print("선택된 카드: %s of %s" % (chice_num(),
choice_face()))
```

6.
```python
from random import randint


def five_nums():
    lo_list = list(range(1, 46))
    c_list = []

    for i in range(5):
        r_idx = randint(0, 45)
        c_list.append(lo_list[r_idx])
        lo_list.pop(r_idx)

    return sorted(c_list)
```

7.
```python
print("임의의 5개의 수 비복원 추출:", five_nums())
```

09장

1. ① 클래스
   ② 메소드
   ③ 생성자
   ④ 프로퍼티

2. ① class
   ② def
   ③ self.model
   ④ self.price

3.
```python
class GameCharacter(object):
    def __init__(self, c_name, c_health, c_mana,
role, haved_items):
        self.c_name = c_name
        self.c_health = c_health
        self.c_mana = c_mana
        self.role = role
        self.haved_items = haved_items
```

```python
    def getCharacter(self):
        return dict(c_name=self.c_name, c_
health=self.c_health, \
                    c_mana=self.c_mana,
role=self.role, \
                    haved_items=self.haved_
items)
```

4.
```python
user_chae = GameCharacter("연탄왕자", 300,
100, "영웅", {})

print(user_chae.getCharacter())
```

실행 결과

```
{'c_name': '연탄왕자', 'c_health': 300, 'c_mana': 100,
'role': '영웅', 'haved_items': {}}
```

5.
```python
class CustomerInfo(object):
    def __init__(self, cus_no, cus_name, cus_
grade):
        self.__cus_no = cus_no
        self.__cus_name = cus_name
        self.__cus_grade = cus_grade

    def getCustomer(self):
        return dict(cus_no=self.__cus_no, cus_
name=self.__cus_name, \
                    cus_grade=self.__cus_grade)
```

6.
```python
cust = CustomerInfo("c1021", "홍길동", "A")

print(cust.getCustomer())
```

실행 결과

```
{'cus_no': 'c1021', 'cus_name': '홍길동', 'cus_grade':
'A'}
```

10장

1. ① r
   ② rb
   ③ w
   ④ rw

2.
```
with open("w_data.txt", "w") as f:
```

3.
```
for line in f:
```

4.
```
import pandas as pd

df = pd.read_csv("w_data.csv")
print(df)
```

실행 결과
```
        name    age
0      geralt   150
1    yennefer   100
2     cirilla    20
```

MEMO